Ralf Lehmann

Wandel von der Telekommunikation zu Unified Communications

T0234386

GABLER RESEARCH

Ralf Lehmann

Wandel von der Telekommunikation zu Unified Communications

Veränderungsprozesse für Unternehmen
durch internetbasierte Innovation

Mit einem Geleitwort von Univ.-Doz. Dr. Helena Nizka

GABLER   **RESEARCH**

Bibliografische Information der Deutschen Nationalbibliothek
Die Deutsche Nationalbibliothek verzeichnet diese Publikation in der
Deutschen Nationalbibliografie; detaillierte bibliografische Daten sind im Internet über
<http://dnb.d-nb.de> abrufbar.

Dissertation Universität Bratislava, 2011

1. Auflage 2012

Alle Rechte vorbehalten
© Gabler Verlag | Springer Fachmedien Wiesbaden GmbH 2012

Lektorat: Marta Grabowski | Jutta Hinrichsen

Gabler Verlag ist eine Marke von Springer Fachmedien.
Springer Fachmedien ist Teil der Fachverlagsgruppe Springer Science+Business Media.
www.gabler.de

Das Werk einschließlich aller seiner Teile ist urheberrechtlich geschützt. Jede Verwertung außerhalb der engen Grenzen des Urheberrechtsgesetzes ist ohne Zustimmung des Verlags unzulässig und strafbar. Das gilt insbesondere für Vervielfältigungen, Übersetzungen, Mikroverfilmungen und die Einspeicherung und Verarbeitung in elektronischen Systemen.

Die Wiedergabe von Gebrauchsnamen, Handelsnamen, Warenbezeichnungen usw. in diesem Werk berechtigt auch ohne besondere Kennzeichnung nicht zu der Annahme, dass solche Namen im Sinne der Warenzeichen- und Markenschutz-Gesetzgebung als frei zu betrachten wären und daher von jedermann benutzt werden dürften.

Umschlaggestaltung: KünkelLopka Medienentwicklung, Heidelberg
Gedruckt auf säurefreiem und chlorfrei gebleichtem Papier

ISBN 978-3-8349-3511-3

Geleitwort

Das aktuelle globalisierte Geschäftsumfeld erfordert von den Unternehmen die Fähigkeit schnell und wirksam auf Veränderungen in diesem Umfeld reagieren zu können. Das bedeutet, dass Unternehmen über relevante Informationen zur richtigen Zeit und in richtiger Qualität verfügen müssen, um die Marktsituationänderungen zu begreifen und auf diese auch zu reagieren. Die durch die modernen Kommunikations- und Informationstechnologien verfügbare aktuelle und relevante Informationen sind zum Instrument des Konkurrenzkampfes geworden und gehören neben den materiellen, finanziellen und personellen zu den wichtigsten Ressourcen des Unternehmens. Der effektive Umgang mit den Informationen ist ein wichtiger Bestandteil der moderner Unternehmenskultur. Zu den wichtigsten Faktoren des Markterfolgs gehört der Informationsaustausch und Vernetzung zwischen Verkäufer und Käufer und das gilt für beide Bereichen - B2C und B2B.

Die Telekommunikationsbranche als Anbieter von Telekommunikations-Lösungen für Unternehmenkunden steht vor wichtigen Herausforderungen wie z. B. wachsendes Volumen der übertragenen Daten, steigende Anforderungen zur Erfüllung der Kundenbedürfnisse, gesetzliche Änderungen oder Konkurrenzkampf innerhalb der Branche. Die Teilnehmer des Telekommunikationsmarktes auf der Angebotsseite bringen auf den Markt Jahr für Jahr neue Produkte, welche die Kommunikation und Zusammenarbeit zwischen Menschen verbessern sollen.

Das Konzept von Unified Communications (UC) erfülte sehr effektiv diese Aufgabe und basiert auf der Konvergenz von Telekommunikations- und Informationstechnologie sowie Unternehmenssoftware. Mit der Einführung der sechs UC-Kernmodule werden flexible und agile Kommunikationsprozesse angestrebt, welche Mitarbeiter und Entscheidungsträger unabhängig von geografischen, zeitlichen und organisatorischen Grenzen miteinander verbinden. UC-Systeme integrieren (traditionelle und neue) Kommunikationsmedien (Telefon, Fax, Email, Instant Messaging, VoIP, Video) und Endgeräte mit Präsenzinformationen und weiteren Kooperationsfunktionen (z.B. Konferenz, Gruppenarbeit). Unternehmen sind dadurch in der Lage, die Produktivität ihrer Mitarbeiter und Teams zu steigern und deutlich die Kosten ihrer Infrastruktur zu senken. Unified Communications Technologien helfen dabei, die Aufwendungen für Trainings, Bürofläche, Wartung und Reisekosten einzusparen. Ebenfalls ermöglicht es der Einsatz von Unified Communications-Lösungen, Prozesse zu beschleunigen und schneller auf neue Anforderungen zu reagieren.

Dieses Buch gibt grundlegende Anhaltspunkte, Informationen und Hinweise, welche Möglichkeiten die Konzeption Unified Communications - vor dem Hintergrund vergangener, gegenwärtiger und zukünftiger Entwicklungen – den Unternehmen zur Verfügung stelt. Der Leser erhält eine gute Einführung in die interessante Thematik der Telekommunikationsbranche und seiner Vergangenheit, Gegenwart und Zukunft.

Bratislava, im Oktober 2011

Helena Nízka

Vorwort

Diese Arbeit entstand von 2008 bis 2011 neben meiner hauptberuflichen Tatigkeit im Management der Siemens AG und Siemens Enterprise Communications GmbH und verbindet meine praktischen Erfahrungen in diesen Unternehmen der Kommunikations- industrie mit der wissenschaftlichen Perspektive des PhD. - Studiums an der Comenius Universität. Über jedes Feedback dazu auf meine Email-Adresse ralf.lehmann1@gmail.com würde ich mich freuen.

Meinen Kollegen der Siemens Enterprise Communications wünsche ich alles Gute für die noch kommenden Veränderungsprozesse, die anregenden Diskussionen mit ihnen haben mir sehr geholfen. Bei meinen (Ex-)Kollegen Bernd Schur, Jürgen Theisen und Christian Pöttinger bedanke ich mich für die Unterstützung und die konstruktiven Rückmeldungen in den verschiedenen Entwurfsstadien der Arbeit.

An der Comenius Universität gilt mein besonderer Dank meiner Betreuerin Frau Universitäts-Dozentin Dr. Ing. Nizka. sowie den Opponenten und Gutachtern meiner Arbeit Herrn Professor Slahor und Professor Pekar sowie Professor Balhar von der Ökono- mischen Universität Bratislava.

Weiterhin bedanke ich mich herzlich bei meinen Eltern Astrid und Siegfried, die die Grundlagen meiner Entwicklung gelegt haben.

Vor allem aber bedanke ich mich bei meiner Frau Andrea für die beständige Unterstützung, Begleitung und Liebe in meinem Leben.

München, im Oktober 2011   Ralf Lehmann

Abstrakt

Dissertationsarbeit Ralf Lehmann

Titel: Telekommunikation wird zu Unified Communications – Veränderungsprozesse für Unternehmen durch auf Internet basierende Innovation
Univerzita Komenského v Bratislave, Fakulta managementu
Doktormutter: doc. Ing. Helena Nízka, PhD

Der Markt für Telekommunikationssysteme für Unternehmen ist, trotz aller technologischen Veränderung von analoger Übertragung bis zur digitalen Übertragung über das Internet, über Jahrzehnte stabil und von nur wenigen Unternehmen als Anbieter geprägt. Erst die aktuelle Entwicklung der Integration der Sprachkommunikation in das übergreifenden internetbasierenden Kommunikationskonzept „Unified Communication" führt zu grundlegenden Veränderungen des traditionellen Geschäftsmodells dieser Branche. Damit zeichnen sich wesentlichen Veränderungen des Anbietermarktes ab, deren Darstellung und Analyse das grundlegende Ziel dieser Arbeit ist. Treiber dieser disruptiven Veränderung sind die fortschreitende Entwicklung der Informations- und Kommunikationstechnologie zum umfassenden Internet sowie die korrespondierende Wechselwirkung des Internets und unserer Gesellschaft mit den daraus entstehenden Veränderungen der Geschäftsmodelle. Bereits fortgeschrittene Entwicklungsprozesse in der Musik, Foto- und Filmindustrie zeigen das Potential dieser Veränderungswelle auf, die als fünfte „lange Welle" der technologischen Konjunkturwellen Schumpeters betrachtet wird. Der Transfer auf vergleichbare Branchen, wie die Buchindustrie, die Informationstechnologie und eben auch die Telekommunikationslösungen für Unternehmen zeigt auch hier deutliches Veränderungspotential auf. Amtellt, das neben den technologischen Veränderungen auch die Veränderungen der betroffenen Geschäftsmodelle betrachtet. Im Ergebnis ergibt sich ein Beitrag zur Innovationsforschung mit der Darstellung der Veränderung durch die aktuellen technologischen und gesellschaftlichen Entwicklungen in Verbindung mit dem Internet und mit einem Vorschlag zur Organisationsentwicklung betroffener Unternehmen.

Schlagwörter: Unified Communications, Geschäftsmodell, Internet, Innovationsmanagement

Abstract

Thesis: Dissertation Ralf Lehmann
Title: Telecommunications Becomes Unified Communications – Change processes in Companies by Innovations Based on the Internet.
Comenius University in Bratislava, Faculty of Management
Supervisor: doc. Ing. Helena Nízka, PhD.

The telecommunications systems market for corporate customers has been exceptionally stable for decades despite the profound technological changes in the form of transition from analog transmission to digital technologies and controlled by few provider firms. It is only current developments in the integration of voice communication into the larger Internet-based communication concept of "Unified Communication" that has been driving material changes to the traditional business model, hence potentially significant makeover in the provider market the outline and analysis of which is the key aim of this paper. Among the drivers of the disruptive trends have been the steady advances in information and communication technologies towards an all-embracing Internet environment and the resulting interactions between the Internet and society along with follow-up changes to business models. The potential of this momentum for change that has been seen as the "long wave" within the sense of waves of technological leaps according to Schumpeter has been evidenced by advanced developments in branches such as the music, photographic and film industries. On transposing the developments to comparable branches such as the publishing industry, IT manufacturers and not least providers of telecommunications solutions for corporate customers, these imply significant potential for change as well. On the example of a particular firm active in the telecommunications sector, the needed changes are explored to corporate organisations in the wake of the changes to business models. In the process, specifically the importance of innovation management is highlighted that accounts apart from the advances in technologies also for changes in the business models concerned. The final contribution to innovation research includes the outline of impacts of current trends in technologies and in society with regard to the Internet and suggested evolutionary organisational models for the firms concerned.

Keywords: Unified Communications, business model, Internet, innovation management

Inhaltsverzeichnis

Abbildungsverzeichnis

Tabellenverzeichnis

Abkürzungsverzeichnis

AJAX..Asynchronous Javascript and XML - Internet Protokoll54
ARPA.......................... Advanced Research Projects Agency - Amerikanische Behörde
AT&T............American Telephon & Telegraph - Amerikanisches Telekommunikationsunternehmen
B2B.. Business to Business - Marketingbegriff
B2C.. Business to Consumer - Marketingbegriff
BSD.......................... Berkeley Software Distribution - Open Source Lizenztyp
BWL.. Betriebswirtschaftslehre
CD...Compact Disc
CDDL.........................Common Development and Distribution License - Open Source Lizenztyp
CEBP..............Communications Enabled Business Processes - Begriff der Informationstechnologie
CPU.......................................Central Processing Unit - Zentralprozessor
CRM...Customer Relationship Management
DDR..Deutsche Demokratische Republik
DIY..Do IT Yourself - Branchenbezeichnung
DNA.......................... Desoxyribonuclein Scid - Träger der genetischen Informationen
DRAM........................Dynamic Random Access Memory - Typ von Speicherbausteinen
DV..Datenverarbeitung
DVD........................Digital Versatile Disc - Standard für Datenspeicherung auf Laserdisk
EAI...................Enterprise Application Integration - Standard der Informationstechnologie
ECC.....................E-Commerce-Center Handel - deutsche Vereinigung der Vermarkter im Internet
EMEA....................................Europe, Middle East and Africa - Geschäftsregion
EPL.. Eclipse Public License - Open Source Lizenztyp
ERG.........................Existence, Relatedness and Growth - Psychologische Theorie
ERP...Enterprise Ressource Planning
EUR.. Euro
FMC..................Fixed Mobile Convergence - Verschmelzung von Mobilfunk und Festnetztelefonie
FSF..Free Software Foundation - Open Source Software Gremium
FTP.. File Transfer Protocol - Internet Protokoll
GDP........Gross Domestic Product - amerikanischer Begriff der Volkswirtschaftslehre, entsprechend
.... dem deutschen Bruttoinlandsprodukt
GEZ. Gebühreneinzugszentrale der öffentlich-rechtlichen Rundfunkanstalten in der Bundesrepublik
.... Deutschland
GPL.......................... GNU General Public License - Open Source Lizenztyp
GPS...........................Global Positioning System - Satellitengestütztes Navigationssystem
GPT.........................GEC-Plessey Telecommunications - historisches englisches
....Telekommunikationsunternehmen
GSM.................... Global System for Mobile communications - Mobilfunktstandard
HD..Hard Disk - Festplatte
HiFi...High Fidelity - Qualitätsstandard für Audio

HTTP..Hypertext Transfer Protocol - Internet Protokoll
ICT.. Information and Communication Technology
IEC....................International Electrotechnical Commission - Normierungsgremium der Elektronik
IETF.. Internet Engineering Task Force - Internet Gremium
IM... Instant Messaging - Internet Protokoll
IP..Internet Protocol - Internet Protokoll
ISDN................................Integrated Services Digital Network - Standard der Telekommunikation
IT.. Informations Technology - Informationstechnologie
ITK.. Informationstechnologie und Telekommunikation
KEP........................Kurier-, Express- und Paketdienstleister - Branchenbezeichnung
kHz... Kilohertz - Einheit der Frequenz
LAMP....................Linux Apache MySQL PHP - Internet Server Software auf Open Source Basis
LAN.................................... Local Area Network - Standard der Informationstechnologie
LP..Langspielplatte
LTE.............................Long Term Evolution - Zukünftiger Mobilfunkstandard
Mac.. Macintosh - Computermarke von Apple
MP3.. Standard für Audio-Kompession
MPL..Mozilla Public License
nm.. Nano Meter - Längeneinheit von 1/Milliarde Meter
NWG..Network Working Group - historisches Internet Gremium
OS...Operating System - Betriebssystem eines Computers
P2P..Peer-To-Peer - Architektur verteilter Anwendungen
PBX.........................Private Branch Exchange - Telekommunikationsanlage für Unternehmen
PC.. Personal Computer
PCI.. Periphal Component Interconnect - Bus System im PC
PCIe.............................Periphal Component Interconnect Express - Weiterentwicklung von PCI
RAM..Random Access Memory - Arbeitsspeicher
RFC....................Request For Comments - Technische/organisatorische Dokumente zum Internet
ROPO.......................................Research Online Purchase Offline - Marketingbezeichnung
S2M..Leitungsstandard der Telekommunikation
SaaS...Software as a Service - Architekturkonzept im Internet
SCM.. Supply Chain Management
SEN................Siemens Enterprise Communications - Deutsches Telekommunikationsunternehmen
SOA.............................Service Oriented Architecture - Standard der Informationstechnologie
SOAP.............................. Simple Object Acess Protocol - Standard der Informationstechnologie
SONET......................Synchronous Optical Network - Leitungsstandard in der Telekommunikation
SQL.............................Structured Query Language - Standard für Datenbankabfragen
T&N.........Telekommunikations und Normalzeit - historisches Telekommunikationsunternehmen in
.... Deutschland

1. Einleitung und Motivation

1.1 Management Summary (english)

This thesis describes the development of the telecommunications business, culminating in the current innovation which is Unified Communications (UC). It sets the changes in this business in the context of the innovations resulting from the growth of the Internet as the fifth "long wave" of technological business cycles. Under the consideration of the changes in the business models of related industries, the evolution of the manufacturer of communication systems is discussed.

In Section 2.1, the market for telecommunications equipment from companies is reviewed, beginning with the definition of the terms information and communication and a description of the models of communication. Business successes or failures are based on the unequal distribution of information in enterprises and society, so that information and communication technology can bring competitive advantages.

In Section 2.2, the development of the telecommunications business over more than a century is described from both the direction of the technology and the view of the providing companies. The necessary investment in the development of digital communications technology in the 80s led to a consolidation in the market, with the number of major manufacturers being reduced from 27 to six. These are now taking key positions in the world, in addition to their strong national home markets: Alcatel, AT&T, Ericsson, NEC, Nortel and Siemens. The same picture can be seen looking at the market in 2005, despite all the technological and economic changes in between. It is shown that the traditional manufacturers have completely assimilated VoIP technology. Changes are caused only by merger and acquisitions and by the new competitor, Cisco, having established itself in the voice communication market during the VoIP deployment.

Section 2.3 presents the innovative concept of Unified Communications (UC) and its implications. Because of the progress in technology and the demands of the global market, the users of communication technology experience a complex and fragmented communications environment with a variety of devices and media. A study names three top "Pain Points" of the users, which UC should improve: waiting for information, unintentional communication and ineffective team coordination. Summing up the different definitions and views of UC, it can be seen that UC includes, on one hand, three functional objectives, and on the other hand, three elements and components. The first objective is the improvement of the communication and collaboration of people by integrating all types of synchronous and asynchronous media. The second objective is to create a single, unlimited user experience and control over different devices, including mobility. And the last objective is the provision and use of presence information and the integration of communications functions in groupware and business applications. The first element of UC is real-time communication, consisting of telephony, video and instant messaging, with options for Web, video and voice conferencing. The second is asynchronous communication via e-mail messaging, voice mail and fax; the third is the extension to mobile devices and integration with the desktop and typical business applications (= CEBP Communications Enabled Business Processes).

A number of studies and questionings have indicated the real challenges for companies in using modern communication technologies. The manufacturers of UC calculate a company value of UC from overcoming these challenges, often based on theoretical models. Because not many companies have fully implemented the concept of UC until now, there are few studies about the improvement achieved in reality. It is shown that these first studies indicate positive consequences. The questioning of a pilot-user group of 300 sales employees of a manufacturer of communication systems first presented its results. It confirmed that the early users of UC experience an effect on everyday work and a positive leverage on personal productiveness. The integration of UC in the business processes of the companies promises further potential. The implementation of UC can create a real differentiation and the companies can realize a competitive advantage if they reach the necessary behavioral changes of the users – besides the challenges of technical integration. Therefore the traditional manufacturers in the communications market, as well as Cisco, see in UC an essential argument for selling their new generation of communication systems.

Section 3.1 provides an overview of the state of innovation management and describes the theory of business cycles, based on technological changes. The use of the concept of "innovation in the strict sense" is defined, and it is considered in terms of the historical development through Adam Smith and Schumpeter. The growth of innovation is discussed by presenting the models of diffusion, Moore's stage model and the hype cycles by Gartner. The "Disruptive Innovation Theory" of Christensen is shown, with the differentiation of "sustaining" and "disruptive" innovation. The concept of business models and the development of innovations from the core to the context are explained. The model of business cycles by technological development is presented. The Information and Communication (I&C) technology is founding such a long wave, where the adjustment process of economy and society can still continue for more than a decade.

Section 3.2 examines the drivers of the changes caused by the evolution of I&C by reviewing the technology development, social development and development of business models. The technology development shows that the three key indicators – computing power, storage capacity and network capacity – have doubled every 18 to 24 months over the last 50 years, causing related costs to halve every 18 to 20 months. This trend is to be continued for at least the next decade and shows further potential for changes. Considering social development and the evolution of business models by the usage of New Media, major changes in the enterprises are still to come. The impact on the economy will become apparent by the "Digital Native" generation growing up and coming into the enterprises and they will be driven by further innovations in the Internet in the future.

A characteristic of many business models of the Internet is the network effect. This enforces low entry cost into new business models and encourages business models which are free for the user. The new business models of the Internet are governed by the laws of market economy, and are overlaid by the monetary, not directly measurable, values of "attention" (traffic) and "recognition" (number of links, "friendships", "followers"). These values are especially significant for the "digital generation". This increases the importance of non-monetary components, as shown by the free collaboration of users in Web 2.0 and the spreading of free "open source" software. An explanation for the increasing significance of non-monetary motives is supplied in the "needs theory" of Maslow. It is shown that people do not always act according to rational reasons. "Happiness research" is described as a possible explanation of their behavior.

Section 3.3 finally shows the impact of the change processes, examining the sectors in the environment of digital and digitized goods, the sectors of I&C technology and general industries. These sectors are affected by digitization and the Internet in varying degrees and in different time frames. In order to increase the implementation level, the music industry, the photo and film industry and the book industry are described and changes in their business models are identified. The I&C sector is affected by innovative development, driven by rapid price decline by exponential growth performances and capacities. Therefore the I&C sector is showing a consolidation after a decades-long growth phase. The upcoming simplification of the IT architecture with the "commoditization" of many formerly high-quality and high-priced segments leads to higher flexibility and increased productivity for the users of I&C technology, often at the expense of traditional business models and therefore endangering the I&C providers who cannot renew their business in time.

As a result, for all sectors it is shown that innovation will progress with unchanged speed and will lead to changes and "creative destruction". To delay the necessary changes by long-term guarantee and subsidy of workplaces is a pointless wasting of resources. It is necessary to promote the market economy processing the destruction and formation of businesses. Finally, the discussion of the consequences for the suppliers of communication equipment concludes the circle to Chapter 2. Several issues characterize UC as a disruptive renewal with serious consequences in the market for the manufacturers of communication systems. It is shown that UC, in contrast to previous technological developments, is no innovation with the potential of a new generation of communications systems to be sold in the established models, but the beginning of the end of the current business model. The suppliers of communication equipment will have to cope with shrinking businesses and radical changes. If they do not succeed in opening new growing business models, e.g. by focussing on the growing service sphere, they will vanish, shrink to niche-players or will be integrated in bigger IT-system houses. With this future development the sector does not correspond to the continual, regular renewal, as is described for the film industry, but to the radical changes of the photo industry. Even the market leader of this industry – Kodak – could arise here, only with changes and clearly reduced from the transformations; other big market participants will have completely disappeared. A similar development is to be expected during the next five years for the traditional manufacturers of communication systems.

1.2 Beschreibung der Arbeitsaufgabe

Die fortlaufende Leistungssteigerung von standardisierter Informationsverarbeitung verbunden mit der umfassenden Vernetzung durch Internettechnologie ermöglicht die Integration von vormals eigenständigen Anwendungen und spezialisierter Hardware in die Standard Infrastruktur und Applikationslandschaft der Unternehmen. Diese können damit zunehmend Kosteneinsparungen und Verbesserungen ihrer Produktivität realisieren. Speziell die Telekommunikationsbranche für Unternehmen ist dadurch in einem Prozess des Umbruches, weg von eigenständigen privaten Telefonnetzen und proprietären Kommunikationsanlagen, hin zu der vollständigen Integration der Sprachkommunikation als Softwareapplikation und Teil einer Unified Communications Architektur in die Standard IT Umgebung der Unternehmen.

Ausgehend von der Einordnung der Kommunikation in die betrieblichen Prozesse und einer Übersicht der Kommunikationstechnologie, betrachtet diese Arbeit zunächst den Telekommunikationsmarkt mit Schwerpunkt Deutschland und fokussiert dabei auf die Telekommunikationsausrüster für Unternehmen. Anhand der Darstellung der vergangenen Entwicklung dieses Marktes, der Ist-Situation und der Prognose für die nächsten Jahre wird die bisherige Veränderung des Marktes und das dramatische Veränderungspotential der nächsten Jahre aufgezeigt.

Die Treiber dieses Veränderungsprozesses in Form der Entwicklung der Informations- und Kommunikationstechnologie zum umfassenden Internet sowie der korrespondierenden gesellschaftlichen Entwicklungen und Veränderungen der Geschäftsmodelle der Unternehmen werden dargestellt und die Auswirkungen des Veränderungsprozesses untersucht. Die besondere Herausforderung des Managements dieser Veränderungsprozesse wird beschrieben. Es werden Vergleiche mit vergangenen Veränderungsprozessen anderer Branchen gezogen, um einen Transfer in zukünftige Herausforderungen von weiteren, durch die Treiber dieser Veränderungsprozesse beeinflussten Branchen zu ermöglichen.

Das Hauptziel der Arbeit ist damit die Analyse der Veränderungsprozesse in Unternehmen durch die zunehmende Verbreitung des Internets mit dem Transfer der bisherigen Erfahrungen auf die Geschäftsprozesse zukünftig betroffene Branchen.

Die Teilziele der Arbeit sind die Darstellung der Veränderungen des Telekommunikationsmarktes durch die Internet-getriebene Innovation Unified Communication sowie die Darstellung der Veränderungsprozesse durch das Internet auf die Gesellschaft.

Für Wissenschaftler ergibt sich somit themenbezogen ein interdisziplinärer Überblick der Forschungsbereiche Wirtschaftsinformatik, Innovationsforschung und Betriebswirtschaftslehre sowie ein systematischer Überblick über das betrachtete Segment der Anbieter von Kommunikationssystemen.

Für Praktiker im Management von Unternehmen ergibt sich ein Überblick des Standes der Innovationsforschung und des Potentials der Veränderung durch die technologische und gesellschaftliche Entwicklung. Damit kann das Veränderungspotential der eigenen

Unternehmung und das Potential der Gefährdung der verwendeten Geschäftsmodelle abgeschätzt werden. Die Anbieter von Kommunikationslösungen schließlich erhalten konkrete Vorschläge zur Organisationsentwicklung.

1.2.1 Methoden und Literatur

Die Arbeit beschreibt die Entwicklung der Telekommunikation für Unternehmen bis zur aktuellen Innovation Unified Communications. Sie setzt die damit verbundenen Veränderungen in den Kontext der Innovationen in Folge der Verbreitung des Internets als fünfte "Lange Welle" der technologiebedingten Konjunkturzyklen. Unter der Betrachtung des Veränderungsprozesses der Geschäftsmodelle verwandter Branchen wird die weitere Entwicklung der Hersteller von Kommunikationslösungen diskutiert. Ein Modell der Optimierung ihres Geschäftsmodells wird vorgeschlagen.

Im einzelnen betrachtet Kapitel 2.1 den Markt der Telekommunikationsausrüster für Unternehmen. Ausgehend von der Beschreibung der Aufgaben und Modelle der Informations- und Kommunikationstechnik in Unternehmen wird der Untersuchungsbereich definiert.

Die Bedeutung der Information und Kommunikation wird anhand des Unternehmensmodells der Kombination von Faktoren aus „Einführung in die Betriebswirtschaftslehre" (Gutenberg, 1975) dargestellt, unter Einbeziehung der Ergänzung von „Informationsmanagement" (Becker, 1999) und „Wirtschaftsinformatik" (Stahlknecht, 1995). Die Systematik Gerpotts aus (Gerpott, 1997) wird zur Eingrenzung des Untersuchungsbereiches genutzt.

Kapitel 2.2 beschreibt die Entwicklung der Kommunikationssysteme über mehr als ein Jahrhundert sowohl aus der Blickrichtung der Technik als auch der anbietenden Unternehmen. Der Telekommunikationsmarkt wird in der wissenschaftlichen Literatur überwiegend aus der Sicht der Anbieter von Telekommunikationsdiensten und Betreibern von Telekommunikationsnetzen betrachtet. Die Situation im Bereich der Hersteller von Telekommunikationsausrüstung für Unternehmen wird in einer Anzahl von Analystenberichten und wirtschaftsjournalistischen Artikeln mit zum Teil sehr subjektiven Aussagen aus der jeweiligen Sicht eines Auftraggebers behandelt. Ausgehend von dem „Management of Telecommunications" (Carr & Snyder, 1997) werden Analystenberichte und -prognose zur Darstellung der Veränderungen herangezogen. Integriert wird hier der eigene Artikel „Kommunikationsmarkt für Unternehmen – ein Markt im Umbruch" (Lehmann, 2009a)

Kapitel 2.3 stellt das innovative Konzept der „Unified Communications" und seiner Auswirkungen unter Einbeziehung von Herstellerinformationen und Analystenberichte und -reports dar. Diese werden mit einer eigenen Befragungen von Nutzern überprüft und ergänzt. Eine Grundlage ist hier der eigene Artikel „Unified Communications – Wettbewerbsvorteil für Unternehmen?" (Lehmann, 2009b) sowie die Überlegungen zur IT-Architektur in (Prahalad & Krishnan, 2008). Zur Abgrenzung zum verwandten Thema „Customer Relationship Management" (CRM) wird auf die Grundlagen der Wirtschaftsinformatik von (Hansen & Neumann, 2009) sowie des Marketings von (Kotler & Keller, 2009) zurückgegriffen.

Kapitel 3.1 gibt einen Überblick über den Stand des Innovationsmanagements, aufbauend auf dem eigenen Artikel „Herausforderungen des Technologie- und Innovations-managements" (Lehmann, 2010) und beschreibt die Theorie der auf technologische Umbrüche basierenden Konjunkturzyklen. Der Begriff der Innovation wird ausgehend von den historischen Betrachtung von Smith, Marx und Schumpeter bis zur aktuellen Darstellung von Schröder beschrieben. Die Darstellung des Change- und Innovations-managements in Schröder „Technologie und Innovationsplanung" und im Kapitel "Transformation durch Wandel des Unternehmungskonzeptes" in (Bleicher, 1999) wird zur Beurteilung der beschriebenen Veränderungsprozesse genutzt. Moores Überlegungen zur Adaption von Innovationen aus (Moore, 2009) und Garterns Hypecycle aus (Gartner, 2009b) werden vorgestellt. Der Vergleich zu der von Christensen in seinem fundamentalen Werk „Innovators Dilemma" (Christensen, 2000) eingeführten und in den späteren Werk (Christensen u. a., 2004) diskutierten Begriffen "sprunghafte und "stützende" Innovation wird gezogen. Die Diskussion der Konjunkturzyklen stützt sich vor allem auf das grundlegende Werk Schumpeters „Business Cycles" (Schumpeter, 1939) und das darauf aufbauende Werk von Nefiodow (Nefiodow, 2006)

Kapitel 3.2 untersucht darauf aufbauend die Treiber des Umbruches zur Veränderungswelle der Informations- und Kommunikationstechnologien. Neben der Technologieentwicklung wird die gesellschaftliche Entwicklung und die Entwicklung der Geschäftsmodelle beleuchtet. Zur Darstellung und Diskussion von Geschäftsmodellen wird die Systematik von Osterwalder und Pigneur genutzt (Osterwalder & Pigneur, 2010). Zur Erklärung der Entwicklung von Opensource Software wird der Bogen von der Theorie Maslows (Maslow, 1943) bis zur Glücksforschung bei (Frey u. a., 2008) gespannt.

Kapitel 3.3 schließlich stellt die Auswirkungen der Veränderungsprozesse dar. Dabei wird zwischen den Branchen im Umfeld der digitalen und digitalisierbaren Güter, den Branchen der Informations- und Kommunikationstechnologie und den allgemeinen Branchen differenziert. Neben umfangreichen Web-Informationen von Unternehmen und Branchen-verbänden werden die Fallstudien aus (Fisch & Roß, 2009) sowie (Burgelman, Christensen, & Wheelwright, 2009) genutzt. Abschließend schließt die Diskussion der Auswirkungen auf die Anbieter der Kommunikationslösungen den Kreis zum Kapitel 2.2.

2. Telekommunikationsausrüstung für Unternehmen: Betrachtungen des Marktes

2.1 Telekommunikation als Unternehmensfunktion

2.1.1 Information und Kommunikation im Unternehmen

Kommunikation bezeichnet den Austausch von Informationen[1], Telekommunikation diesen Austausch über Entfernungen hinweg.[2] Der Begriff der „Information" wird je nach Kontext verschieden verstanden:

- im Sinne der Umgangssprache als Wissen (Kenntnisse) über Sachverhalte oder Vorgänge (Stahlknecht, 1995)
- im Sinne der Nachrichtentechnik: Nachricht (oder Information): Sammelbegriff für jede Art von Mitteilungen, z.b. durch Sprache, Töne, Zeichen, Zahlenangaben, Schriften, Bilder, Messwerte, sonstige Daten sowie durch (fühlbare, hörbare usw.) Reize. (Fritzsche, 1987)
- in der BWL bzw. Wirtschaftsinformatik: „Information ist zweckorientiertes Wissen, dass zur Erreichung eines Zieles eingesetzt wird." (Gutenberg, 1975)

Die Bedeutung der Telekommunikation in Unternehmen leitet sich aus der Wichtigkeit von Information im Unternehmensprozess ab. Abbildung 1 stellt den betrieblichen Prozess gem. Gutenberg als Transformationsprozess von Produktionsfaktoren dar. Dieser lässt sich „..als eine Kombination von Arbeitsleistungen und maschineller Apparatur zum Zwecke der Erstellung von Verwertung von Sachgütern oder Dienstleistungen auffassen."[3]

Abbildung 1: Faktoren im betrieblichen Transformationsprozess
Quelle: Eigene Darstellung

Die betrieblichen Produktionsfaktoren - Elementarfaktoren und dispositiver Faktor- gliedern sich wie in Abbildung 2 gezeigt[4]. Informationen können hier Teil der Produktionsfaktoren sein, Information und Kommunikation sind aber immer ein wesentlicher Teil des dispositiven Faktors als Grundlage der Entscheidungsprozesse.

---

[1] Vergleiche (Stahlknecht, 1995), Seite 108
[2] Vergleiche (Carr & Snyder, 1997): "Telecommunictions is the transmission of data, of information, over a distance"
[3] In (Gutenberg, 1975, S. 27)
[4] Vergleiche Systematik von (Gutenberg, 1961, S. 6-7)

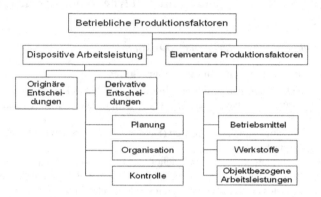

Abbildung 2: Betriebliche Produktionsfaktoren
Quelle: Eigene Darstellung

Neben der zentralen Rolle als dispositiver Faktor im Entscheidungsprozess und der optionalen Rolle als Betriebsmittel oder Werkstoff, kann Information auch als Objektfaktor den Produktions-prozess durchlaufen und Teil des erstellten Gutes sein. Information als Produktionsfaktor bedeutet, dass sie der Restriktion knapper Güter unterworfen werden muss und der effiziente Einsatz gefordert ist. Abbildung 3 zeigt zusammengefasst die umfassende Rolle der Information im Faktorkombinationsprozess eines Betriebes[5].

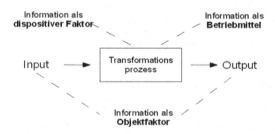

Abbildung 3: Rollen der Information im Unternehmen
Quelle: Eigene Darstellung nach (Becker, 1999, S.548/549)

Becker leitet hieraus eine entscheidende Rolle der Information und Informationsverteilung ab: "So führt insbesondere eine asymmetrische Informationsverteilung zwischen Martktteilnehmern zu Wettbewerbsvorteilen". Macharzina fasst die Bedeutung der Information und Kommunikation im Unternehmen treffend zusammen: „Unternehmertum

---

[5] Vergleiche (Becker, 1999, S.548/549)

8

und unternehmerischer Erfolg oder Misserfolg beruhen letztendlich auf der ungleichen Verteilung von Informationen in Unternehmen und Gesellschaft" und „Die Informations- und Kommunikationstechnik stiftet Wettbewerbsvorteile"[6]

2.1.2 Modelle der Kommunikation

Grundlage der Kommunikation im Unternehmen ist die direkte Kommunikation von Mensch zu Mensch im unmittelbaren Kontakt. Das ist auch noch heute noch im kleineren Handwerksbetrieb oft die einzige Kommunikationsform, die Abbildung 4 im Modell zeigt. Die Kommunikation über den Tast- und Geruchssinn ist im Unternehmensalltag zu vernachlässigen. Hier dominieren eindeutig das Hören und Sehen mit den Kommunikationsformen Sprache, Schrift, Bild, Mimik, Gestik und Körpersprache.

Abbildung 4: Kommunikation Mensch zu Mensch
Quelle: Eigene Darstellung

Dabei ist die einseitige Kommunikation von einer Person zur anderen nur ein Sonderfall. In der Praxis erleben wir die Kommunikation Mensch-Mensch als 1:1 ebenso wie 1:N, oder als Kommunikation in Gruppen N:N sowohl einseitig, als auch bidirektional, wie in Abbildung 5 gezeigt.

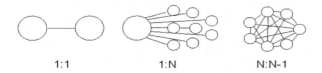

Abbildung 5: Kommunikationsformen in Unternehmen
Quelle: Eigene Darstellung

Bei einer räumlichen und/oder zeitlichen Trennung der kommunizierenden Menschen ist ein Medium erforderlich. Dies kann im klassischen Fall der "Postbote" sein, der einen Brief, ggf. über mehrere Boten bis zum Empfänger bringt – meist ist ein technischer Übertragungskanal erforderlich. In jedem Falle sind über technische Medien Einschränkungen und verändernde Einflüsse nicht vermeidbar und kennzeichnen die

---

[6] Vergleiche (Macharzina, 1999, Seite 649)

jeweilige Kommunikationsart. Abbildung 6 zeigt ein Kommunikationsmodell über einen digitalen Kommunikationskanal.

Abbildung 6: Kommunikationsmodell über digitalen Übertragungskanal
Quelle: Eigene Darstellung

Dieses Modell gilt bei aufgebauter Kommunikation, die als Teil jeder der Kommunikationsformen gemäß Abbildung 5 auftreten kann. Ein weiterer für eine bestimmte Kommunikationsart charakterisierender Bestandteil ist der Aufbau der Kommunikation. Schon zwischen zwei Kommunikationspartnern ist die Adressierung ein meist komplexer Vorgang, der durch eine entsprechende Vermittlungsschicht, wie Sie in Abbildung 7 das Kommunikationsmodell ergänzend gezeigt ist, durchgeführt wird. Diese wird auch während einer laufenden Kommunikation benötigt, z.b. für Veränderungen der Kommunikationsform von 1:1 zu 1:n durch hinzunehmen weiterer Kommunikationspartner.

Abbildung 7: Kommunikationskanal mit Vermittlungsschicht
Quelle: Eigene Darstellung

Das Fehlen einer Vermittlungsschicht charakterisiert sogenannte "Massenkommunikation" - Beispiele sind die Radio- oder Fernsehübertragung. Hinter jeder Stufe des Übertragungskanals liegt Technik und Infrastruktur, die jeweils sowohl mit Kosten, als auch mit Qualitätsbeeinträchtigungen, z.B. durch Bandbreitenbegrenzung, Störeinflüsse oder Verzögerungen, belegt sind. Dadurch sind in der Praxis alle Telekommunikationsformen Kompromisse in der Kombination der Eigenschaften. Die Dimensionen dieser Eigenschaften sind:

- übertragener Ausschnitt der „Sinneswelt" (Sprache, Text, Bild, Film)
- Anzahl der Teilnehmer und Richtung , d.h. 1:1, 1:n, n:n-1 sowie die Art des Verbindungsaufbau zum Adressaten und die Mobilität von Sender und Empfänger
- Qualitätseinschränkungen im Vergleich zum Original der direkten Kommunikation: z.b. durch Verzögerung, Bandbreitenbegrenzung, und Störeinflüsse.
- Reproduzierbarkeit/Dokumentation von Kommunikationsart und -inhalt.
- Kosten

Anhand dieser Kriterien kann man erkennen, dass das in Kapitel 1.1 erwähnte ökonomische Prinzip tatsächlich gilt: wenn eine Kommunikationsart in allen Kriterien gegenüber den Alternativen zurückfällt, wird sie früher oder später abgelöst werden. Beispiele dafür sind die Ablösung des Telegrammes durch Email oder der Telefonzelle durch den Mobilfunk. Andererseits ergeben sich aber eine Vielzahl von Kombinationen, die sich differenzieren und dadurch nebeneinander existieren können.

2.1.3 Definition des Untersuchungsbereich als Teil des Telekommunikationsmarktes

Die Bitkom als Dachverband von 1.000 deutschen Unternehmen der IT- und Kommunikationsbranche gliedert den ITK Markt in Deutschland, der insgesamt 143 Milliarden EURO Umsatz umfasst und 800.000 Mitarbeiter beschäftigt, in 5 Segmente[7] :

- Consumer Electronics
- IT Hardware
- Software und IT Dienstleistung
- Telekommunikationshardware
- Telekommunikationsdienstleistung

Der betrachtete Ausschnitt „Kommunikationssystem für Unternehmen" beinhaltet, historisch kommend aus dem Segment „Telekommunikationshardware", durch innovative Substitution spezifischer Telekommunikationshardware durch Softwarelösungen immer größere Anteile des Segments „Software und IT-Dienstleistungen".

---

[7] Vergleiche (Bitkom, 2007a)

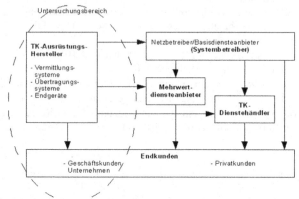

Abbildung 8: Untersuchungsbereich im Telekommunikationsmarkt
Quelle: Eigene Darstellung nach (Gerpott, 1997, S.5), leicht modifiziert

Interessant an diesem Ausschnitt, der mit ca. 7 Milliarden Euro Umsatz einen Umfang von ca. 5 Prozent des deutschen ITK-Marktes hat, ist die relativ kleine Zahl der Marktanbieter, die eine anschauliche Darstellung der Veränderungsprozesse durch Innovationen erlaubt. Gerpott unterteilt die Anbieter im Telekommunikationsmarkt in TK-Ausrüstungshersteller, Systembetreiber, Mehrwertdienstanbieter und TK-Dienstehändler[8]. Abbildung 8 stellt den Untersuchungsbereich grafisch dar.

2.2 Entwicklung der Kommunikationssysteme

2.2.1 Analogtechnik

Beginnend mit der Patentierung des Telefons 1876 durch Graham Bell setzte sich die Übertragung von Sprache als Kommunikationsmittel über beliebige Entfernungen durch. 1899 gab es 50.000 Telefonanschlüsse in Berlin, 1914 bereits 150.000. und 1930 400.000 Anschlüsse.[9]

Kommunikationssysteme für Unternehmen existieren seit der Jahrhundertwende in Form von vollständig mechanisch aufgebauten Koppelfeldern oder „Switchboards". Sie adressieren die Notwendigkeit der Unternehmensmitarbeiter miteinander und mit externen Stellen per Sprache zu kommunizieren. Die Kosten für die ohne Kommunikationssystem dafür notwendige Telefonleitung pro Mitarbeiter ließen sich durch den Einsatz der ersten „Switchboards" , die die Telefonleitungen des Unternehmens durch mehrere Mitarbeiter nutzbar machten, drastisch reduzieren. Kostenlose interne Gespräche und kostengünstigere Gespräche zwischen Firmenstandorten mit eigenen Leitungen brachten die Quote der Nutzung von Kommunikationssystemen 1995 bei Firmen mit mehr als 20 Mitarbeiter auf über 90 Prozent [10].

---

[8] Vergleiche (Gerpott, 1997)
[9] Aus (Fernmeldemuseum Aachen, 2009)
[10] Vergleiche (computerwoche, 2005)

12

Die dabei eingesetzte Technik der Leitungsvermittlung beruht auf dem physikalischen Zusammenschalten von Teilnehmern. Dabei wird die Verbindung direkt oder über motorbetriebene Schalter und Relais bzw. später Transistoren geschaltet und dann die Sprachinformation analog von Telefon zu Telefon übertragen.

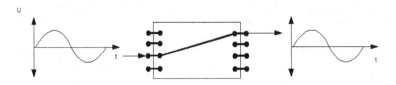

Abbildung 9: Leitungsvermittlung analoger Signale
Quelle: Eigene Darstellung

Die Telefonnummer als eindeutige „Adresse" eines Teilnehmers ermöglicht dabei, anfangs per Handvermittlung, nach dem 2. Weltkrieg zunehmend per automatischer Vermittlung, die weltweite Verbindung und Kommunikation.

2.2.2 Digitalisierung

Bereits 1924 beschrieb Nyquist theoretisch die Grundlagen für die digitale Übertragung analoger Signale, 1948 vervollständigt durch Shannon[11]. Durch die Über–tragung mindestens zweier Abtastwerte pro Periode kann jedes bandbreitenbegrenzte Signal eindeutig wiederhergestellt werden, wie in Abbildung 10 gezeigt.

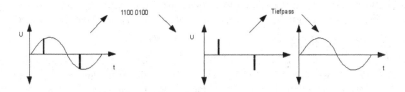

Abbildung 10: Kodierung, Übertragung und Dekodierung
Quelle: Eigene Darstellung

Aber erst durch die Verfügbarkeit der ersten integrierten Schaltkreise, beginnend in der Mitte der 80er Jahre, wird die Sprache zunehmend nicht mehr analog, sondern kodiert in binären Signalen übertragen. Nach wie vor muss eine Verbindung der Teilnehmer geschaltet werden, aber im Gegensatz zur analogen Übertragung nicht dauerhaft, sondern nur noch in periodischen kurzen Zeitschlitzen ausreichend zur Übertragung der binären Sprachsignale.

---

[11] Siehe (Shannon, 1948)

13

Beim Empfänger werden die binären Signale wieder dekodiert und als analoge Sprache ausgegeben. Die Qualität hängt von der Anzahl der übertragenen Stufen und der Bandbreitenbegrenzung durch die Abtastfrequenz ab – beim gebräuchlichen Standard für digitale Telefonie-Übertragung ISDN beispielsweise 256 Stufen und 8kHz. Neben der Qualität des übertragenen Signales erfordert die Sprachkommunikation eine nahezu unmerkbare Laufzeit vom Sender zum Empfänger. Die Zeitdauer für Kodierung, Übertragung und Dekodierung im Sprachnetz soll hier für wahrgenommene gute Qualität 150ms, für gerade noch akzeptable 400ms nicht überschreiten.[12]

Das Time Division Multiplex (TDM) - Verfahren ermöglicht die Übertragung mehrere Gespräche, z.B. 30 mit einem S2M-Anlagenanschluß auf einer Leitung und durch immer höhere Übertragungsraten eine Verdichtung und Miniaturisierung.

Da die Digitalisierung auch den Einsatz von Mikroprozessoren für die Verbindungs–steuerung ermöglichte, entstanden umfangreiche Leistungsmerkmale, um die Kommuni–kation zu vereinfachen und damit die Produktivität der Mitarbeiter zu erhöhen. Die Einführung der digitalen Netztechnik ISDN im öffentlichen Netz brachte in den 90er Jahren eine weiterer Ausbau der auch über Amtsverbindungen übergreifend vorhandenen Leistungsmerkmale. Im Gegensatz zu anderen Nordamerika und Asien fand die ISDN-Technologie in Europa, vor allem in Deutschland einen breiten Absatz.

Die notwendigen Investitionen in die Entwicklung der digitalen Entwicklungstechnik führten in den 80er Jahren zu einer Konsolidierung im Markt von vorher 27 weltweit auf sechs Hersteller, die neben ihrem jeweils starken nationalen Heimatmarkt eine wesentliche überregionale Position einnehmen können: Alcatel, AT&T, Ericsson, NEC, Northern Telecom (Nortel) und Siemens.[13]

Die wichtigsten Wettbewerber im deutschen Markt waren 1985 Siemens und T&N[14]. Die weiteren Wettbewerber mit Anteilen im 10% Bereich IBM und Nixdorf wurden 1989 und 1990 in die Siemens AG integriert, die seitdem bis heute den deutschen Markt dominiert.

2.2.3 Entwicklung des Internets

Aufbauend auf den Arbeiten von Baran[15] über ein dezentralisiertes, gegen Ausfälle einzelner Knoten immunes Netzwerk im Jahre 1964 und der Vision Lickliders eines „Inter Galactic Networks" von Computern zur Unterstützung menschlicher Denkvorgänge[16] entstand ab 1968 das ARPANET, getrieben durch das amerikanische Militär und durch die Vernetzung von Forschungseinrichtungen. Im Gegensatz zu den streng hierarchischen technischen Strukturen des TDM-Netzes und seiner ebenso gearteten Verwaltungsstrukturen entstand hier ein flexibles Netz auf Basis des Internet Protokolls IP und der zugehörigen Transport Protokolle TCP für gesicherte Übertragung und UDP für ungesicherte Übertragung. Dabei entscheiden die dezentralen Netzknoten für die einzelnen Datenpakete des Datenstromes

---

[12] Vergleiche ITU-T Empfehlung G.114 in (ITU, 2003)
[13] Vergleiche (Computerwoche, 1991)
[14] Vergleiche (Computerwoche, 1985)
[15] Vergleiche (Baran, 1964)
[16] Vergleiche (Tuomi, 2002, S. 78-81)

den jeweils optimalen Weg zum nächsten Knoten, bis zum Empfänger, der die Botschaft bzw. den Datenstrom wieder zusammensetzt. Die modulare Anlage des Schichtenmodells in Abbildung 11 ermöglicht die Nutzung des Internetprotokolls für die verschiedensten Applikationen.

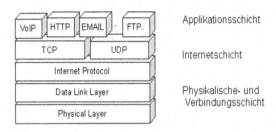

Abbildung 11: TCP/IP Schichtenmodell
Quelle: Eigene Darstellung

Im Gegensatz zu den hierarchischen Verwaltungsstrukturen der TDM-Netze entstand auch organisatorisch eine sehr viel flexiblere und dezentrale „Verwaltungs"- Struktur für das Internet, die ebenfalls die Entwicklung neuer und anwendungsfreundlicher Applikationen fördert.

Die Grundlagen zur Anwendung des Internets und damit zur Applikationsschicht wurden bereits 1945 durch Vannevar Bush, dem Leiter der wissenschaftlichen Forschungsaktivitäten der USA im zweiten Weltkrieg gelegt, der seinen ca. 6000 Forschern in einem visionären Artikel neue Forschungshorizonte nach dem Ende des Zweiten Weltkriegs aufzeigt. Hier beschreibt er u.a. das Konzept des „Memex" als Werkzeug zur Verstärkung des menschlichen Verstandes, das den Zugriff auf das Wissen der Menschheit ermöglicht. Ein Schreibtisch mit Bildschirmen und grafischer Eingabe sowie Tastaturen bringt augenblicklich über Links verknüpfte Dateien und Material zu jedem Thema in den Zugriff des Operators: „Wholly new forms of encyclopedias will appear, ready made with a mesh of associative trails running through them, ready to be dropped into the memex and there amplified." (Bush, 2003, S. 46)

Licklider beschreibt 1960 die Umsetzung dieses Konzeptes als „Man-Computer Symbiosis" mit Computertechnologien[17] und fördert als Direktor der Advanced Research Projects Agency (ARPA) die Umsetzung, u.a. auch ab 1963 der Forschungen von Douglas Engelbart, der1968 erstmalig in einer bahnbrechenden Demonstration die grafische Computer-Mensch-Schnittstelle, den ersten Einsatz einer Maus und die erste Videokonferenz zeigte[18].

---

[17] Vergleiche (Licklider, 2003)
[18] Siehe (Wardrip-Fruin, 2003)

Den entscheidenden Schritt zum allumfassenden Medium des Informationsaustausches leitete Berners-Lee mit dem Konzept des World-Wide-Web[19] ein. Mit der Abstraktion der „technischen" IP-Adressen durch einfach nutzbare Web-Adressen im „Hypertext"-Protokoll (HTTP) und daraus abgeleiteten EMail-Adressen entwickelte sich die Nutzung dieser Applikationen neben dem Datenaustausch per File Transfer Protokoll (FTP), als die wichtigsten Dienste im Internet[20]. Damit waren die Grundlagen für ein starkes Wachstum geschaffen: von 20 Knoten (Hosts) im Jahre 1980 wuchs das Netz über 1000 Hosts in 1990 rasant auf heute über 550 Millionen Hosts an[21]. Von der ersten Webseite Berners-Lees 1991 wuchs der Informationsinhalt auf heute über 100 Millionen Webseiten im World-Wide-Web.

2.2.4 Veränderungen durch Voice over Internet Protocol (VoIP)

Auch das Medium Sprache kann, wie in Abbildung 10 dargestellt, als Datenstrom über das Internet übertragen werden. Die in Kapitel 2.2.2 gezeigten Anforderungen der Sprach-kommunikation stellen allerdings über das Internet eine besondere Herausforderung dar. Da jedes Datenpaket im Prinzip einen anderen Weg durch das Netz nehmen kann, sind die Laufzeiten verschieden und stark von der verfügbaren Bandbreite abhängig. Dies erfordert eine umfangreiche Pufferung der empfangenen Pakete, die jedoch wiederum die Übertragungszeit erhöht. Bereits in den 90er Jahren wurden die ersten Versuche mit der Sprachkommunikation über das Internet gemacht, die Qualität war jedoch für eine breite Nutzung nicht ausreichend.

Mit der Verfügbarkeit von immer mehr Bandbreite und ständig leistungsfähigeren Rechnern und Komponenten im Internet einerseits und durch die Einführung von Priorisierungs-mechanismen für zeitkritische Datenpakete andererseits, konnten die Anforderungen der Sprachkommunikation ab ca. dem Jahr 2000 immer weiter erfüllt werden. In der Folge wurde daher das Internet zunehmend auch für Sprachkommunikation (VoIP) genutzt[22]. Unternehmen nutzten die neue Technik aufgrund der anfänglichen Leistungs- und Qualitäts-einschränkungen eher bei der Einbindung kleiner Filialen und Heimarbeiter, weniger in Ihren zentralen Standorten – den Domänen der großen Telekommunikationsanlagen.

Die modulare Struktur der Internetprotokolle ermöglicht es heute sogar, bei ausreichender verfügbarer Bandbreite, bessere Qualitäten als im TDM basierten ISDN zu erzielen. Verfügen zwei IP-Telefone über den entsprechenden Kodierungsalgorithmus, so sind nahezu „HiFi" Qualitäten möglich.

2.2.5 VoIP als disruptive Innovation

Bereits 1997 stellte die Fachzeitschrift Funkschau die Frage „stirbt die TK-Anlage?". Die 5-Jahres Prognosen renommierter Analysten[23] sagten einen Umbruch des Marktes durch die Innovation VoIP voraus. Eine Modell für die Erklärung von Marktumbrüchen als Folge von

---

[19] Vergleiche (Berners-Lee, 1989)
[20] Vergleiche Nutzung des Internets in (Bleich, 2008)
[21] Aus (ISC, 2008)
[22] Aus (Telegeography Research, 2008)
[23] Vergleiche (Computerwoche, 2002): "Für das Jahr 2002 haben namhafte Marktforschungsunternehmen wie beispielsweise International Date Corp. (IDC) oder Frost & Sullivan in der Zeit von 1996 bis 1999 ein weltweites Marktvolumen zwischen fünf und 80 Milliarden Dollar prognostiziert - eine Zahl, die aus heutiger Sicht utopisch anmutet "

Innovationen beschreibt Christensen[24]. Er charakterisiert sprunghafte „disruptive" Innovationen, die üblicherweise durch die etablierten Marktführer getrieben werden, als einfach, billiger und weniger leistungsfähig. Die profitabelsten Kunden der führenden Hersteller können oder wollen sie daher nicht nutzen. Also wachsen diese Innovationen häufig in Nischenmärkten, die üblicherweise nicht von den etablierten Marktführern, sondern von kleinen häufig neuen Anbietern bedient werden. Die Folge ist, dass die etablierten Anbieter die disruptive Innovation zu lange vernachlässigen, während die neuen Anbieter diese im Nischenmarkt so weiterentwickeln, dass die ursprüngliche Technologie am Ende nicht mehr wettbewerbsfähig ist. Dadurch ist eine solche disruptive Innovation oft der Anlass für grundlegende Veränderungen des Anbietermarktes.

Die Technologie VoIP erfüllt in der ersten Phase die Kriterien einer solchen disruptiven Innovation. Hier war es der führende Data-Netzwerkhersteller Cisco, der 1998 durch die Akquisition des kleinen Herstellers von Software für VoiP Selsius, erstmals in den Sprachkommunikationsmarkt einstieg. Cisco definierte dieses Segment als eines seiner sieben Schlüsselsegmente für Wachstum[25] und investierte massiv in die Weiterentwicklung. Analog zu Christensen Modell der disruptiven Innovation stiegen die etablierten Hersteller tatsächlich erst sehr viel später ernsthaft in den VoIP Markt ein, so dass sich Cisco im TK-Markt für Unternehmen nachhaltig etablieren konnte.

Nach 2005 beherrschten aber auch alle etablierten Hersteller die VoIP Technologie und integrierten sie in ihre Kommunikationsanlagen. Bis auf den Markteintritt Ciscos blieb der grundlegende Umbruch aus – im Gegensatz zu späteren Betrachtungen von Christensen[26], der 2004 diese Fähigkeit der etablierten Hersteller bezweifelte.

2.2.6 Entwicklung des Marktes der Hersteller

Während in den 90er Jahren noch Umsatzrenditen von 14% möglich waren[27], führte die Entwicklung des Marktes mit kontinuierlichem Preisverfall zu starkem Druck auf die Wettbewerber im traditionellen Herstellermarkt.

Betrachtet man die in Kapitel 2.2 gezeigten dominierenden Hersteller zu Beginn der Digitalisierung, so erkennt man die Auswirkungen des Marktdrucks durch eine Vielzahl von Übernahmen. NEC gründet für sein EMEA-Geschäft mit Beteiligung des niederländischen Philips-Konzerns die NEC-Philips, Alcatel fusioniert mit dem Carrier-Teil von Lucent 2006 zu Alcatel-Lucent. AT&T gliederte 1996 seine Netzwerksparte in die eigenständige LUCENT aus, die im Jahre 2000 wiederum das Enterprise-Geschäft – also das Geschäft mit den Unternehmenskunden, die selber keine Telekommunikationsleistungen anbieten - unter dem Namen AVAYA abspaltete. AVAYA übernahm 2004 die Firma Tenovis, die vor 2000 unter Telenoma und in den 80er Jahren als T&N firmierte. Avaya wurde 2007 durch die Investoren Silver Lake und TPG Capitel übernommen. Ericsson wurde 2008 durch Aastra übernommen. Aastra hatte bereits vorher einige kleinere PBX-Hersteller wie 2003 Ascom und 2005 DeTeWe aufgenommen.

---

[24] Vergleiche (Christensen, 2000), disruptive Innovationen im Gegensatz zu „stützenden" (original „sustaining") Innovationen
[25] Vergleiche (Geoffrey Moore, 2005), ab Seite 100 "Cisco Innovating in Growth Markets"
[26] Vergleiche (Christensen, Anthony, & Roth, 2004)
[27] Aus (McKinsey & Co, 1994), Seite 3, Angabe für den Enterprise Kommunikationsbereich der Siemens

Siemens übernahm 1989 mit Rolm das Telekommunikationsgeschäft von IBM und 1990 das der Nixdorf AG. 1997 übernahm Siemens mit GPT einen starken Hersteller auf dem englischen Markt. 2006 gliederte Siemens das Telekommunikationsgeschäft für Unternehmen unter dem Namen Siemens Enterprise Communications erst innerhalb des Konzerns, ab 2008 mit Mehrheit beim Investor Gores Group aus. Die stabile Ausnahme schien die kanadische Firma Nortel zu sein, die allerdings seit 2001 in finanziellen Turbulenzen war und deren Enterprise-Teil nach dem Antrag auf Gläubigerschutz im Januar 2009[28] durch die AVAYA aufgekauft und in diese integriert wurde.

Betrachtet man den Markt im Jahre 2005, so ergibt sich trotz aller technologischen und ökonomischen Veränderungen ein bekanntes Bild. Infonetics Research[29] nennt die weltweit führenden Hersteller Nortel, Avaya, Siemens, Alcatel und Cisco mit NEC als #1 in seinem Kernmarkt Asia-Pacific. Der Markt in Europa zeigt sich mit Siemens und Alcatel im Bereich von 16 Prozent, Aastra, Avaya, Nortel und Ericsson um 10 Prozent, Cisco mit 5 Prozent und Philips-NEC mit 3 Prozent ähnlich[30]. In Deutschland dominiert nach wie vor die Siemens mit nach eigenen Angaben 35 Prozent Marktanteil.

Man erkennt, dass zu diesem Zeitpunkt die traditionellen Hersteller die Technologie VoIP vollständig „assimiliert" haben und es daher wenig Änderungen ausser „Mergers &Acquisitions" sowie dem durch VoIP etablierten neuen Wettbewerber Cisco gibt.

---

[28] Siehe (Nortel, 2009a)
[29] Marktanteil 2005 weltweit aus (Infonetics Research, 2006)
[30] Aus (Frost&Sullivan, 2006)

18

2.3 Aktuelle Entwicklung: „Unified Communications" (UC)

2.3.1 Änderungen im Kommunikationsverhalten

Vor 30 Jahren waren die Möglichkeiten der Telekommunikation sehr beschränkt. Neben den stationären Bürotelefonen als dem einzigen Echtzeit-Medium, waren die asynchronen Medien Brief und Telegramm gebräuchlich. Später, ab 1980, ersetzte das Telefax die Nutzung des Telegramms und ebenso Teile der Brief-Kommunikation. Die Verbreitung des PCs ab den 90er Jahren[31] und die in Kapitel 2.2.3 gezeigte Entwicklung des Internets etablierte Email als Kommunikationsmedium, das inzwischen einen großen Teil des Brief- und FAX-Verkehres ersetzt hat: Knapp 50 Prozent aller Beschäftigten in Deutschland hatten bereits in 2008 eine Email-Adresse am Arbeitsplatz[32]. Ab 2000 fanden weitere Formen der digitalen Kommunikation, wie Web Collaboration und Instant- Messaging[33] ihren Weg von der privaten Nutzung in die Büroumgebung.

Parallel dazu wuchs die Nutzung mobiler Geräte exponentiell mit dem digitalen mobilen Netzwerk. Beginnend 1992 in Deutschland mit 180 Tausend mobilen GSM Telefonen, erreichte man 2006 eine Anzahl von 86 Millionen GSM- und UMTS Verträgen – mehr als einer für jeden Einwohner in Deutschland. Als Teil dieses Wachstums erreichte die mobile Datenkommunikation einen Anteil von fast 20 Prozent des Mobilfunkvolumens und steigerte, wie Abbildung 12 in logarithmischem Maßstab gezeigt, rasant die möglichen Datenübertragungsraten.

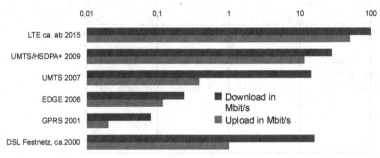

Abbildung 12: Mobile Datenübertragungsraten in der Entwicklung, Massstab logarithmisch
Quelle: Eigene Darstellung

Neben dem Fortschritt der Technik trieben auch andere Veränderungen die Verbreitung der Telekommunikation. Der Markt für Unternehmen wird global. Unternehmen haben die Möglichkeit einen weit grösseren Markt zu erreichen, aber sie kämpfen ebenfalls gegen

---

[31] Vergleiche: 97% aller Unternehmen in der EU nutzen einen PC, 80% über breitbandige Internetverbindungen in DSL-Magazin (2008)
[32] Forsa-Umfrage im Auftrag der Bitkom, aus (DSL-Magazin, 2008)
[33] Instant-Messaging (IM) ist eine Kommunikationsdienst, der es den Teilnehmern erlaubt, in Echtzeit zu kurze Mitteilungen an andere Teilnehmer zu senden, die ebenso gerade "Online" sind. Neben dem Austausch von Textnachrichten (Text-Chat) kann bei vielen Diensten auch in natürlicher Sprache (Voice-Chat) und mit Video-Übertragung (Video-Chat) kommuniziert werden. Vergleiche (Hansen & Neumann, 2009, S. 562)

19

mehr Konkurrenz, da die Käufer ebenfalls global vergleichen können. Der resultierende globale Wettbewerb erzeugt einen hohen Druck auf die Preise und zwingt die Unternehmen sich zu differenzieren und/oder Kosten zu reduzieren. Dieses kann z.b. durch das Outsourcing von Teilen der Wertschöpfungskette oder durch die Implementierung kostensparender Konzepte wie „Just-in-Time-Produktion" erreicht werden. Der Kampf um die Kunden erfordert weit schnellere Reaktionen auf die Anforderungen des Marktes und der Kunden. Angebote müssen schneller erstellt, Produkt Lebenszyklus signifikant verkürzt werden. Das Marketing muss intensiviert und der Kundenservice optimiert werden.

Prahalad und Krishnan fassen diese Veränderungen sehr prägnant in der Formel N=1 und R=G zusammen[34]: dabei steht N=1 für den Anspruch jedes Kunden auf ein individuell zugeschnittenes Leistungsangebot und Ressources=Global für die Notwendigkeit der globalen Zusammenarbeit. Diese Anforderungen verändern die Art und Weise wie Unternehmen und ihre Angestellten arbeiten und kommunizieren: langfristig bestehende hierarchische Strukturen verändern sich zu Matrix-Organisationen, die sich dynamisch den Projektorganisationen anpassen. Dauernd körperlich zusammenarbeitende Arbeitsgruppen wandeln sich zu schnell veränderlichen virtuellen verteilten Teams, sogar über die Unternehmensgrenzen hinaus zwischen Kunden und Zulieferern.

Stabile Öffnungszeiten ändern sich nicht nur durch mobile Mitarbeiter und über Zeitzonen verteilte Teams sondern ebenfalls durch gleitende Arbeitszeiten und verschwindende Barrieren zwischen Arbeits- und Freizeit. Langwierige Abstimmprozesse, beispielsweise durch Rundschreiben, die durch alle unterschrieben werden müssen, werden durch zeitkritische Geschäftsprozesse ersetzt, die Reaktionen in Echtzeit erfordern.

Die komplexen Geschäftsprozesse werden durch Business Applications für Enterprise Ressource Planning (ERP), Supply Chain Management (SCM) and Customer Relationship Management (CRM) unterstützt, die im Idealfall nahtlos gekoppelt sind, wie in Abbildung 13 gezeigt.

Abbildung 13: Workflowsysteme in globalen Unternehmen
Quelle: Eigene Darstellung

---

[34] Vergleiche (Prahalad & Krishnan, 2008, S. 4)

Die besondere Bedeutung der Informations- und Kommunikationssysteme eines Unternehmens für die Realisierung der neuen Anforderungen diskutiert auch Prahalad: „These systems must accommodate the apparently contradictory demands of consistent quality and low cost, capacity for change and extreme efficiency (R=G), and capacity to cope with complexity and ease of use (N=1)." (Prahalad & Krishnan, 2008, S. 109-110) . Dazu verwendet er das in Abbildung 14 gezeigte Schichtenmodell[35].

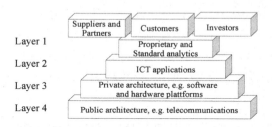

Abbildung 14: Schichten der ICT Architektur
Quelle: nach Prahalad & Krishnan (2008, S. 54)

Von besonderer Bedeutung für die Wettbewerbsfähigkeit eines Unternehmens sind hier die Layer 1, mit den primären Schnittstellen des Geschäftes zu Kunden, Lieferanten und Partnern sowie die allgemeinen Applikationen, wie Office, Groupware, Mail und Dokumentenmanagement sowie die geschäftsspezifischen Applikationen des Layers 2. Die darunter liegenden Layer 3, mit Hardware-plattformen (Rechenzentren, Desktops, Notebooks, Telefonanlage) und Softwareplattformen (Betriebssysteme, Datenbanken, Intranet) sowie Layer 4 mit öffentlichem ISDN und Internet, fokussieren auf Effizienz und Kostenoptimierung mit möglichst hoher Standardisierung.

2.3.2 Herausforderungen der Unternehmen in der Kommunikation

Bei den wachsenden Anforderungen der Vernetzung sowohl zwischen innerhalb einer Unternehmung als auch in firmenübergreifenden Arbeitsgruppen ergeben sich Herausforderungen – sowohl an die Architektur der Informationstechnologie als auch an die Nutzer der vielfältigen Systeme. Die Herausforderung der Unternehmen in der Architektur liegt in der Fragmentierung und daraus folgenden Komplexität der vorhanden IT-Systeme. Diese bestehen häufig aus in einigen oder allen der in Abbildung 15 gezeigten Schichten nicht kompatiblen Systeme, z.B. aus „Mergers & Acquisitions", der nicht abgestimmten IT-Strategie von Unterorganisationen oder aus Alt-Systemen, die oft noch von Layer bis 1 bis 4 ein abgeschlossenes System bilden.

---

[35] Vergleiche (Prahalad & Krishnan, 2008, S. 54)

Layer 1	Business Anwendungen: ERP, CRM, SCM
Layer 2	Middleware: Platforms, Services, Plugins
	Datenbanken: Oracle, DB2, Informix, MySQL
Layer 3	Betriebssysteme: Unix, Linux, Windows
	Server: Internet-, Application Servers
Layer 4	Networks: Lan, WAN, Inter/Intranet

Abbildung 15: Schichten der IT Architektur aufgelöst in IT-Subsysteme
Quelle: Eigene Darstellung

Die Folge ist ein aufwendiger Betrieb und ein hoher Aufwand bei Veränderungen, oft mit unkalkulierbaren zeitlichen und finanziellen Risiken. Der Anteil des gesamten IT Budgets, der für den Betrieb der bestehenden IT-Systeme aufgewendet wird, liegt in der Regel bei über 70 Prozent[36], so dass kaum Spielraum für Optimierungen und Innovationen wie die Integration in die Geschäftsprozesse oder die Einführung von Business Information Systemen bleibt.

Für die unteren Layer der Server Hardware und der Betriebssysteme bildet die „Virtualisierung" im Rechenzentrum eine Lösung zur Reduzierung dieser Komplexität. Auf der Basis eines modular erweiterbaren Serverkonzeptes, z.B. mit Blade-Servern, kann die Rechenkapazität flexibel und skalierbar bereitgestellt werden, verbunden mit einem ebenso flexiblen und skalierbaren Konzept für die über die interne Vernetzung angebundenen Datenbankserver. Die modernen Server Prozessoren ermöglichen in Verbindung mit einer Virtualisierungssoftware wie XEN (Opensource von CITRIX), Hyper-V (Microsoft) oder ESC (VMWare) eine nahezu vollkommene Abkopplung der Hardwareschicht von der hierauf aufsetzenden Betriebssystemen und damit der Integration vieler bisher vollständig getrennten IT-Systeme auf den Layern 3 und 4 der Abbildung 15.

Ein Konzept zur Integration der höheren Ebenen ist die Enterprise Application Integration (EAI). Seit den 90er Jahren wird versucht mit EAI die Komplexität der Vielfalt von Schnittstellen in Griff zu bekommen um Daten und Prozesse integrieren zu können[37]. Abbildung 16 zeigt die Realisierung dieses Konzepts auf Basis der Standards XML (eXtensible Markup Language) und SOAP (Simple Object Access Protocoll) die sich als De facto Standard für die Kommunikation durchgesetzt haben. Damit können Software Services auf die Unternehmensdaten zugreifen und diese zusammengesetzten Applikationen und Portalen zum internen und externen Zugriff zur Verfügung stellen.

---

[36] Vergleiche (Prahalad & Krishnan, 2008, S. 155)
[37] Vergleiche (Kohne, 2007, S. 16 ff.)

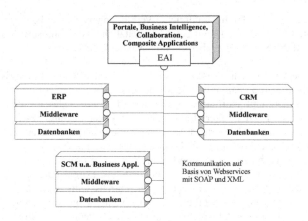

Abbildung 16: Enterprise Application Integration auf Basis von Webservices
Quelle: Eigene Darstellung

Das dargestellte Konzept ermöglicht dann in einem weiteren Schritt auch die Wiederverwendung dieser Services in einer Service Oriented Architecture (SOA), indem auf diese Service über einen übergreifenden Verzeichnisdienst zugegriffen werden kann.

Auch die Nutzer erfahren aufgrund der Fortschritte der Kommunikationstechnologie und der Anforderungen des globalen Marktes eine komplexe und fragmentierte Kommunikationsumgebung mit vielfältigen Endgeräten und Medien, wie sie in Abbildung 17 rund um das in Abbildung 13 mit seinen IT-Systemen vorgestellte globale Unternehmen gezeigt wird.

Abbildung 17: Komplexe Kommunikationsumgebung
Quelle: Eigene Darstellung

Diese neuen Kommunikationsmedien und -endgeräte schaffen neue Herausforderungen. Eine ständige Verfügbarkeit wird erwartet: im externen Kontakt für das Unternehmen gegenüber Kunden und Partnern und intern für die Mitarbeiter in Schlüsselpositionen. Pro

Verbindung werden häufig zahlreiche Verbindungsversuche benötigt und ggf. mehrere Nachrichten hinterlassen. Damit entsteht zusätzlicher Aufwand sowohl auf der Empfänger- als auch auf der Senderseite, ebenso durch Medienbrüche.

Eine Studie von Insignia Research im Auftrag von Siemens Enterprise Communications benennt die drei Top „Pain Points" der Business User: warten auf Informationen, ungewollte Kommunikation und ineffiziente Team Koordination. Jedes dieser Probleme wird von mindestens 80 Prozent aller Teilnehmer der Untersuchung gesehen[38]. 94 Prozent der Befragten erleben sich wartend auf Informationen von anderen bevor sie ihre Arbeit fortsetzen können. Das beinhaltet das Hinterlassen von mehrfachen Nachrichten zum selben Problem und kostet mehr als 5 Stunden pro Woche. 35 Prozent sehen einen extrem oder sehr starken Einfluss dieses Problems, 38 Prozent sind extrem oder sehr frustriert darüber. 91 Prozent der Befragten verschwenden im Durchschnitt 3,5 Stunden pro Woche mit Unterbrechungen und ungewollter oder ungeplanter Kommunikation, die sie ablenkt und damit in ihrer Produktivität beeinträchtigt, für 22 Prozent sogar extrem oder sehr stark. Von diesen sind 34 Prozent stark oder extrem stark frustriert. 80 Prozent sehen ineffiziente Team-Koordination als Problem (für 24% extrem oder stark beeinträchtigend) mit 3.5 Stunden pro Woche, die mit der Koordination von Hindernissen verbracht werden, indem die Zielerreichung des Teams in der Einhaltung von Deadlines und Ablieferung qualitativ hochwertiger Arbeit beeinträchtigt wird Für 30 Prozent ist dies sehr oder extrem stark frustrierend. Diese Untersuchung wurde von 517 Teilnehmern aus den USA, Kanada und Europa aus Unternehmen verschiedener Größe beantwortet. 62 Prozent der Antwortenden waren in Kunden- oder Serviceorientierten Rollen. Tabelle 1 zeigt die Resultate zu den Top „Pain Points" im Überblick.

Tabelle 1: PAIN POINTS von Unternehmen

Pain Points	Incidence/%	Time Involved/h	Extremely/very Significant Impact /%	Extremely/ very Frustrating /%	Priority to reduce extremely/very high /%
Waiting for Information	94	5,3	35	38	38
Unwanted Communication	91	3,5	22	34	29
Inefficient Team Coordination	80	3,5	24	30	31

---

[38] Vergleiche (SEN, 2007a)

2.3.3 Definition und Elemente von Unified Communications

Die im vorherigen Kapitel beschriebenen "Pain Points" verspricht das Konzept "Unified Communications" durch die optimale Integration von verschiedenen Kommunikationsmedien und Kommunikationsendgeräten in die Kommunikationsprozesse von Personen und Teams und schließlich in die Geschäftsprozesse von Unternehmen zu vermeiden. Bereits seit Mitte der 90er Jahre existiert mit "Unified Messaging" ein Konzept zur Integration der asynchronen Medien Email, Fax und Sprachnachrichten und wird in der Unternehmenskommunikation genutzt. Erstmals Anfang 2000 wird darauf aufbauend das Konzept "Unified Communications (abgekürzt: UC) beschrieben.[39]

Eine einheitliche Definition von UC existiert nicht, es findet sich eine Vielzahl von Definitionen von Herstellern von Telekommunikationssystemen, Softwarehersteller und Consulting-Unternehmen. Eine Auswahl der wichtigsten Vertreter dieser Sparten sind aus dem Bereich der Hersteller von Telekommunikationsunternehmen Alcatel-Lucent, Avaya, Cisco, Nortel und Siemens Enterprise Communications, als wichtigste Vertreter der Softwarehersteller IBM und Microsoft sowie aus dem Consulting-Bereich Berlecon, Gartner, IEC, UC-Strategy und Waynhouse Research.

Die Definition von **Alcatel-Lucent** von der Unternehmen-Website lautet: „Alcatel-Lucent unified communications are dynamic, reliable solutions for connecting people and sharing knowledge. A key element of the Dynamic Enterprise, unified communications respond to your business communication needs by enabling real-time collaboration, streamlining communications, and improving productivity and performance. We take a unique approach to unified communications, with a complete end-to-end offer which addresses a wide range of access needs anywhere and anytime." (Alcatel-Lucent, 2009)
Dazu gibt Alcatel folgende Funktionen und Elemente an.
- Connecting your knowledge,
- Telephony and messaging services,
- Collaboration,
- Conferencing
- Multi-access communications
- Streamlining your business operations:Simplify and enhance business processes and facilitate fast decision-making within your organization.
- Desktop integration,
- Unified Communications for business applications

Avaya zitiert in seinem Whitepaper zwei Definitionen von Gartner und Wikipedia, sowie eine Definition eines eigenen Managers: „Mit Unified Communications kommuniziert der Anwender jederzeit mit Text und Sprache, unabhängig vom Medium". Gartner: „Unified Communications ist ein Mittel, um „durch Menschen bedingte Verzögerungen in Geschäftsprozessen zu verkürzen" und Wikipedia: "Laut dem Internetlexikon Wikipedia steht Unified Communications für „die Integration von Kommunikationsmedien in einer einheitlichen Anwendungsumgebung (...) und die Integration mit Präsenzfunktionen. Dabei geht Unified Communications weit über die Funktionalität von Anwendungen wie etwa

---

[39] Vergleiche US Patentschrift zu Unified Communications: (Besprosvan, 2001)

25

Skype hinaus, die Basiselemente wie Instant Messaging und Telefonie vereinen. Stattdessen ist UC ein wesentlicher Bestandteil einer intelligenten Kommunikationslösung, die dem Anwender überallhin folgt." (Avaya, 2009)

Cisco definiert wie folgt: „Put simply, it's about a move from Siloed Communications to Unified Communications and this integration between the silos resulting in a choice of mode and device that you can communicate with. It involves people to people and people to applications and involves breaking down the silos between people and the business process. It is important that these devices operate on any desktop operating system be it Windows, Mac or Linux, any mobile operating system such as Blackberry, iPhone, Symbian, Windows or even the Google G-Phone if it transpires. It should also extend to your Customer Contact solutions or Telepresence users. It should be inclusive not exclusive. The value will be realised in a couple of ways: Firstly, by the hard benefits of convergence such as reduced duplication of infrastructure, devices and operational efficiencies. Secondly, there will be the more intangible soft benefits around collaboration, however these should not be underestimated. The next decade's productivity will come from collaborative productivity and leveraging the value of your human capital. The reality currently is that any organisation will have communication challenges and have a desire to better interact and collaborate with co-workers, partners and customers. " (Cisco, 2007)

Nortel beschreibt auf seiner Website: „UC is a presence-enabled communications and collaboration system featuring integrated IP telephony, instant messaging (IM), audio, video, and web conferencing, providing a consistent, unified user quality of experience over any device, anywhere, anytime - whether fixed or mobile - and through multimedia applications for a richer collaborative experience. UC is a stepping stone to Communication Enabled Business Process (CEBP) applications which automate the process of communicating to the right person/people based on business process event triggers. " (Nortel, 2009b)

Siemen Enterprise Communications (SEN) beschreibt auf seiner OpenScape-Website: „Unified Communication – unification of all relevant business communications, whether it is real time (e.g. voice, video or instant messaging) or non-real time (e.g. voice mail, email or fax) into a simple, seamless experience." In Firmenpräsentationen (SEN, 2007b) definiert SEN Unified Communications als die Vereinheitlichung der relevanten Kommunikation (Voice, E-Mail, Video, Mobil und IM) für den einfachen, reibungslosen Einsatz – unterstützt durch Präsenz- und Präferenz-basierte Technologien und beschreibt die Elemente in Abbildung 18.

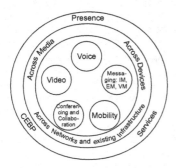

Abbildung 18: SEN Definition für Unified Communications
Quelle: (SEN, 2007b)

Microsofts Vice President Gurdeep Singh Pall erklärt: „What we call Unified Communications (UC) is really the Renaissance of communications, in the same way the Rennaissance period was for culture from the fourteenth century to the seventeenth century. UC is transforming the fundamentals – user experience, programmability, accessibility, reuse of components, and infrastructure. Everything is being and will continue to be challenged. The only thing sacred is the principle of empowering the end user with new capabilities offered within a cognitive model that is intuitive and practical." (Schurman, 2009)

IBM definiert: "The IBM UC² vision is to foster innovation and business agility by making it easer for people to find, reach and collaborate with one another through a unified communications experience — right from their familiar devices, applications, and processes. So people are only one or two clicks away from collaboration. Integrating communications and collaboration in a rich, multimedia experience — one that can include unified telephony, voice, video, instant messaging, Web conferencing, e-mail, voice mail, and business processes and applications — enables a whole new way for people, teams and communities to find experts and make faster, better decisions. The IBM UC² strategy is to deliver — in partnership with the leading telephony, audio, and video vendors — complete software, services and hardware solutions for unified communications and collaboration. These solutions, which include IBM Lotus® Sametime® software and services from IBM Global Technology Services, offer a simple, unified user experience that seamlessly integrates with multivendor environments." (IBM, 2009a)

Berlecon definiert: „Unified Communications beschreibt die Integration verschiedener Kommunikationskanäle und deren Einbindung in IT-Anwendungen. Ziel von UC ist es, Funktionalitäten wie z.B. Telefonie, Web- und Videoconferencing, Präsenz-informationen oder Instant Messaging unter einer Oberfläche zu bündeln und in IT-Anwendungen zu integrieren. Diese können dann direkt z.B. aus Office- oder CRM-Anwendungen heraus genutzt werden." (Berlecon Research, 2009). Dort findet sich auch die in Abbildung 19 gezeigte treffende grafische Darstellung der Komponenten, die oberhalb von der UC Schicht auch darstellt, wie die Technologien VoIP, Fixed Mobile Convergence (FMC) und Unified Messaging sich einordnen.

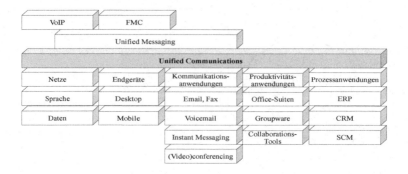

Abbildung 19: UC Modell von Berlecon
Quelle: (Berlecon Research, 2009)

Gartner definiert: "Unified communications (UC) offer the ability to significantly improve how individuals, groups and companies interact and perform. UC also enables multiple communication channels to be coordinated. In some cases, separate servers may be consolidated, but more frequently, UC adds functionality to existing communication investments and servers. Key technologies include Internet Protocol-PBX, voice over IP (VoIP), presence, e-mail, audioconferencing and Web conferencing, videoconferencing, voice mail, unified messaging (UM) and instant messaging (IM). Another key capability of UC is that it offers a method to integrate communication functions directly with business applications; Gartner calls this capability "communication-enabled business processes" (CEBP)." (Gartner, 2008)

IEC beschreibt auf seiner Website:„Unified communications encompasses all forms of call and multimedia/cross-media message-management functions controlled by an individual user for both business and social purposes. This includes any enterprise informational or transactional application process that emulates a human user and uses a single, content-independent personal messaging channel (mailbox) for contact access. " (IEC, 2009)

UC Strategies Analystin Blaire Pleasant definiert „UC is communications integrated to optimize business processes. UC integrates the necessary and appropriate real-time and non-real-time communications with business processes and requirements based on presence capabilities, presenting a consistent unified user interface and user experience across multiple devices and media types. Using rules and policies, UC supports the enterprise to manage various types of communications across multiple devices and applications, while integrating with back-office applications, systems and business processes, with the goal of improving business agility and results, leading to increased revenues, decreased costs and improved customer service. As this definition suggests, UC is about solutions, not products. " (Pleasant, 2008)

Waynhouse Research definiert auf seiner Webseite: „Wainhouse Research defines Unified Communications as being made up of a number of constituent parts including presence, IM, voice and voice messaging, calendaring, video, audio and web conferencing, and mobility.

Based on our interviews, many companies have most of the constituent parts for a unified communications solution, and these components have been deployed over the last few years. However, in most cases, they are deployed in a siloed manner, with no unified interface between them. Hence, while companies say they have these or will deploy them, they are in no sense "unified". " (wainhouse research, 2009)

Fasst man die verschiedenen Sichtweisen zusammen, so erkennt man, dass diese Definitionen einerseits funktionale Ziele von UC und anderseits Elemente und Komponenten beschreiben. Die am häufigsten beschriebenen Funktionen sind:

- die Verbesserung der Kommunikation und Zusammenarbeit von Menschen durch die Integration von synchronen und asynchronen Medien,
- das Schaffen einer einheitlichen, grenzenlosen Nutzererfahrung,
- die Mobilität und Freiheit der Nutzung über verschiedene Endgeräte und deren übergreifende Steuerung,
- die Bereitstellung und Nutzung von Präsenzinformationen,
- die Integration der Kommunikationsfunktionen in Groupware und Geschäfts–applikationen.

Dazu werden meist folgende Elemente genannt:

- Echtzeit Kommunikation: Telefonie, Video, Instant Messaging
- Web-, Video- und Sprachkonferenzen,
- Webcollaboration
- Asynchrones Messaging: Email, VoiceMail, Fax
- Mobilität, „Access by any device"
- Desktop Integration
- Geschäftsprozessintegration (CEBP = Communications Enabled Business Processe)

Diese UC Funktionalitäten und Elemente werden nachfolgend detaillierter beschrieben:

Präsenz: Der aktuelle Status von Personen bezogen auf deren Erreichbarkeit für verschiedene Kommunikationsformen oder -medien wird potentiellen Kommunikations–partnern angezeigt, bzw. steht Applikationen für die intelligente Auswahl von Adressaten und Medien zur Verfügung. Dabei kann der Nutzer diesen Präsenzstatus setzen: im Idealfall entweder manuell durch einfache Auswahl am bevorzugten Endgerät oder automatisch durch eine vom Nutzer definierte logische Kombination von verfügbaren Informationen wie Kalenderstatus (z.B. „In einer Besprechung"), Endgerätezustand (z.B. Telefon: frei, Notebook: eingeloggt im IP-Netz des Standortes A). Die sogenannte "Federation" ermöglicht die Verbreitung dieser Präsenzinformationen über verschiedene UC-Applikationen, z.B. zu Kunden oder Zulieferern. Die "Tag"- oder „Tell me when"-Funktion ermöglicht das userdefinierte Starten von Aktionen bei einem bestimmten Wechsel des Präsenzstatus.

Unified Messaging: Die Integration von Sprach- oder Email-Nachrichten, optional auch Fax oder SMS.

Mobility: der sogenannte "One-Number-Service" ermöglicht die Steuerung der Erreichbarkeit von Personen auf die verschiedenen Kommunikationsendgeräte wie Bürotelefon, Mobil- oder Heimtelefon unter einer einzigen Telefonnummer – und zeigt dem

Kommunikationspartner von jedem dieser Endgeräte auch bei einem aktiven Anruf diese Nummer an.

Anwendungsintegration: Durch „Click-to-Service" können Kommunikationsaktionen wie der Aufbau eines Telefongesprächs, einer Sprach-, Video- oder Webkonferenz direkt aus einer Geschäfts- oder Officeanwendung gestartet werden. Bei auftretenden Kommunikationsereignissen (z.b Anruf) können Applikationen automatisch aufgerufen und mit Informationen aus Datenbanken zum Kommunikationspartner angereichert werden. Eine Integration der UC in die persönlichen Arbeitswerkzeuge der Mitarbeiter steigert die persönliche Produktivität und die Produktivität von Teams. Die Integration in die Geschäftsprozesse eines Unternehmens (CEBP) ist die nächste Stufe und sollte die Effektivität eines Unternehmens sogar deutlich stärker steigern.

Die Realisierung von Unified Communications erfordert die Integration von einigen häufig schon existierenden und die Implementierung von neuen Voice- und Dateninfrastrukturelementen und Applikationen:

- **Telephonie:** sowohl IP-Telefonie als auch die Integration von Mobiltelefonen und traditionellen Telefoniesystemen.
- **Videokommunikation:** Raumsysteme und WebCams über IP, aber auch ISDN-Raumsysteme
- **Datennetzwerk:** echtzeitfähiges Datennetz zur Übertragung von IP-Telefonie und -video
- **Groupware:** Email, Instant-Messaging und Kalendering sowie Web Collaboration, Office-Applikationen und Workflowsysteme sowie weitere Clientapplikationen
- **UC Middleware:** zur Integration der Kommunikationsfunktionen und der Aggregation und Bereitstellung der Präsenz Informationen

2.3.4 Einordnung von UC im Marketingkonzept Customer Relationship Management

Das Customer Relationship Management (CRM) ist „ein konzeptioneller Ansatz im Marketing, der eine ganzheitliche, Einzelkunden-orientierte Betreuung von Zielpersonen im Rahmen des Kundenbeziehungslebenszyklus durch integrierte Marketing Maßnahmen anstrebt" (Kreutzer, 2009). Damit wird, in der Weiterentwicklung des Konzepts des integrierten Marketings, der Kunde in den Mittelpunkt der Marketingaktivitäten gestellt. Eine knappe und treffende Definition von Customer Relationship Management findet sich in Kotlers "Marketing Management": "Customer relationship management is the process of carefully managing detailed information about individual customers and all customer "touch points" to maximize customer loyalty." (Kotler & Keller, 2009, S. 173)

Damit gibt es bereits vor Unified Communications ein Konzept der Integration von multimedialen Kommunikationsaktivitäten in bestimmte Geschäftsprozesse[40]. Daher soll nachfolgend das Customer Relationship Management betrachtet und auf Gemeinsamkeiten und Abgrenzungen zum Konzept der Unified Communications untersucht werden. Die

---

[40] Vergleiche (Neff, 2000): In der Thesis "The Multimedia Contact Center" beschreibt Neff bereits in 2000 detailliert die Integration von Email, Chat und Web und gibt für amerikanische Contact Center in 1997 nur 3% Anteile an "Multimedia"-Kontakten an.

Definition von Hippner und Wilde stellt neben der kundenorientierten Unternehmens–strategie den Einsatz von Informations- und Kommunikationstechnologie heraus: "CRM ist eine kundenorientierte Unternehmensstrategie, die mit Hilfe moderner Informations- und Kommunikation-stechnologien versucht, auf lange Sicht profitable Kundenbeziehungen durch ganzheitliche und individuelle Marketing-, Vertriebs- und Servicekonzepte auf–zubauen und zu festigen"[41].

Die Wirtschaftsinformatik betrachtet besonders das IT-System zur Unterstützung der kundenorientierten Unternehmensstrategie. Hansen und Neumann definieren unter der gleichen Abkürzung CRM: "Ein Kundenbeziehungsmanagementsystem (engl.: customer relationship management system, Abkürzung: CRM) ist ein beziehungsorientiertes, von einem Betrieb hierarchisch gesteuertes Marketinginformationssystem. Es unterstützt kundenbezogene Geschäftsprozesse auf allen Ebenen und in allen Phasen. Nach Möglichkeit werden sämtliche Kanäle zur Kundenkommunikation (TV/Radio, Telefon, gedruckte Kataloge, persönlicher Verkauf, Webauftritt, E-Mail usw.) integriert. Zielgruppen können sowohl Privatkunden (B2C) als auch Geschäftskunden (B2B) sein"[42].

Das Customer Relationship Management unterteilt sich, wie in Abbildung 20 gezeigt, in ein kommunikatives CRM zur Integration und Synchronisation aller kundenorientierten Kommunikationskanäle (Customer Touch Points), ein operatives CRM zur Unterstützung, Steuerung und Abwicklung des operativen Tagesgeschäftes in Marketing, Vertrieb und Service sowie ein analytisches CRM zur Konsolidierung und Analyse sämtlicher Kundeninformationen.[43]

Für die Mitarbeitergruppe im kundenorientierten "Front Office", dem auch in Abbildung 20 genannten "Call Center", ist die Integration der Kommunikationskanäle schon vielfältig realisiert worden: man spricht dann auch von "Contact Center"[44]. Eine aktuelle Studie bei mittleren bis großen Unternehmen in deutschsprachigen Raum nennt neben einer mit 93 Prozent schon normalen Integration der Telefonie der Contact Center dieser Unternehmen in das CRM auch für E-Mail mit 81 Prozent, Fax mit 69 Prozent, Briefen mit 64 Prozent und Internet mit 60 Prozent eine verbreitete Unterstützung. Nur die Integration von Instant Messaging (Chat) ist mit 3 Prozent noch sehr gering[45].

---

[41] Aus (Hippner & Wilde, 2002, S. 6)
[42] Aus (Hansen & Neumann, 2009, S. 870)
[43] Vergleiche (Kölmel & Kühner, 2007, S. 84)
[44] Zur Definition von Call Center und dem synonymen Gebrauch von Callcenter und Contact Center vergleiche (Busch, 2009)
[45] Vergleiche (Capgemini, 2008)

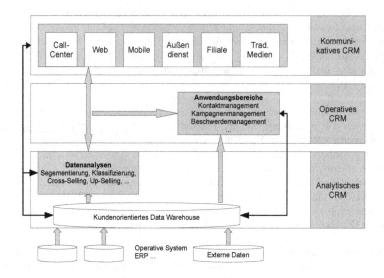

Abbildung 20: Die CRM-Bereiche
Quelle: Kölmel & Kühner (2007, S. 84)

Neben der Integration verschiedener Kommunikationsmedien ist bei Contact Center Mitarbeitern auch das Konzept der Präsenz bereits seit den Anfängen der Integration der Telefonie im Gebrauch, indem sich die Mitarbeiter bei der Anrufverteilung an- und abmelden. Die Anrufverteilung berücksichtigt den Anmeldestatus und die Verfügbarkeit des Mitarbeiters und macht diesen zur Steuerung transparent – entsprechend dem Präsenzkonzept im Unified Communications.

Das traditionelle Marketing beschränkt sich auf die Vertriebsorgane und Verkaufsfördermaßnahmen. Diese enge Sichtweise ist auch in der Umsetzung von CRM in der Praxis weit verbreitet, indem oft nur die ausschließlich im Kundenkontakt eingesetzten Contact Center Mitarbeiter integriert sind. Damit ergibt sich bei diesen Mitarbeitern des Contact Centers eine Überlappung von kommunikativem CRM und dem Konzept der Unified Communications. Das Konzept des Unified Communications geht jedoch über diese spezielle Mitarbeitergruppe hinaus und umfasst im Idealfall das gesamte Unternehmen. Abbildung 21 zeigt hier Abgrenzung und Überlappung in Abwandlung und Ergänzung einer weiteren Darstellung der CRM-Bausteine in der Wirtschaftsinformatik[46].

---

[46] Vergleiche (Hansen & Neumann, 2009, S. 874)

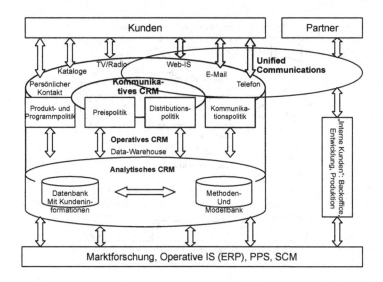

| Kunden | | | | Partner |

Kataloge — TV/Radio — Web-IS — E-Mail — Unified Communications
Persönlicher Kontakt — **Kommunika-tives CRM** — Telefon

| Produkt- und Programmpolitik | Preispolitik | Distributions-politik | Kommunika-tionspolitik |

Operatives CRM
Data-Warehouse

Analytisches CRM

Datenbank Mit Kundenin-formationen ⟺ Methoden- Und Modellbank

Interne Kunden": Backoffice, Entwicklung, Produktion

| Marktforschung, Operative IS (ERP), PPS, SCM |

Abbildung 21: Bausteine einer E-CRM-Lösung ergänzt um UC
Quelle: Eigene Darstellung auf Basis von Hansen & Neumann (2009, S. 874)

Das integrierte Marketing bezieht durch die Integration der Elemente "Price", "Product", "Place" und "Promotion" weitere Teile der Unternehmung ein. Die Definition eines holistischen Marketing-Konzeptes geht noch weiter. Zum Beispiel beschreiben Meyer & Mattmüller: "Marketing ist marktorientiertes Denken und Handeln, ist steuernde Funktion zur Ausrichtung aller einzelwirtschaftlichen Aktivitäten am Markt" (Meyer & Mattmüller, 1999, S. 812). Ergänzt mit der Sichtweise der "internen Marketingorientierung" und der Anwendung des Konzeptes auch auf alle Aktivitäten zwischen innerbetrieblichen (organisationalen) Leistungsempfängern und -abgebern[47] ergibt sich diese hohe Über-deckung des kommunikativen CRMs zum Konzept der Unified Communications auch bezogen auf die nicht im Contact Center eingesetzten Mitarbeiter. Abbildung 22 zeigt die weitgehende Überlappung im Vergleich zum vorherigen Ansatz.

Unified Communications liefert damit einen Beitrag zur Realisierung des CRMs auch außerhalb spezialisierter Mitarbeitergruppen und damit zur Verwirklichung eines umfassenden CRM Konzeptes im Sinne eines integrierten oder holistischen Marketingansatzes. Neben den Produktivitätsvorteilen kann ein wesentlicher Fortschritt in der Kundenorientierung erzielt werden.

---

[47] Vergleiche (Meyer & Mattmüller, 1999, S. 813)

33

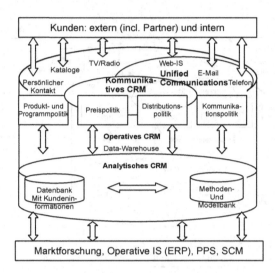

Abbildung 22: Bausteine einer E-CRM-Lösung im holistischen Marketing
Quelle: Eigene Darstellung auf Basis von Hansen & Neuman (2009, S. 874)

Zwei der führenden Anbieter von Contact Center Lösungen, Aspect und Genesys, stellen die Vorteile für die Produktivität und Effizienz der Contact Center bei entsprechender Anbindung des Back Office an die Contact Center heraus.

Aspect: "Incorporating your contact center as part of your company's overall UC strategy can help you drastically increase your agents efficiency. It can reduce the amount of time agents spend contacting knowledge workers for answers to customer inquieries, and potentially decrease the number of interactions your customers require to have their inquiries resolved." (Aspect, 2009)

Genesys geht noch einen Schritt weiter und wendet im Contact Center bewährte Mechanismen der Lastverteilung auch auf die Back-Office Integration an. Indem die Skill Sets von Experten abstrahiert von den Identitäten für die Zuteilung von Fragen, bzw. Aufgaben, vom Contact Center bereit gestellt werden, wird die Abhängigkeit, aber durch eine zyklische Verteilung auch die Überlastung von bestimmten Personen verhindert.[48]

Einerseits ist UC also eine ideale Ergänzung des CRM Konzeptes zur Einbindung von weiterer Ressourcen, wie dem Back Office, in die Kundenbetreuung und damit zur Umsetzung eines ganzheitlichen Marketing-Konzeptes. Andererseits bietet die jahrzehntelange Erfahrung mit CRM als Beispiel für die Integration der Kommunikation in Geschäftsprozesse und speziell mit Contact Centern als Vorreiter für Verbindungs-, Präsenz- und Verfügbarkeitsmanagement eine Erfahrungsgrundlage für die Einführung und Umsetzung einer UC-Strategie.

---

[48] Vergleiche (Genesys, 2009)

2.3.5 Geschäftsvorteile durch Unified Communications

UC integriert Elemente aus dem Bereich der Voice -und Dateninfrastruktur sowie aus dem Softwareapplikationsbereich. Abbildung 23 zeigt die Hersteller dieser Elemente im beispielhaften Überblick, unterteilt in die „Quadranten" Infrastruktur, Applikationen , Voice und Data.

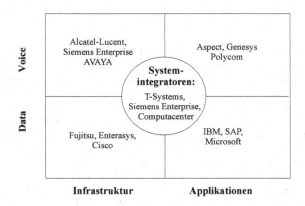

Abbildung 23: Hersteller im UC – Umfeld
Quelle: Eigene Darstellung

Keiner der existierenden Hersteller und Lieferanten deckt alle Komponenten und Elemente von UC vollständig ab, aber alle können Teil einer Integration sein. Daher sind offene Schnittstellen aller Komponenten eine wesentliche Voraussetzung eine erfolgreiche Integration durchzuführen. Auch eine Beteiligung aller meist zwischen Infrastruktur und Applikationsverantwortung, oft auch noch zwischen Voice- und Datenverantwortung getrennten Abteilungen des einführenden Unternehmens ist ein Schlüsselkriterium, neben der Leistungsfähigkeit des Systemintegrators.

Die Versprechen der UC-Hersteller sind umfangreich, oft unterstützt von theoretischen Geschäftsmodellen von potentiellen Einsparungen auf Basis der beseitigten "Painpoints". Microsoft beispielsweise (Microsoft, 2008a) verspricht eine potentielle Einsparung von 20 Prozent auf die aktuellen Kommunikationskosten. Diese soll erreicht werden durch:

* Ersetzen von internen und einem Teil der Kunden/Partner Meetings und von Präsenzschulungen durch Web Collaboration mit Einsparungen von 20-40 Prozent der aktuellen Reise- und Schulungskosten.
* Reduzieren von Infrastruktur- und Raumkosten durch die Reduzierung der Büroflächen pro Mitarbeiter . Dieses soll durch die intensivere Nutzung des verbleibenden Büroraumes mit Wechselarbeitsplätzen, verbunden mit Teleworking und Heimarbeitsplätzen erreicht werden.

35

- Ersetzen von Ferngesprächen und kostenpflichtigen Audio Konferenzen mit Einsparungen von 10-40 Prozent.
- Reduzieren der IT Infrastruktur- und Betriebskosten durch Konsolidierung mit Einsparungen von 20-60 Prozent.

In einer weiteren Studie im Auftrag von Microsoft (Forrester Consulting, 2007b) wird ein detailliertes Modell einer Marketing Firma mit 4.000 Angestellten untersucht. Diese Studie errechnet über 3 Jahre basierend auf einem hypothetischen Modell durch die Nutzung von UC einen positiven Geschäftswert von 39 Millionen Dollar .

Eine andere Methodologie findet man in einer Studie im Auftrag von Cisco[49], in der 329 Manager aus dem Bank-, Industrie- und Ausbildungssektor befragt wurden, wie weit es ihrem Geschäft helfen würde die Herausforderungen der Kommunikation zu überwinden, z.b: "Wenn .. Manager die Erreichbarkeit Ihrer wichtigen Teammitglieder sehen könnten, wie würde das die Produktivität beeinflussen?". Die positiven Antworten werden dann der Nutzung von UC zugeschrieben: "UC provides organizations value that can be quantified". Dabei ist genau dieses zu bezweifeln. Es ist nicht selbstverständlich, dass die Implementierung einer technischen Unified Communications - Lösung wirklich diese Herausforderung ganz oder teilweise löst. Nur die Akzeptanz und aktive Nutzung der UC Funktionen, die zum Teil mit einer notwendigen Verhaltensänderung verbunden ist, erzeugt eine echte Verbesserung. Ein Beispiel ist die zentrale Funktion der Präsenzinformation: nur wenn die Mitglieder eines virtuellen Teams ihre Präsenz aktiv setzen bzw. justieren, kann das Team von dieser Funktion optimal profitieren.

Die tatsächliche Situation der Implementierung von UC, trotz aller Marketing Hype, zeigt eine Studie aus dem 4. Quartal 2008[50]. Für diese Studie wurde eine Online-Befragung von mehr als 300 Teilnehmern in Deutschland durchgeführt, von denen mehr als 60 Prozent in Managementfunktionen von kleinen (42% mit 1-9 Angestellten) bis großen (10% mit mehr als 1000 Angestellten) tätig sind.

Das in Abbildung 24 dargestellte Ergebnis zeigt, dass nur 12 Prozent aller Teilnehmer bereits UC nutzen, mit einer klaren Differenzierung gemäß der Unternehmensgröße: während bei den Unternehmen mit mehr als 250 Mitarbeitern 25 Prozent bereits UC nutzen, sind es bei kleinen Unternehmen weniger als 10 Prozent. Darüber hinaus planen nur 10 Prozent zur Zeit der Befragung eine Implementierung von UC, mehr als 50 Prozent haben noch nie von Unified Communications gehört.

---

[49] Vergleiche Studie im Auftrag Cisco (Forrester Consulting, 2007a)
[50] Vergleiche (E-Commerce-Center Handel, 2008)

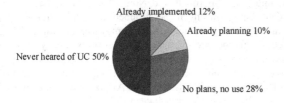

Already implemented 12%

Already planning 10%

Never heared of UC 50%

No plans, no use 28%

Abbildung 24: Status von UC in deutschen Unternehmen
Quelle: Eigene Darstellung, Daten aus (E-Commerce-Center Handel, 2008)

Eine von Cisco veröffentlichte Befragung von 200 Unternehmen, die bereits IP-Telephonie nutzen, zeigt die Verfügbarkeit der verschiedenen UC Funktionen in diesen Unternehmen.[51] Die Interviews mit den IT/TK Managern dieser Unternehmen wurden bereits 2005 durchgeführt und 2008 wiederholt, so dass man ebenfalls den Wachstumstrend erkennen kann. Bedenkt man, dass diese Unternehmen als Nutzer der IP-Telephonie eher "Early Adaptors" der modernen Kommuni-kationstechnik sind, so bestätigt sich die in Abbildung 25 gezeigte Aussage der ECC-Studie über die noch sehr kleine, aber wachsende Basis der Implementierung von UC.

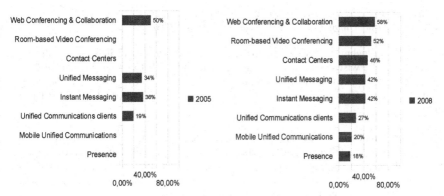

Abbildung 25: Verfügbare UC Funktionen in Unternehmen, die schon VoIP nutzen
Quelle: Eigene Darstellung, Daten aus E-Commerce-Center Handel, (2008)

2.3.6 Erfahrungen der Nutzer

Verglichen zur hohen Zahl von Studien zu "Communication Pain Points" und zu meist theoretischen Modellen zum Unternehmenswert von überwundenen Herausforderungen der Kommunikation existieren nur sehr wenige Praxisbeispiele mit echten Resultaten der Nutzung von UC.

---

[51] Vergleiche (E-Commerce-Center Handel, 2008)

In einer Fallstudie der Implementierung einer Microsoft und Nortel UC Lösung bei 200 Teilnehmern der Swisscom[52] werden die Erfahrungen beschrieben als "the solution's presence, messaging and conferencing capabilities are helping each employee save up to 20 minutes a day. Virtual teams have cut the time needed to create customer proposals by up to 20 percent". Ein systematischer Ansatz findet sich in einer Studie von UC Strategies[53]: im ersten Quartal 2008 interviewten Nancy Jamison und Blair Pleasant ca. 50 Nutzer, die bereits in ihren Unternehmen in Nord- und Südamerika, Europa und Afrika Erfahrungen mit UC gesammelt haben. Die Abbildung 26 zeigt die Resultate zu den verfügbaren UC Funktionen und den Funktionen, bei denen die Nutzer den größten Nutzen erfahren haben.

Abbildung 26: Genutzte UC Funktionen und wertvollstes UC Feature
Quelle: Eigene Darstellung, Daten aus (Pleasant & Jamison, 2008)

Obwohl alle Teilnehmer Präsenz und Instant Messaging nutzen, variiert der empfundene "größte Nutzen" zwischen Instant Messaging, Click to Call, Conferencing und Präsenz. Schließlich antworteten aber 100 Prozent der befragten UC-Nutzer auf die Frage: „Empfinden Sie, dass die UC Funktionen die Art und Weise Ihrer Arbeit verändert haben" mit "Ja".

Eine in der Verantwortung des Autors durchgeführte Befragung einer Pilot-Nutzergruppe von 300 Vertriebsmitarbeitern eines Herstellers von Kommunikationssystemen bestätigt sowohl mit einer Quote von 66 Prozent die tägliche Nutzung, als auch die vielfältige Nutzung der Funktionen. Abbildung 27 zeigt die zusammengefassten Ergebnisse der in Anhang 1 detailliert dargestellten Befragung.

---

[52] Vergleiche (Microsoft, 2008b)
[53] Vergleiche (Pleasant & Jamison, 2008)

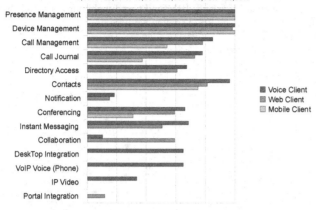

Abbildung 27: Genutzte UC Funktionen einer Pilotgruppe im Vertrieb
Quelle: Eigene Darstellung nach Daten aus Anhang 1

Zusammenfassend kann man feststellen, dass eine Anzahl von Studien und Befragungen die realen Herausforderungen für Unternehmen in der Nutzung moderner Kommunikations–technologien aufzeigt. Die Hersteller von Unified Communications berechnen aus der Überwindung dieser Herausforderungen dann allerdings oft einen Unternehmenswert der UC basierend auf theoretischen Modellen. Trotz aller Marketing Aufwände der Hersteller haben noch nicht viele Unternehmen tatsächlich das Konzept Unified Communications implementiert. Daher sind bisher auch erst wenige detaillierte Informationen über die Ergebnisse der UC Implementierung verfügbar.

Die vorhandenen Informationen zeigen doch, dass die frühen Nutzer von UC eine Auswirkung auf Ihre tägliche Arbeit und einen positiven Einfluss auf ihre persönliche Produktivität erfahren. Die Integration von UC in die Geschäftsprozesse der Unternehmen verspricht weiteres Potential. Die Implementierung von Unified Communications kann also eine echte Differenzierung sein und die Unternehmen können einen Wettbewerbsvorteil realisieren, wenn Sie neben der technischen Integration auch die notwendigen Verhaltensänderungen der Nutzer erreichen.

2.3.7 Erste Auswirkungen von UC auf den Telekommunikationsmarkt

Die Entwicklung zu Unified Communication mit der Öffnung in Richtung starker und etablierter Softwareunternehmen wird den Telekommunikationsmarkt für Unternehmen stärker verändern als die Integration der VoIP-Technologie. Mit Microsoft und IBM werden sich mindestens zwei Softwarehersteller langfristig etablieren, mit einer Vielzahl weiterer kleinerer Wettbewerber. Abbildung 28 zeigt den erweiterten Herstellermarkt in der Erweiterung der in Abbildung 8 dargestellten ursprünglichen Marktabgrenzung. Die traditionellen Hersteller im Kommunikations-markt wie auch Cisco als einziger wesentlicher Marktneuling aus der VoIP-Welle, sind dabei, sich für die Anforderungen von Unified Communications durch umfangreiche Veränderungsprozesse, Akquisitionen und

Partnerschaften zu rüsten. Dennoch ist hier eine deutliche weitere Konsolidierung des Marktes zu erwarten, so dass neben Microsoft, IBM und Cisco wohl nur noch zwei bis drei der etablierten Hersteller eine wesentliche Rolle spielen werden.

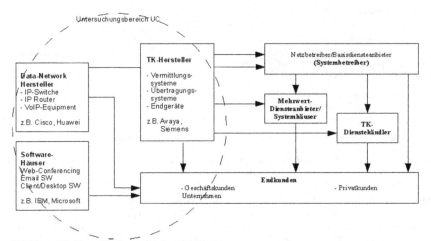

Abbildung 28: Neue Wettbewerber im UC-Markt
Quelle: Quelle: (Gerpott, 1998, S. 5), stark modifiziert

3. Betrachtung der Veränderungsprozesse

3.1 Veränderungsprozesse im Geschäftsumfeld

3.1.1 Grundlagen des Innovationsmanagements

"Was ist's, das geschehen ist? Eben das hernach geschehen wird. Was ist's, das man getan hat? Eben das man hernach tun wird; und geschieht nichts Neues unter der Sonne." (Bibel: Prediger Salomo 1:9)

Ebenso wie in diesem 5000 Jahre altem Zitat aus der Bibel war bis Anfang des 19. Jahrhunderts auch die Betriebswirtschaftslehre auf einen statischen Gleichgewichtszustand der Akteure im Wirtschaftskreislauf ausgerichtet. Es wurden zwar bereits 1776 durch Adam Smith in seinem „Wealth of Nations" [54]der technische Fortschritt als Folge der Arbeitsteilung beschrieben und durch Karl Marx 1872 in seinem Hauptwerk „Das Kapital" der „Fortschritt des Maschinenwesens" mit dem „ununterbrochenem Fluss der Wissenschaft und Technik" als ein wesentlicher Treiber des Kapitalismus beschrieben[55], aber erst mit Schumpeter begann mit der „Theorie der wirtschaftlichen Entwicklung" die systematische Untersuchung der Innovation in der Ökonomie.

Ohne den Begriff „Innovation" hier ausdrücklich zu gebrauchen, kategorisiert er die Formen des „Neuen" als „dass das Moment des schöpferischen Gestaltens die Kontinuität des volkswirtschaftlichen Werdens unterbricht." (Schumpeter, 1912, S. 153). Weiterhin differenziert er die „neuen Kombinationen" der Produktionsfaktoren bereits in
- die Produktion eines bisher noch nicht bekannten Gutes
- die Einführung einer neuen Qualität eines Gutes oder einer neuen Verwendung eines bereits bekannten
- aber auch eine neue Produktionsmethode für eines der bisher produzierten Güter
Hierbei trennt er scharf zwischen der Innovation als der „Durchführung neuer Kombinationen" und der vorhergegangenen „Erweiterung unsrer Erkenntnis" bzw. der Funktion des Unternehmers, dem er die Einführung zu schreibt, und der Funktion des Erfinders (Schumpeter, 1912, S. 178)

Die aktuellere Innovationsforschung, z.B. bei Schröder nimmt diese Definition als „Innovation im engeren Sinne" auf und grenzt sie deutlich von der „Innovation im weitere Sinne" ab, die sowohl die Hervorbringung bzw. Erfindung der Neuerung als auch die Einführung enthält. So definiert und gebraucht Schröder den Begriff Innovation dann auch im weiteren Sinne: "Als Innovation wird die Hervorbringung und/oder erstmalige

---

[54] Vergleiche (Smith, 1776, Kap. 1):" I shall only observe, therefore, that the invention of all those machines by which labour is so much facilitated and abridged, seems to have been originally owing to the division of labour. ". Hier beschreibt er sogar erstmals den Erfinder: "Many improvements have been made by the ingenuity of the makers of the machines, when to make them became the business of a peculiar trade; and some by that of those who are called philosophers, or men of speculation, whose trade it is not to do any thing, but to observe every thing, and who, upon that account, are often capable of combining together the powers of the most distant and dissimilar objects in the progress of society, philosophy or speculation becomes, like every other employment, the principal or sole trade and occupation of a particular class of citizens."

[55] Vergleiche (Marx, 1872, S. 390 und 557)

Einführung von beliebigen Objekten verstanden, die aus der Sicht des Produzenten und/oder des Konsumenten des Objektes neu(artig) sind." (Schröder, 1999, S. 992). Grafisch wird das in Abbildung 29 dargestellt[56].

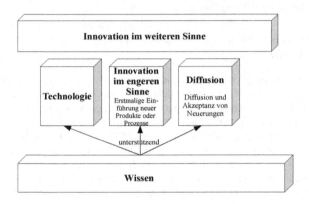

Abbildung 29: Abgrenzung des Innovationsmanagements
Quelle: Eigene Darstellung nach Strebel (2003, S. 28), modifiziert

Aus der Sicht der Innovation im weiteren Sinne ergibt sich eine zusätzliche Dimension in der objektiven oder subjektive „Neuheit" einer Innovation, die gemäß Schröder in Abbildung 30 gezeigt ist[57].

Abbildung 30: Bezugssystem der individuellen Neuheit der Innovation
Quelle: Eigene Darstellung nach Schröder (1999, S. 990)

---

[56] Nach (Strebel, 2003, S. 28)
[57] Vgl. (Schröder, 1999, S. 990)

Mit dem Innovationsbegriff im engeren Sinne ergibt sich diese Dimension nicht, da die weitere Verbreitung nach der ersten erfolgreichen Einführung ein Teil der „Diffusion" ist. Auch daher werde ich im weiteren den Innovationsbegriff im engeren Sinne verwenden.

Entscheidend für die Einführung und damit letztendlich den Erfolg einer Innovation ist aber der Wert für den Nutzer, der nur in Ausnahmefällen bereits bei der Erfindung exakt vorhersagbar ist. In vielen Fällen entsteht heute die Innovation erst beim Nutzer durch eine neue Anwendung der vorhandenen Technologien. Daher schließe ich mich hier der Definition von Tuomi an: "By defining innovation as something that generates and facilitates change in social practice, we put the user in a central place in the process of innovations." (Tuomi, 2002, S. 10) Schon Schumpeter hat erkannt „Erfindungen haben dafür eine ganz sekundäre Rolle – sie vermehren nur die ohnehin schon unbegrenzte Zahl der vorhandenen Möglichkeiten" (Schumpeter, 1912, S. 179)

Damit rückt der Prozess der Verbreitung einer Innovation in das Interesse, den Schumpeter in seinem sequentiellen Modell von „Erfindung" zu „Innovation" als erste erfolgreiche Einführung durch den Unternehmer zu einer "Diffusion" in den Markt bereits qualitativ beschreibt.[58] Quantitativ wird die Verbreitung von Innovationen in der Diffusionstheorie beschrieben. Hier ergibt sich empirisch in vielen Fällen eine hohe Übereinstimmung zur Normal- oder Gaussverteilung, die häufig die Verteilung von zufälligen Ereignissen treffend abbildet[59]:

$$f(x) = \frac{1}{\sqrt{2\pi}} e^{\frac{-1}{2}x^2}$$

Die typische Glockenform dieser Dichtefunktion, die durch Mittelwert und Standardabweichung charakterisiert wird, zeigt Abbildung 31 bei einem Mittelwert $\mu = 0$ und einer Standard-abweichung $\sigma^2 = 1$.

---

[58] Siehe (Schumpeter, 1912, S. 432)
[59] Siehe z.B. Diffusion einer neuen Hybrid-Korn-Saat in Iowa 1943 (Hargadon, 1999, S. 3-22) oder die Diffusion von GSM-Anschlüssen in Deutschland ab 1992 (Gerpott, 2005, S. 124) als zwei extrem unterschiedliche Beispiele mit der Normalverteilungsfunktion

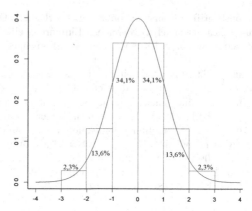

Abbildung 31: Abbildung 29: Dichtefunktion der Normalverteilung
Quelle: Eigene Darstellung

Betrachtet man die Anwender der Innovation ergibt sich damit gleichzeitig eine Systematik nach der Innovationsfreudigkeit der Anwender, die z.B. im Marketing für die zielgruppengerechte Ansprache dieser Anwender wichtig ist. Abbildung 32 stellt diese Kategorien der Adaption von Innovation in den zeitlichen Verlauf einer Einführung, mit den gebräuchlicheren englischen Bezeichnungen Innovators, Early Adaptors, Early- und Late Majority sowie Laggards für die "Nachzügler".

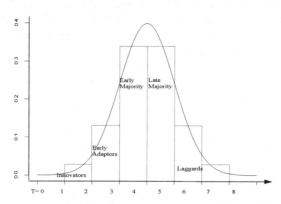

Abbildung 32: Kategorien der Adaption von Innovation bei Anwendern
Quelle: Eigene Darstellung

Die zugehörige aggregierte Verteilung zeigt Abbildung 33 in der typischen S-Kurve, die sich gemäß der Formel

$$F(x) = \frac{1}{\sigma * \sqrt{2\pi}} \int_{-\infty}^{x} \exp\left(\frac{-1}{2}\left(\frac{t-\mu}{\sigma}\right)^{2}\right) dt$$

ergibt.

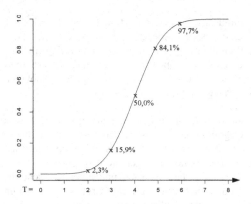

Abbildung 33: Aggregierte Normalverteilungsfunktion
Quelle: eigene Darstellung

Von besonderer Bedeutung für die erfolgreiche Einführung einer Innovation ist der Schritt von den Innovators und Early Adaptors zur Majority, da im allgemeinen erst hier die im Vorfeld der Markteinführung entstehenden Kosten der Entwicklung und Einführung durch die große Anzahl der Nutzer getragen wird.[60] Abbildung 34 zeigt das an das Diffusionsmodell in Abbildung 32 angelehnte Modell von Moore, mit den verschiedenen Phasen (Geoffrey Moore, 2005, S. 16 ff.).

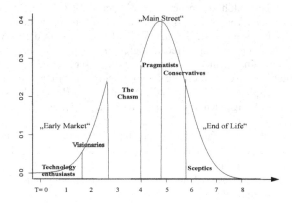

Abbildung 34: Moore's Crossing the Chasm
Quelle: Eigene Darstellung nach Moore (2009)

---

[60]Vergleiche (Geoffrey A. Moore, 2009)

Die "Technology Enthusiasts", bezeichnend auch oft "Teckies" genannt, sind häufig die ersten, die sich für eine Innovation begeistern, oft losgelöst von Anwendungsmöglichkeiten in ökonomischer Richtung. Sie haben Einfluss auf den Erfolg der späteren Phasen, allerdings haben sie meist kein nennenswertes Budget verfügbar. Daher kann hier ein "seeding" der Innovation, also ein kostenloses oder stark subventioniertes zur Verfügung stellen, die richtige Strategie sein.

Die "Visionaries " oder Visionäre haben erstmals die Anwendung der Innovation mit der Erprobung neuer Möglichkeiten im Auge. Sie verfügen oft über Budget oder "Venture Capital" und auch über den Einfluss und die Visibilität um dem frühen Markt zum Erfolg zu verhelfen. Auf der anderen Seite verlangen sie häufig Modifikationen und Erweiterungen, die das Entwicklungsbudget stark belasten und einen wirtschaftlichen Erfolg im frühen Markt schwierig bis unmöglich machen. Beide Gruppen, Teckies und Visionäre, haben ein Interesse, die Ersten in der Anwendung einer Innovation zu sein. Daraus ergibt sich "The Chasm" oder die Lücke zum "Main Street" Markt, der aus "Pragmatists" oder Pragmatikern und "Conservatives" oder Konservativen besteht. Diese sind nicht an der Innovation an sich, sondern an den Vorteilen in der Anwendung interessiert, die sich durch erste Referenzen und Empfehlungen bei den Pragmatisten und eine lange Reihe der Referenzen bei den Konservativen, dokumentieren.

Die "Sceptics" oder Skeptiker dagegen suchen Argumente für die Bewahrung des Etablierten und werden eine Innovation nur Einführen, wenn es keine Alternative gibt. Moore charakterisiert treffend das Ziel im Hinblick auf die Skeptiker: "not to sell to them, but to sell around them" .(Geoffrey A. Moore, 2009, S. 430 ff.).

Bezogen auf die Einführung neuer Technologien stellt Gartners Hypecycle – Modell den diskontinuierlichen Verlauf der Visibilität dieser Technologien noch deutlicher dar[61]. Nach eine anfänglichen starken Anstieg der Aufmerksamkeit zeigt dieses Modell einen Peak, in dem die Erwartung an diese Technologie im "Hype" deutlich über die realistischen Möglichkeiten hinausschießt. Wird dann die schwierige Phase der "Desillusion" durchschritten, so erreicht diese Technologie ein Plateau der Produktivität. In der Praxis zeigen sich Beispiele für alle Phasen dieses Modells im Bereich der Kommunikation[62]:

- In der aufsteigenden Phase des "Technology Trigger": Mobile Video, VoIP über Wireless LAN
- In der abfallenden Phase nach dem Hype: Video Telepresence und Enterprise Video
- Im Wiederanstieg nach dem "Through of Disillusionment": SIP Communications und IP based Call Centers
- Auf dem "Plateau of Productivity": IP-Telephony und Customer Relationship Management (CRM)

---

[61] Siehe (Gartner, 2009b)
[62] Aus Gartner HypeCycle 2008

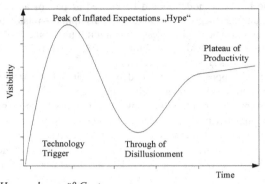

Abbildung 35: Hypecycle gemäß Gartner
Quelle: Eigene Darstellung nach (Gartner 2009b)

Aber die technologische Betrachtung der Innovation ist nur eine Facette. Schon Schumpeter stellte 1912 fest: "Wenn ein neues Produkt auf einem Markte eingeführt werden soll, so gilt es die Leute zu seinem Gebrauche zu überreden, unter Umständen sogar zu zwingen. Man gibt es zunächst mit Verlust oder auch ganz umsonst weg und man sucht maßgebende Faktoren daran zu interessieren" (Schumpeter, 1912, S. 133). Es bedarf eines Geschäftsmodells oder „Business Models", um eine technologische Innovation erfolgreich einzuführen, das Business Model selber kann auch eine am Markt erfolgreiche Innovation darstellen. Stähler beschreibt treffend: „Technology does not create value per se. A sustainable business model is needed." (Stähler, 2009) und beschreibt die Beziehung in Abbildung 36.

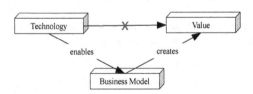

Abbildung 36: Beziehung von Technologie zum Geschäftsmodell
Quelle Eigene Darstellung nach (Stähler, 2009)

Anthony definiert hier vollständig, aber abstrakt: „A business model is the foundational architecture of a business, describing in sum how a number of key pieces of the business system fit together. The business model should be viewed as part of an overall business strategy, but it is also a unique category of management discipline – related to, but distinct from, competitive strategy, product and process innovation, operations, and organization." (Anthony, M. W. Johnson, Sinfield, & Altman, 2008, S. 136-137). Er gibt vier Komponenten als Grundlage des Business Models an:

- Die Customer Value Proposition definiert den Wert eines Produktes oder Services, dass ein Unternehmen seinen Kunden to einem gegebenen Preis liefert.
- das "Profit System" oder die Company Value Proposition ermöglicht dem Unternehmen ökonomischen Wert an seine Stakeholder zu liefern,
- die Schlüsselressourcen des Unternehmens um die Werte zu schaffen,
- und die kritischen Prozesse, die den Betrieb formen und bestimmen, wie das Unternehmen sich organisiert und wie es handelt, um diese Werte zu schaffen.

Eine vollständige Systematik zur Beschreibung und Entwicklung von Geschäftsmodellen liefern Osterwalder und Pigneur, beginnend mit der komprimierten Definition: „A Business model describes the rationale of how an organization creates, delivers, and captures value". (Osterwalder & Pigneur, 2010, S. 15-17). Dazu definieren sie neun Bausteine zur vollständigen Beschreibung, wobei bereits die ersten beiden eine grobe Skizze des Geschäftsmodells liefern:

- The Value Propositions seeks to solve customer problems and satisfy customer needs
- Revenue Streams result from value propositions successfully offered to customers
- The Customer Segments served by an organization
- The Channels, where the value propositons are delivered to customers – through communication, distribution, and sales
- The Customer Relationships that are established and maintained with each customer segment
- The Key Resources required to offer and deliver the previously described elements
- by Key Activities..
- The Key Partnerships: some activities are outsourced and some ressources are acquired outside the enterprise
- The Cost structure as a result of the business model elements.

Betrachtet man die grafische Darstellung dieses Modells in Abbildung 37, so sieht man, dass die Elemente der Definition von Anthony abgedeckt sind.

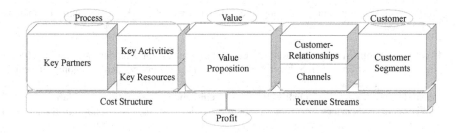

Abbildung 37: Business Model Definition nach Osterwalder
Quelle: Eigene Darstellung nach (Osterwalder & Pigneur, 2010, S. 18-19), leicht modifiziert

Basierend auf diesem Modell sieht Osterwalder drei Grundmuster von Geschäftsmodellen, die sich so wesentlich in den Anforderungen an Wirtschaftlichkeit, Wettbewerb und Firmenkultur unterscheiden, dass eine Mischung der Muster zu Konflikten und unerwünschten Kompromissen führen kann. Diese Grundmuster sind die „Produkt und Serviceinnovation", das „Customer Relationship Management" und das „Infrastructure Management", deren Differenzierung Tabelle 2 aufzeigt.

	Product Innovation	Customer Relationship-management	Infrastructure Management
Economics	Early market entry enables charging premium prices and acqiring large market share, speed is key	High cost of customer acquisition makes it imperative to gain large wallet share; economies of scope are key	High fixed costs make large volumes essential to achieve low unit costs; economies of scale are key
Culture	Battle for talent; low barriers to entry; many small players thrive	Battle for scope; rapid consolidation; a few big players dominate	Battle for scale; rapid consolidation; a few big players dominate
Competition	Employee centered; codding the creative stars	Highly service oriented; customer comes-first mentality	Cost focused; stresses standardization, predictability, and efficiency

Tabelle 2: Die drei Grundmuster der Geschäftsmodelle
Quelle: nach (Osterwalder & Pigneur, 2010, S. 59)

Bei der Betrachtung von Geschäftsmodellen bzw. Strategien der Markteinführung von Innovationen kann eine Differenzierung in komplexe Systemarchitekturen und in Volumengeschäft vorgenommen werden. Komplexe Systemarchitekturen lösen komplexe Problemstellungen von Kunden auf Basis von oft individueller Anpassung mit einem hohen Anteil an Serviceleistungen. Volumengeschäft dagegen bedient den Markt auf Basis von standardisierten Produkten mit einfachen Transaktionen zum Kunden.

In Unternehmen mit komplexer Systemarchitektur existieren häufig Consulting- und Integrations-services zur Integration der angebotenen Lösungselemente im Zusammenspiel mit vorhandenen Elementen und Infrastrukturen sowie Lösungsvertrieb, oft als Direktvertrieb zum Kunden. Ein Schwerpunkt ist die Orchestrierung der komplexen

Wertschöpfungskette zur Erfüllung der oft individuellen Kunden- und Projektan–forderungen.

Unternehmen mit Volumengeschäft dagegen haben meist ein standardisiertes Angebot in begrenzten Variationen. Ein Schwerpunkt ist hier die Ausnutzung der "Economy of Scale", mit einer auf Massenprodukte optimierten Einkaufs- und Produktionskette sowie der Vermarktung über eine Distribution mit einfachen Transaktionen, Marketing und standardisierter Services. Abbildung 38 zeigt, wie sich die Wertschöpfungsketten von Unternehmen, die auf Volumengeschäft ausgerichtet sind, gegenüber Unternehmen im komplexen Lösungs–geschäft in jeder Stufe differenzieren[63].

Volumengeschäft

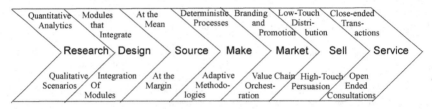

Komplexes Lösungsgeschäft

Abbildung 38: Wertschöpfungskette differenziert nach Volumensgeschäft und Lösungsgeschäft.
Quellle: Eigene Darstellung in Anlehnung an (Geoffrey Moore, 2005, S. 38)

Unternehmen oder zumindestens Unternehmensbereiche sind oft einer dieser Kategorien zuzuordnen: IBM, SAP oder Siemens dem Bereich der komplexen Systemarchitekturen, die Unternehmen der Nahrungs- und Genussmittelindustrie und Unterhaltungsindustrie, wie Nestle oder Sony dem Volumengeschäft. Die Differenzierung kann über die Zielgruppe erfolgen, die häufig mit der Komplexität in der Form so korreliert, dass Produkte für große Unternehmen oder umfangreiche soziale Systeme oft komplexe Architekturen, Produkte für einzelne Haushalte oder Kleinunternehmen meist Volumengeschäft darstellen. Aber auch die Position einer Technologie auf der Entwicklungskurve in Abbildung 35 verändert häufig die Komplexität der auf dieser Technologie beruhenden Produkte.

---

[63] Vergleiche (Geoffrey Moore, 2005, S. 38)

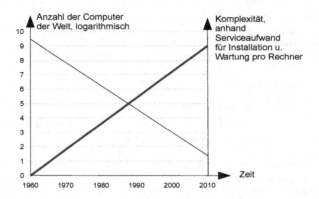

Abbildung 39: Komplexität versus Volumengeschäft in der Computertechnik
Quelle: Eigene Darstellung, Daten aus Hansen & Neumann (2009, S. 87)

Während zu Beginn der Entwicklung der Anteil der komplexen Systemarchitektur deutlich überwiegt, entwickelt sich über die Zeit der Schwerpunkt zum Volumengeschäft. Abbildung 39 zeigt dieses am Beispiel der Entwicklung der Computertechnik über fünf Jahrzehnte.

Dieses Konzept verdeutlicht Moore mit der Differenzierung von Prozessen eines Unternehmens in Core und Context. Der „Core" eines Unternehmens stellt alles das dar, was für dieses Unternehmen nachhaltigen Wettbewerbsvorteil schafft. Alle anderen Prozesse bilden den „Context" [64]. Abbildung 40 zeigt den Innovationszyklus eines Unternehmens, dargestellt in diesem Konzept. Die Bedeutung einer Innovation zum Ausbau des Wettbewerbsvorteils wächst mit wachsender Verbreitung in das unternehmenskritische Core-Segment. Wenn der Wettbewerbsvorteil, z.B. durch Aufholen der Konkurrenten, schwindet, wandert der Prozess in den Context und verliert ggf. an Bedeutung. Moore betont die Bedeutung des aktiven Management dieser Phasen, um das Blockieren geeigneter Ressourcen des Unternehmens für neue Innovationen zu verhindern.

---

[64] Vergleiche (Geoffrey Moore, 2005, S. 209-215)

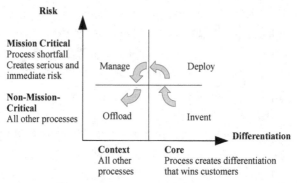

Abbildung 40: Innovationszyklus im Core-Context Konzept
Quelle: Eigene Darstellung nach (Geoffrey Moore, 2005, S. 209-215)

Aus diesem Grunde verändern langfristig erfolgreiche Unternehmen, die auf das komplexe Lösungsgeschäft spezialisiert sind, ihr Portfolio. Ein Beispiel ist IBM, die nach der grundlegenden Neuausrichtung auf Servicegeschäft das Portfolio mehrfach der Veränderung von Portfolioanteilen in Richtung Volumengeschäft angepasst hat. Bereits 1991 stieg IBM aus dem Druckergeschäft im unteren und mittleren Segment mit der Gründung von Lexmark aus, 2007 dann auch aus dem Geschäft der High-End Druckersysteme mit dem Verkauf an Ricoh. In 2005 wurde das PC-Geschäft an Lenovo verkauft und ab 2002 das Geschäftsfeld der Festplattenproduktion an Hitachi[65]. Moore beschreibt treffend: "Volume operations commoditizes categories created by complex systems"(Geoffrey Moore, 2005, S. 47).

Eine weitere Untersuchung der Anpassungsvorgänge von Unternehmen an Innovationen liefert Christensen. Er unterscheidet dazu in "`The Innovators's Dilemma" stützende Innovationen[66] und sprunghafte Innovationen[67]. Die stützenden oder „sustaining" Innovationen verbessern, auf der Basis neuer Technologien, die eingeführten Produkte, in der Regel in einer von den bestehenden Kunden geschätzten Form. Christensen sieht hier überwiegend die bestehenden Anbieter als Treiber, so dass sich häufig auch nach der Technologieänderung kaum grundlegende Änderungen im Markt ergeben.

Von den stützenden Innovationen unterscheidet Christensen die "sprunghaften" . Diese charakterisiert er mit folgenden Kriterien:
- sprunghafte Innovationen sind Anfangs deutlicher weniger leistungsfähig, entwickeln sich dann aber schneller als die traditionellen Technologien.
- Die traditionellen Märkte nehmen daher Anfangs die sprunghaften Innovationen nicht auf.

---

[65] Vergleiche (NetworkComputing, 2007) zum Ausstieg aus dem Druckergeschäft, (Focus Online, 2004) zum Verkauf des PC-Geschäftes und (Heise Online, 2002) zum Ausstieg aus dem Festplattengeschäft
[66] original: "`sustaining innovations'"(Christensen, 2000)
[67] original: "`disruptive innovations'"(Christensen, 2000)

- sprunghafte Innovationen sind in neuen, anfangs deutlich kleineren aber wachsenden Märkten erfolgreich.

Abbildung 41 zeigt zwei Formen der disruptiven Innovation. Der hintere Quadrant zeigt die „Low-End Disruption als Konkurrent eines eingeführten Produktes auf Basis einer neuen Technologie im Wettbewerb zum eigeführten Produktes mit der Weiterentwicklung auf Basis von stützenden oder „sustaining" Innovation. Der vordere zeigt die „New-Market Disruption" als neues Produkt, dass seinen Platz in einem neuen Markt sucht[68]. In beiden Fällen zeigen die durchgezogenen Pfeile die Verbesserung der Leistungsfähigkeit des jeweiligen Produktes über die Zeit und die gestrichelten Linien die Entwicklung des Bedarfes der Kunden an diese Leistungsfähigkeit. Der hintere Quadrant macht damit die Differenzierung von „disruptiver" und „sustaining" Innovation deutlich: Die „disruptive" Innovation, hier als „Low-End Disruption" bezeichnet, wird von den bestehenden Kunden im eingeführten Markt anfangs nicht akzeptiert (obere gestrichelte „customer demand" Linie) und muss sich einen neuen Markt suchen, um wirtschaftlichen Erfolg zu finden (untere gestrichelte „customer demand" Linie). Ist dies aber gelungen, kann sie dann aber über die Zeit, aufgrund des stärkeren Wachstums an Leistung, auch die „sustaining" Innoation überholen.

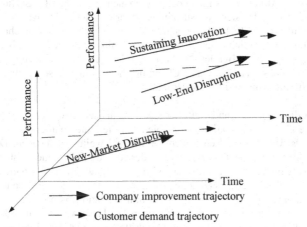

Abbildung 41: Disruptive Innovation Theory
Quelle: Eigene Darstellung nach (Christensen u. a., 2004, Introduction S. XVI)

Beispiele für eine „New-Market Disruption" sind die in Kapitel 2.2.1 dargestellte Einführung des Telefons nach 1876 oder in jüngerer Zeit stattgefundene Einführung der Personal Digital Assistants (PDA). Ein gutes Beispiel für die Konkurrenz von „sustaining" Innovation und „Low-End Disruption" ist das in Kapitel 2.2.5 beschriebene Aufkommen VoIP. Ein aktuelles Beispiel ist der gerade beginnende Einführungsprozess der elektrisch betriebenen Fahrzeuge im Wettbewerb zu den laufenden Innovationen der heute noch marktbeherrschenden Verbrennungskraftfahrzeuge.Gemäß Christensen verhindert häufig gerade der Erfolg der marktführenden Unternehmen mit den traditionelle Technologien die

---

[68] Vergleiche (Christensen u. a., 2004)

rechtzeitige Ausrichtung auf sprunghafte Innovationen. Wie in Kapitel 2.2.5 dargestellt charakterisiert die erste Phase der Einführung der VoIP mit deutlich eingeschränkten Leistungs- und Qualitätsmerkmalen eine disruptive Innovation.

Nach dem Eintritt von Cisco in den Markt haben die traditionellen Anbieter diese Technologie fast durchgehend adaptiert. Dadurch hat sich der Unternehmensmarkt bisher, bis auf den Eintritt Ciscos, wenig geändert. Überträgt man die Differenzierung von Christensen auf diese Phase, so erkennt man, dass die Einführung der VoIP-Technologie in der späteren Phase eine stützende Innovation darstellt, in der die eingeführten Kommunikationsanlagen durch diese Möglichkeiten ergänzt werden. Einige Hauptkriterien hierfür:

- Leistungsmerkmale und Anschlussvielfalt bleiben erhalten oder werden sogar verbessert
- Die Skalierbarkeit wird erhöht
- angeboten werden diese Systeme von den "'traditionellen'" Herstellern, eingeführt von den bestehenden Kunden

Die hier etablierten Anbieter versuchen massiv das Thema UC für sich zu besetzen und damit Ihre Position im Markt zu festigen oder auszubauen – und damit das Thema wie in der zweiten Phase der VoIP für sich als „sustaining" oder erhaltende Innovation zu nutzen. Aber UC ist keine innovative Technologie, sondern wie in Kapitel 2.3.3 beschrieben eine sinnvolle Integration der Möglichkeiten der Kommunikation. Fred Knigth, ein bekannter Analyst und Blogger im ITK-Bereich, sieht daher UC als eine eindeutig disruptive Innovation, deren Möglichkeiten des „Game Changing" heute kaum zu sehen sind[69]. Er sieht drei Ansatzpunkte für diese disruptive Erneuerung.

Der erste Punkt ist die Anbieter Landschaft. Er sieht UC als „entry vehicle" für Microsoft, IBM und HP sowie kleinere innovative UC-Anbieter in die Unternehmenskommunikation einzubrechen und als Ansatz für Cisco seinen Marktanteil weiter zu festigen. Der zweite Punkt ist die Veränderung der Art und Weise, in der die Architektur der Unternehmenskommunikation wahrgenommen und gesteuert wird. „IT should create a Communications Architecture discipline that integrates all communication for a consistent, relevant, efficient, and effective communication experience. Unified Communications is not a technology, but a solution that integrates human interaction with enterprise IT systems." Damit ändern sich Aufgaben, Ziele und Kenngrößen fundamental.Der dritte Ansatz ist das „Delivery System" der Hersteller, also die Vertriebskanäle oder Direktvertriebe der Anbieter. „UC requires a consultative selling approach, rather than the traditional „box selling" model that VARs (Value Added Resellers) and resellers have built their businesses on, and it is difficult for many of them to make the transition to solution selling". Und dies unter der Berücksichtigung des neuen breiten Zieles der Skills über die gesamte Breite der Kommunikationsmöglichkeiten.

---

[69] Siehe (Knight, 2010)

3.1.2 Technologieentwicklung und Konjunkturzyklen

Der Einführung eines Produktes oder einer Technologie mit der im vorherigen Kapitel beschriebenen ersten Phase der Innovation und Diffusion, wie in Abbildung 33 gezeigt, folgen weitere. Abbildung 42 zeigt den ganzen Zyklus am Beispiel einer Innovation mit 3 kleineren Produktinnovationen oder "Relaunches". Der Phase der "Reife" oder "Main Street", gegebenenfalls mehrfach um kleinere Produktinnovationen erneuert, folgt die Phase der "Degeneration" bzw. "End of Life".

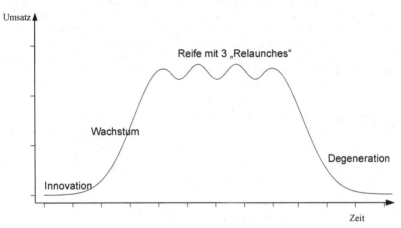

Abbildung 42: Produktlebenszyklus
Quelle: Eigene Darstellung

Im Bereich der Mikroökonomie, in dem man ein einzelnes Unternehmen mit der Einführung seiner Produkte betrachtet, ist hier besonders der in den verschiedenen Phasen verschiedene Kapitelbedarf und Kapitalertrag zu beachten: nur ein ausgewogener Mix von Produkten in verschiedenen Lebensphasen garantiert einen positiven Cash Flow über die Zeit. Der Kapitalbedarf einer Innovation beginnt schon vor der Markteinführung in Form der zugrunde liegende Grundlagenforschung, soweit diese nicht durch öffentliche Förderung und Forschungsarbeit an Universitäten abgedeckt ist, sowie in der Produktentwicklung. Auch in der anschließenden Markteinführungsphase liegt der Kapitalbedarf meist weit über den nach Produktionsbeginn entstehenden Umsatzerlösen. Erst nach einer spezifischen Wachstumsphase erreicht das Produkt den positiven Cash Flow und beginnt die vorher aufgetretenen Investitionen zu amortisieren[70]. In der makroökonomischen Betrachtung ganzer Branchen oder Märkte, in der der bis hierher betrachtete Innovationsprozess auftritt, wird gleichzeitig eine vorher eingeführte Faktorkombination ersetzt. Nach dem bisherigen Fokus auf die Einführung der Innovation, muss jetzt auch die Ablösung der vorhandenen Faktorkombination betrachtet werden, die Schumpeter als "Kreative Zerstörung" darstellt. Er beschreibt diesen Prozess als ".. process of industrial mutation.. that incessantly revolutionizes the economic structure from within, incessantly destroying the old one,

---

[70] Vergleiche (Strebel, 2003, S. 57)

incessantly creating a new one. This process of Creative Destructions is the essential fact about capitalism" (Schumpeter, 1942, S. 83)

Während die Einführung einer erfolgreichen Innovation zu Beginn mit dem gehäuften Auftreten von Unternehmern und einer Steigerung der Produktivität in der Phase des "Aufschwungs" einhergeht, führt die Ausphasung der alten Faktorkombination später zu Anpassungsprozessen der Produktionsfaktoren. Es verbleiben unproduktive Fabriken, Personal mit nicht mehr nachgefragten Skills, die zu der Phase des "Abschwungs" führt. Diese geht, auch durch die damit verbundenen psychologischen Vorgänge, häufig bis unter das Ursprungsniveau der Produktivität in der Phase der "Depression", um mit Abschluss der Anpassungsvorgänge in der Phase der "Erholung" ein neues Gleichgewicht zu erreichen. Abbildung 33 zeigt diese Phasen der Entwicklung des Wertes aller Endprodukte und Services (Real GDP)[71] in der Abfolge.

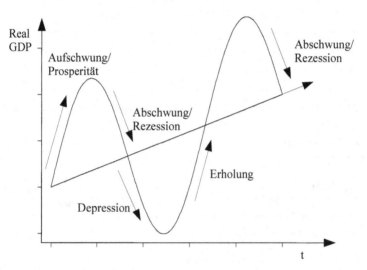

Abbildung 43: Phasenmodell gemäß Schumpeter
Quelle: Eigene Darstellung

Aufgrund verschieden schneller Anpassungsvorgänge entstehen so verschieden lange Zyklen, die Anfang des 20. Jahrhunderts durch Kitchin, Juglar und Kondratieff entdeckt wurden[72]: Der Kitchin-Zyklus besteht aus kurzfristigen Schwankungen im Bereich von 40 Monaten, die z.B. durch Anpassungsvorgänge von Preisen und Löhnen sowie Arbeitsmarktressourcen entstehen. Der Juglar-Zyklus geht über eine Spanne von 7-11 Jahren und ist z.B. durch die Investitions- und Abschreibungszyklen in Länge zu erklären. Der „Kondratieff-Zyklus", der einen Zeitraum von 47-60 Jahren umfasst, lässt sich

---

[71] "real GDP: the value of all final goods and services produced in the economy during the year, calculated using the prices of a selected year" (Krugman & Wells, 2006, S. Glossary G-13), GDP entspricht dem deutschen Bruttoinlandsprodukt (BIP)

[72] Vergleiche (Schumpeter, 1931)

schließlich auf langfristige Anpassungsvorgänge an Veränderungen der Basistechnologien über mehrere Generationen zurückführen. Gründe für den langen Zyklus können sein, dass neue Basistechnologien erst richtig wirken, wenn man sie in völlig neuer Art anwendet oder, dass eine völlig andere Form der Ausbildung der Arbeitskräfte benötigt wird. Der zeitgenössische Innovationsforscher Nefiodow dazu: „Jeder Kondratieffzyklus ist ein einmaliger historischer Reorganisationsprozess der Gesellschaft, der zur Entstehung ganz neuer Wertschöpfungsketten führt" (Nefiodow, 2006, S. 211)

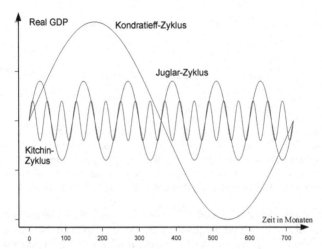

Abbildung 44: Kondratieff-, Juglar- und Kitchin-Zyklen gem. Schumpeter
Quelle: Eigene Darstellung

Abbildung 44 zeigt die verschiedenen Zyklen auf der Zeitachse. Da sich die drei Zyklen überlagern und zusätzlich auch noch das allgemeine lineare Wachstum additiv wirkt, ergibt sich ein überlagertes Bild, wie in Abbildung 45 in der beispielhaften Gewichtung von Kondratieff-, Juglar- und Kitchin-Zyklus aus Abbildung 44 beispielhaft dargestellt.

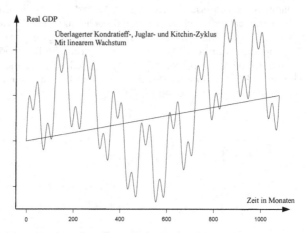

Abbildung 45: Überlagerte Zyklen, Quelle: Eigene Darstellung

Bekannt wurden die Zyklen durch die Arbeiten von Schumpeter, weitere Untersuchungen hierzu reichen bis heute[73]. In seiner Zeit an der Harvard Universität von 1932 bis 1939 erstellte Schumpeter sein monumentales Werk „Business Cycles" (Schumpeter, 1939). In diesem Buch erklärt er auf über 1000 Seiten den Verlauf von Aufschwung und Depression in Großbritannien, Deutschland und den USA über mehrere Jahrhunderte.

Der erste Kondratieff-Zyklus von 1780 bis 1840 veränderte die bis dahin dominierende Agrargesellschaft zur Industriegesellschaft. Ausgehend von der Basisinnovation der Dampfmaschine als Quelle universal nutzbarer mechanischer Energie entstand vor allem in der Textilindustrie die erste industrielle Fabrikation. In der nachfolgenden Wertschöpfungskette entwickelte sich der Kohlebergbau und der Bau von Wasserkanälen zum Transport der Kohle zu den verbrauchenden Fabriken sowie der Maschinenbau. Es entstanden neue Berufe, und andere verschwanden, so dass Anpassungsprozesse über Generationen stattfanden. Ebenso lange dauerten die Infrastrukturmaßnahmen im Kanalbau und der Erschließung von Kohlevorkommen.

Kern des zweiten Kondratieff-Zyklus von 1840 bis 1890 war die Stahlerzeugung und der Bau der darauf basierenden Logistik-Infrastruktur der Eisenbahnen und Stahlschiffe mit den daraus resultierenden Veränderungen im nationalen und internationalen Handel. Die Wertschöpfungskette umfasste neben Maschinenbau, Metallverarbeitung, Schiff- und Brückenbau auch die Veränderungen der Gesellschaft durch die optimierte Logistik mit den neuen Transportmitteln.

Dem dritten Kondratieff-Zyklus von 1890 bis 1940 liegt die Basisinnovation der Elektrotechnik, mit dem elektrodynamischen Prinzip der Erzeugung von elektrischer Energie und ihrer Verwendung in der Antriebstechnik, Meß- und Regelungstechnik, Fernmeldetechnik und Lichttechnik. Die Wertschöpfungskette umfasste darüber hinaus die

---

[73] Vergleiche: Quellen zu Business Cycles Forschung wie (Nefiodow, 2006)

Veränderungen durch die Elektrizität in der Industrie („dezentrale Fabriken" im Gegensatz zu zentral um die „Dampfmaschine" gebauten) sowie die radikale Verkürzung der Laufzeit von Informationen durch Telegraphie und Telefonie. Tabelle 3 zeigt zusammengefasst diese von Schumpeter erkannten „Langen Wellen" mit Ihren technologischen Auslösern, aber auch den exogenen Faktoren mit Auswirkungen auf die Kurven.

Kondratieff-Zyklus	1. Kondratieff: "Industrielle Revolution"	2. Kondratieff: "Bürgerlicher Kondratieff"	3. Kondratieff: "Neomerkantillistischer Kondratieff"
Zeitspanne	1787-1842	1843-1897	Ab 1898
Basisinnovationen/ Leitsektoren	Baumwollindustrie Dampfmaschine + Fabriken	Stahlerzeugung Eisenbahnbau Dampfschiffe	Elektrizität Elektroindustrie Automobilindustrie Chemische Industrie Vertrustung
Exogene Faktoren	Napoleonische Kriege (1796-1815) beeinflussten Konjunkturzyklus maßgebeblich	Revolutionen von 1848 Krimkrieg (1853-56) Amerikanischer Bürgerkrieg (1861-65) Deutsch-Französischer Krieg (1870/71) keine große zyklische Bedeutung	1. Weltkrieg (1914-18) setzte Konjunkturzyklus vorübergehend aus
Prosperität	1787-1800	1843-1857	1898-1911
Rezession	1801-1813	1859-1869	1912-1924/25
Depression	1814-1827	1870-1884/85	1926-1938
Erholung	1828-1842	1886-1897	-

Tabelle 3: Die Kondratieff-Zyklen bei Schumpeter, Quelle: Nach (Schumpeter, 1939)

Nach Schumpeter wurden die Konjunkturzyklen z.B. durch Nefiodow intensiv weiter untersucht. Die Basisinnovation als Grundlage des vierten Kondratieff-Zyklus ist gem. (Nefiodow, 2006) die Automobilindustrie mit der Massenproduktion von Kraftfahrzeugen mit Verbrennungsmotoren und damit auch der Petrochemie als Basis der Treibstoffe. Zur Wertschöpfungskette gehören damit neben Straßenbau und Kunststoffindustrie auch die Veränderungen in Handel, Industrie und Tourismus, die durch den Individualverkehr möglich wurden, wie z.B. Just-in-Time Produktion.

Als Basisinnovation des fünften Kondratieff-Zyklus sieht Nefiodow die Computer-technologie, mit Auswirkungen in der Wertschöpfungskette über Informations-verarbeitungstechnik, Software-industrie, Kommunikationstechnik, Bürosysteme, Unter-haltungs- und Industrieelektronik. Er sieht jedoch das Ende dieses Zyklus bereits in 2005 mit der Einführung des Internets und damit den 5. Kondratieff schon im Auslaufen. Er prognostiziert damit den Beginn eines 6. Kondratieff ab ca. 2005 und sieht folgende mögliche Basisinnovationen als Träger dieser 6. langen Welle[74] :

• Informationsmarkt, Nutzung des Internets in der Fortführung der fünften Welle
• Umweltschutz mit Luftreinhaltung und Klimaschutz, Gewässer- und Bodenschutz, neuen Energietechniken einschließliche regenerierbarer Energien wie Solar- und Windenergie

---

[74] Vergleiche (Nefiodow, 2006, S. 24 ff.)

- Biotechnologie, beruhend auf der Erforschung und Nutzung der DNA, mit darauf basierenden Fortschritten in der Medizintechnik und Pharmaindustrie, aber auch Ernährungsindustrie und Werkstofftechnik
- Gesundheitsmarkt „im ganzheitlichen Sinn – physikalisch, sellisch, geistig, ökologisch, sozial", bestehend „aus den Branchen Information, Umwelt (einschließlich regenerierbarer Energien) Biotechnologie, dem herkömmlichen Krankheitssektor und dem neu aufkommenden Gesundheitsmarkt" (Nefiodow, 2006, S. 64)

Er entscheidet sich für den Gesundheitsmarkt, in dem er Informationsmarkt, Umweltschutz und Biotechnologie einschließt, da sie seiner Meinung nach „ganz oder überwiegend auf Krankheit und Gesundheit ausgerichtet sind" (Nefiodow, 2006, S. 64). Im Gegensatz zu seinen fundierten Beiträgen zum vierten und fünften Kondratieff kann ich Nefiodow hier nicht folgen. Die Argumentation zur Begründung seiner Wahl für einen sechsten Kondratieff geht in moralisierende, religiöse und esoterische Bereiche[75]. Auch dem von ihm angenommenen zeitlichen Verlauf des fünf langen Zyklus, mit dem Ende der Depression in 2005 und einem dann folgenden neuen Aufschwung durch die folgende sechste Welle möchte ich nicht folgen. Ich gehe von fortgesetzten Veränderungsprozessen durch Informationstechnik und Internet aus, auf die erst späterer ein durch eine weitere Basisinnovation getragener Aufschwung folgen wird. Abbildung 46 zeigt ein mögliches Modell der Innovationszyklen in dieser Form.

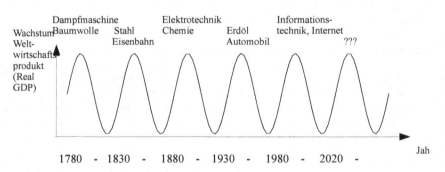

Abbildung 46: Die langen Konjunkturwellen und die zugehörigen Basisinnovationen
Quelle: Eigene Darstellung

Eine kurze Betrachtung der tatsächlichen Daten der Entwicklung des Bruttoinlandsprodukts in Deutschland kann zur Plausibilisierung herangezogen werden. Abbildung 47 stellt die tatsächliche wirtschaftliche Entwicklung Deutschlands anhand Daten der Europäischen

---

[75] Vergleiche beispielsweise (Nefiodow, 2006, S. 30): "Moralische Defizite sind die Ursache der weltweiten Entropie. Moralisches Versagen führt zu seelischen und sozialen Störungen und zu manchen Erkrankungen", (Nefiodow, 2006, S. 289): "Mit diesen Erkenntnissen der Naturwissenschaft wird ergänzt und bekräftigt, was gläubige Menschen und Mystiker schon immer wußten: dass der menschliche Geist kein Produkt der Materie, keine Funktion des Gehirns ist, nicht erst mit der ontogenetischen Evolution entstanden ist."

Zentralbank[76] zum Bruttoinlandsprodukt von 1960 bis 2009. Der auffällige Sprung im Jahre 1992 resultiert aus der Einbeziehung der ehemaligen DDR in die deutsche Rechnung.

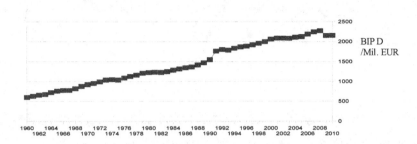

Abbildung 47: Entwicklung des BIP Deutschlands in Mil. Euro, auf Basis der Marktwerte 2000.
Quelle: Eigene Darstellung nach Daten aus (Europäische Zentralbank, 2009)

Zur Darstellung der Veränderung des BIP in Abbildung 48 wurden die „Rohdaten" der Entwicklung des Bruttoinlandsproduktes zur besseren Darstellung der Zyklen um einen Anteil der konstanten Steigerung pro Jahr von 33 Milliarden Euro sowie um die sprunghafte Steigerung durch die Deutsche Einheit von 163 Milliarden Euro bereinigt.

Abbildung 48: Veränderungen des BIP Deutschlands auf Basis der Marktwerte 2000
Quelle: Eigene Darstellung nach Daten aus (Europäische Zentralbank, 2009)

Zeichnet man in die Darstellung der Veränderung von Abbildung 48 den Konjunkturzyklus gemäß Abbildung 35 ein, so erkennt man in Abbildung 49 eine Übereinstimmung mit dem Zyklus der langen Welle.

---

[76] Daten aus Online-Datenbank des Statistischen Bundesamtes (Statistisches Bundesamt, 2009b)

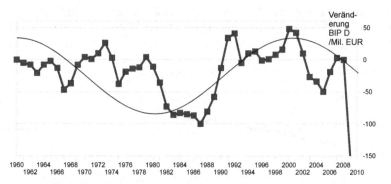

Abbildung 49: Veränderungen m Vergleich zur 5. Kondratieff Welle
Quelle: Eigene Darstellung nach Daten aus (Europäische Zentralbank, 2009)

Einen zweiten Vergleich, mit Daten des weltweiten Wirtschaftswachstum aus (Wikipedia, 2009), zeigt Abbildung 50 anhand des jährlichen prozentualen Wachstums des realen Bruttoweltproduktes. Es zeigt sich eine ähnliche qualitative Übereinstimmung mit den langen Wellen des Modells.

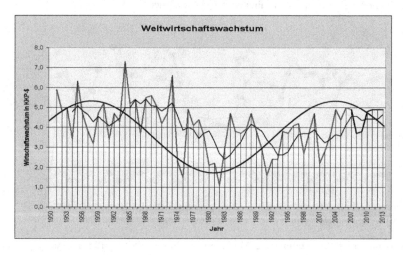

Abbildung 50: Reales Weltwirtschaftswachstum, jährlich und 5-jähriger Durchschnitt,
Quelle: (Wikipedia, 2009), dort aus 1950-1980: The World Economy, Maddison; 1980-2014
Internationaler Währungsfonds, leicht modifiziert

An der Theorie der langen Wellen gibt es einige gravierende Kritikpunkte:
- Durch Addition von Sinuswellen verschiedener Frequenzen lassen sich alle möglichen Kurvenverläufe darstellen, siehe Fouriertransformation in der Nachrichtentechnik

- Im politische Zyklus ergibt sich in der Demokratie aus dem regelmäßigen Verhalten jeder Partei im Wahlzyklus von meist 4 Jahren: Reformen nur 0,5-2,5 Jahre, letztes Jahr vor Wahl oft positive Maßnahmen und kaum „harte" Einschnitte
- Das scharenweise Auftreten der Unternehmer als theoretische Erklärung des Aufschwung ist nicht nachvollziehbar, keine Erklärung dafür dass diese Innovationswelle im Gleichgewicht und damit am Ende einer Kondratieff – Welle auftritt.
- weitere Erklärungsversuche der zyklischen Wellen in den wirtschaftlichen Indikatoren z.b. durch das Modell der „Real Business Cycle Theory", die aber umstritten sind[77].

Zusammenfassend kann man feststellen, dass es seit dem Beginn der Industrialisierung mehrfach wellenförmige massive Anpassungsprozesse gab, ausgelöst durch die Einführung und Ablösung von disruptiven Basistechnologien, die mit ca. 50 Jahren jeweils mehrere Generationen gedauert haben. Die Informationsverarbeitung und -übertragung trägt eine solche Welle, deren Anpassungsvorgänge nach dem Model der langen Innovationswellen noch mehr als ein Jahrzehnt fortdauern könnten. Dieses aus dem Modell der „Langen Wellen" abgeleitete Potential für weitere Veränderungen soll in den nächsten Kapiteln anhand der technologischen, soziologischen und ökonomischen Gegebenheiten weiter betrachtet werden.

---

[77] Vergleiche (Lucke, 2002)

3.2 Treiber der Veränderungen

3.2.1 Entwicklung der Datenverarbeitung und -übertragung

Die in Kapitel 2.2.3 beschriebene rasante Entwicklung der Digitalisierung und des Internets als Drehscheibe digitaler Medien ist nur möglich aufgrund der rasanten Miniaturisierung im Bereich der Halbleitertechnologie, verbunden mit der Entwicklung in den Bereichen Optoelektronik sowie der Computertechnik und Informatik. Die Elemente CPU, Speicher und Vernetzung bilden, wie in Abbildung 51 gezeigt, gemeinsam mit dem später diskutierten immer stärkeren Softwareanteil die Basis für die beschriebene Entwicklung, sowohl als „Frontend" jedes einzelnen Nutzers als auch für die zentralen Komponenten des Internets als Web-Server und Webrouter. Die Entwicklung dieser Komponenten ergibt sich durch die dramatischen Steigerungen von Rechenleistung, Speicher-kapazitäten und Übertragungskapazitäten, die ich nachfolgend aufzeigen möchte. Als vierte Komponente erkennt man auf der Abbildung 51 die Schnittstelle der Datenverarbeitung zum Menschen, deren Entwicklung abschließend diskutiert wird.

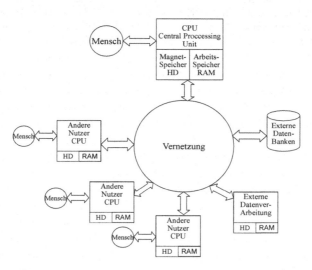

Abbildung 51: Funktionaler Aufbau eines Rechners im Netz
Quelle: Eigene Darstellung

Bereits 1965 zeigte Gordon E. Moore, Physiker und späterer Mitgründer von Intel, in einem Artikel die später als „Moore's Law" bekannte exponentielle Entwicklung der Anzahl von Schaltelementen (Transistoren) auf einem Halbleiterelement über die Zeit auf (Gordon E. Moore, 1965). Dabei geht er in seinem Artikel von der zum jeweiligen Entwicklungsstand der Fertigung wirtschaftlichsten Anzahl aus. Diese beruht bis heute auf der Basis von fotolithographischen Verfahren, mit denen die Struktur des Prozessors auf eine mit lichtempfindlichem Lack überzogene Siliziumscheibe durch Belichten aufgebracht und durch Ätzen und Metallisieren in bis zu 10 Schichten „entwickelt" wird. Bei wachsender

Größe der für einen Prozessor genutzten Fläche (des sogenannten „Dies") steigt die Fehlerrate exponentiell, damit gibt jeweils eine bestimmte Größe mit minimalen Kosten pro Transistor. Abbildung 52 zeigt die damit von Moore aufgezeigte jährliche Verdoppelung zwischen 1959 und 1975.

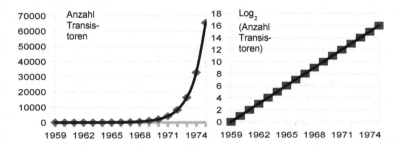

Abbildung 52: Anzahl Transistoren pro CPU und Logarithmus zur Basis 2
Quelle: Eigene Darstellung nach Moore (1965)

Später spricht Moore von einer Entwicklung mit der Verdoppelung der Transistoranzahl alle 18 Monate bis 2 Jahre[78]. Die tatsächliche Entwicklung zeigt Tabelle 4 anhand der Darstellung der Entwicklung der Intel Mikroprozessoren über die letzten 50 Jahre, grafisch dargestellt in Abbildung 53.

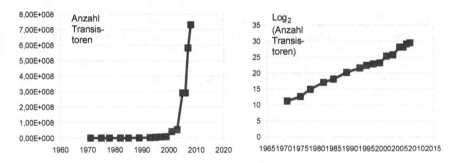

Abbildung 53: Entwicklung der Transistoranzahl pro CPU (linear und Log2) über 50 Jahre,
Quelle: Eigene Darstellung nach Daten aus Tabelle 4

---

[78] Vergleiche (Christensen u. a., 2004, S. 156)

Bezeichnung	I4004	I8080A	I8086	I286	I386	I486	Pentium	Pentium Pro
Technik	10 µm	10 µm	6 µm	3 µm	1 µm	0,8 µm	0,8 µm	0,09µm
Trasistoren	2.300	6.000	29.000	134.000	275.000	1.200.000	3.100.000	5.500.000
MIPS	0	0,03	0,57	1,3	2,2	8,7	64	320
Whestones				0,65	5,68	15,3	66,2	161
Jahr	1971	1975	1978	1982	1985	1989	1993	1995

Bezeichnung	Pentium 2	Pentium 3	Pentium 4	Pentium M	Pentium D	Core2Duo	Core2Quad	Core i7
Technik	0,35 µm	0,25 µm	130 nm	90 nm	65 nm	65 nm	45 nm	45 nm
Trasistoren	7.500.000	9.500.000	43.000.000	55.000.000	291.000.000	291.000.000	582.000.000	731.000.000
MIPS	450	710	2500					
Whestones	245	572	603	1538		2.057 (*2)		
Jahr	1997	1999	2001	2003	2005	2006	2007	2009

Tabelle 4: Entwicklung der Intel Mikroprozessoren
Quelle: Daten aus (Intel, 2008), (Longbottom, 2008), (PCguide, 2001)

Dabei erkennt man, dass sich tatsächlich die Anzahl der Transistoren im Schnitt alle 18-20 Monate verdoppelt. Grund hierfür ist vor allem der Fortschritt in der Halbleiterherstellung, der sich in der unter „Technik" in der Tabelle angegebenen minimalen Kantenlänge einer Halbleitstruktur ausdrückt, die heute eine Größe von 45nm erreicht hat. Weitere Schritte in Richtung von 32nm, 22nm und bis zum Jahr 2013 sogar 16nm sind bereits angekündigt[79], so dass die weitere Steigerung der Kurve die Fortführung der Entwicklung erwarten lässt.

Der Nutzen der liegt allerdings nicht in der Anzahl der verbauten Prozessoren sondern in der Rechenleistung, die sich in Verbindung mit der Architektur und Taktfrequenz daraus ergibt. Die Tabelle enthält daher verfügbare Performance – Daten in Form der „Million Instructions Per Second" MIPS und der Ergebnisse des „Whetstone"-Tests als Anhalt für die Rechenleistung[80]. Betrachtet man die Bild 54 dargestellte Entwicklung, so ergibt sich ebenfalls etwa alle zwei Jahre eine Verdoppelung.

---

[79] Vergleiche (Hansen & Neumann, 2009, S. 42-46)
[80] Bei den historischen Prozessoren bis 1980 wurde die "Whetstone" -Leistung abgeleitet aus der MIPS-Zahl geschätzt

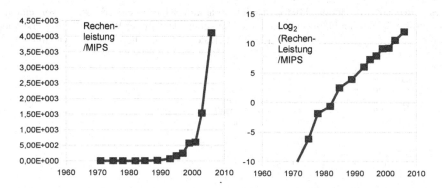

Abbildung 54: Entwicklung der Rechenleisutung von Intel CPUs (linear und Log2),
Quelle: Eigene Darstellung nach Daten aus Tabelle 4

Sowohl vor 50 Jahren als auch heute kann man einen mittleren Prozessorpreis mit ca. 350$ abschätzen, jeweils bezogen auf die aktuellen Leistungsdaten. Damit ergibt sich aus den Werten der Preisverfall wie in Abbildung 55 gezeigt, mit einer fast konstanten Halbierung der Kosten alle zwei Jahre.

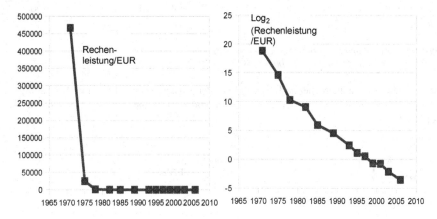

Abbildung 55: Entwicklung der Kosten pro Rechenleistungseinheit, linear und Log2
Quelle: Eigene Darstellung nach Daten aus Tabelle 4

Betrachtet man die Entwicklung der Speicherkapazität, so muss man differenzieren zwischen dem Arbeitsspeicher, der sich auf der gleichen Technologiebasis wie die Prozessoren in Form von „Dynamic Random Access Memory" (DRAM) entwickelt hat und dem langsameren, dafür aber dauerhaften Magnetspeicher. Abbildung 56 zeigt, abgeleitet aus den Daten aus Tabelle 5, die Entwicklung der DRAM – Technologie seit der Vorstellung des ersten DRAM Moduls 1103 durch Intel, das mit seiner Speicherkapazität von einem Kilo Bit 1971 das am häufigsten verkaufte Halbleiter Element der Welt war[81]. Man erkennt wiederum eine Verdoppelung ca. alle 20 Monate – entsprechend der Entwicklung der Prozessoren.

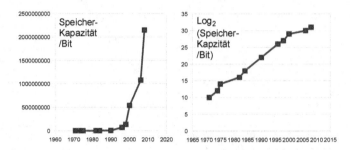

Abbildung 56: Entwicklung der DRAM Kapazität in Bit, linear und Log2
Quelle: Eigene Darstellung nach Daten aus Tabelle 5

Hersteller	Intel	Intel	Intel	Intel	Intel		Samsung	Samsung	Samsung	Samsung	Samsung
Kapazität/Bit	1k	4k	16k	64k	256k	4M	65M	128M	512M	1G	2G
Jahr	1971	1974	1975	1982	1984	1990	1996	1998	2000	2006	2008

Tabelle 5: Entwicklung der DRAM Speicherkapazität
Quelle: (Oklobdzija, 2002) and CT 2006/2008

Tabelle 6 zeigt die entsprechende Entwickelung der Kosten und ergibt den in Abbildung 57 gezeigten exponentiellen Preisverfall mit einer Halbierung ebenfalls im Bereich von 18 Monaten.

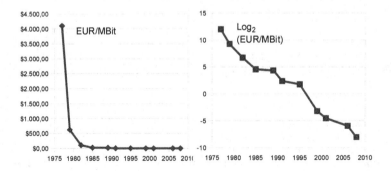

Abbildung 57: Entwicklung der DRAM Preise pro MBit, linear und Log2
Quelle: Eigene Darstellung nach Daten aus Tabelle 6

---

[81] Aus Intels Dokumentation zum 25jährigen Jubiläum (Intel, 1993, S. 10)

$ pro Mbit	4100	622	107	23,44	20	5,16	3,4	0,11	0,04	0,02	0,04
Preis/$	16,4	9,95	6,85	6	20	20,63	54,33	6,88	11	16,13	7,5
Kapazität /Bit	4k	16k	64k	256k	1M	4M	16M	64M	256M	1G	2G
Jahr	1977	1979	1982	195	1989	1991	1995	1999	2001	2006	2008

Tabelle 6: Entwicklung der DRAM Preise
Quelle: Daten aus (Oklobdzija, 2002)

Die Entwicklung der Magnetplattenspeicher zeigt Abbildung 58 anhand Tabelle 7, die die Daten von IBM Magnetplattensystemen über die letzten 50 Jahre enthält[82]. Als Kriterium ist hier die Aufzeichnungsdichte gewählt, die multipliziert mit den „Formfaktoren" Plattengröße und Anzahl der Platten, jeweils die absolute Speicherkapazität ergibt.

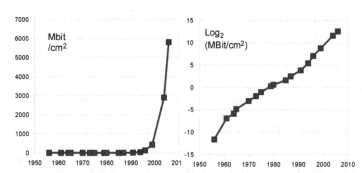

Abbildung 58: Aufzeichnungsdichte Magnetplattenspeicher in Mbit/cm², linear und Log2
Quelle: Eigene Darstellung nach Daten aus Tabelle 7

Produkt	RAMAC350	1311	2311	2314	3330	3340	3350	3370	3375
MBit/cm²	0,00031	0,008	0,017	0,034	0,12	0,26	0,48	1,2	1,51
Jahr	1956	1961	1964	1965	1970	1973	1975	1979	1980

Produkt	3380-E	3380-K	3390-3	3390-9	RAMAC3	ESS	ESS	SA8000	
MBit/cm²	2,99	5,47	13,95	41,6	129,2	427,5	2.900	5.800	
Jahr	1985	1987	1991	1994	1996	1999	2004	2006	

Tabelle 7: Aufzeichnungsdichte bei Magnetplattenspeicher, Quelle: Gerecke (2008, S. 7)

Auch hier zeigt sich ein exponentieller Verlauf, bei dem sich die Geschwindigkeit der Verdoppelung in den letzten Jahren sogar von ca. 30 Monaten auf ca. 20 Monate erhöht hat. Das bildet sich auch im Preisverfall ab, der nach der gleichen Quelle bei IBM in Tabelle 8 und Abbildung 59 dargestellt wird. Auch hier zeigt sich nach einer etwas uneinheitlichen anfänglichen Entwicklung in den letzten dreißig Jahren eine Halbierung der Preise alle 18-20 Monate.

---

[82] Aus IBM Storage Kompendium (Gerecke, 2008, S. 7)

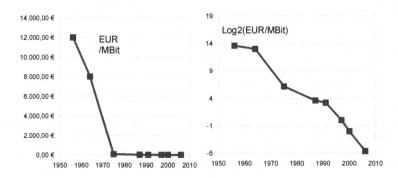

Abbildung 59: Preisentwicklung bei Magnetplattenspeicher, linear und Log2
Eigene Darstellung nach Daten aus Tabelle 8

Euro /MB	12.000,00 €	8.000,00 €	70,00 €	12,00 €	9,00 €	1,00 €	0,25 €	0,02 €
Jahr	1956	1964	1975	1987	1991	1997	2000	2006

Tabelle 8: Preisentwicklung Magnetplattenspeicher, Quelle (Gerecke, 2008, S. 7)

Die Entwicklung der Datenübertragungsrate soll einmal grundsätzlich gezeigt werden, entsprechend dem bereits in Kapitel 2.1.1, Abbildung 6, als die Übertragung zwischen einem Informationssender und einem Empfänger über eine Übertragungskanal verschiedener Länge. Im Weiteren soll die für eine globale Vernetzung praktisch relevante Datenübertragung über die transatlantische Entfernung gezeigt werden.

Über den Betrachtungszeitraum von 50 Jahren gab es bei der Datenübertragung mehrere Technologiesprünge[83], beginnend mit der einfachen Übertragung eines „digitalen" An-Aus Signals bei der Telegraphie 1844, über die Übertragung eines Frequenzbereiches von ca. 3kHz bei der Telefonie ab 1876 bis zur Beginn der optoelektrischen Übertragung mit Hilfe von Licht und Glasfaserleitungen ab 1988. Rechnet man für die Telegraphie-Übertragung ein Äquivalent von 40 Bit pro Wort und bei der Telefonie von 300Bit/S pro Telefoniekanal, so ergibt sich für eine Übertragung über kurze Entfernung eine Entwicklung entsprechend der Tabelle 9.

●

---

[83] Erste elektrische Telegraphielinie zwischen Baltimore und Washington DC durch Samuel Morse in 1844, Patentierung des Telefons durch Alexander Graham Bell und erste Anschlüsse in 1876 und Inbetriebnahme des ersten auf Glasfasertechnik basierenden Transatlantikkabels in 1988. Vergleiche (Hartmann, 2006, S. 228-231)

Entfernung der Übertragung	Ultrakurz < 1 m	Kurz einige Meter	Mittel bis mehrere km	Lang > 100 km
Anwendung	Computer Bussysteme	Computer Peripherieverb.	Computer Verbindungen	Interkontinental Verbindungen
Schnittstelle	PCI 1981 133MBit/S	V.24 ab 1969 bis 115kBit/s	Token Ring 1985 4 MBit/s	Telgraphy
	PCIe 2004 4-16 GBit/s	USB1 1996 12 MBit/s	Fast Ethernet 1995 100 MBit/s	Telefon
		USB2 2000 480 MBit/s	Gigabit Ethernet 1999 1000 Bit/s	Glasfaser SONET 1988 155MBit/s

Tabelle 9: Übertragungsraten über verschiedene Schnittstellen und Entfernungen

Praxisrelevant ist dagegen die Übertragung über eine transatlantische Entfernung von mehr als 5.000 km. Hier ergeben sich die Daten entsprechend den Tabellen 10 und 11 und daraus Abbildung 60.

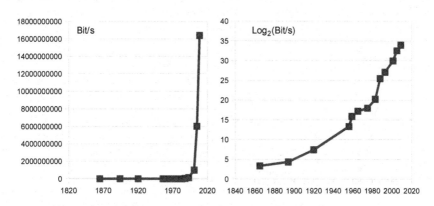

Abbildung 60: Übertragungskapazität über Transatlantikkabel, linear und Log2
Quelle: Eigene Darstellung nach Daten aus Tabelle 10 und 11

Zweck	Telegraph	Telegraph	Telegraph	Telephone	Telephone	Telephone	Telephone	Telephone
Übertragungse schwindigkeit[84]	10 Bit/s	20 Bit/s	166 Bit/s	10 KBit/s	60 kBit/s	150 kBit/s	2 MBit/s	3 MBit/s
Jahr	1865	1894	1920	1956	1959	1965	1975	1983

Tabelle 10: Telegraphy und Telefonieübertragung über transatlantische Entfernung[85]

1988 begann mit dem ersten Transatlantikkabel auf Glasfaserbasis die Zeit der Optoelektronik. Das erste Kabel repräsentierte mit seinen 1,26 Gbit/s Übertragungsrate auf

---

[84] Die Übertragungsgeschwindigkeit der Telegraphie wurde aus der Quellenangabe (Hugill, 1999)der Anzahl pro Minute übertragenen Wörter, die der Telefonie aus der angegebenen Anzahl der Sprachkanäle berechnet.
[85] Aus (Hugill, 1999) und (Hartmann, 2006)

einen Schlag 2/3 der gesamten transatlantischen Übertragungskapazität dieser Zeit (Ciolek, 2008).

Zweck	Telefonie	Daten	Daten	Daten	Daten
Übertragunsgeschwindigkeit	1,26 GBit/s	10 GBit/s	1 TBit/s	6 TBit/s	16,4 TBit/s
Jahr	1988	1993	2001	2005	2009

Tabelle 11: Glasfaserübertragung über transatlantische Entfernung[86]

Man erkennt die exponentielle Steigerung, hier allerdings in zwei Abschnitten: eine Verdoppelung alle 10 Jahre im Zeitalter der Metallkabel und wiederum eine Verdoppelung alle 2 Jahre nach der Einführung der Glasfaseroptik. Abbildung 61 und Tabelle 12 zeigen die zugehörigen Kosten, Man sieht den exponentiellen Verlauf mit drei Abschnitten: einer Halbierung der Kosten ca. alle 2 Jahre in den ersten 30 Jahren ab 1850 und in den letzten 20 Jahren und dazwischen eine hundertjährig sehr stabilen Phase mit einer Halbierung nur alle 13 Jahre.

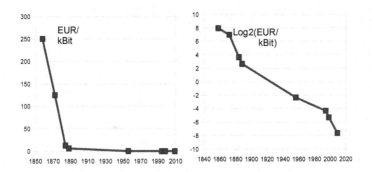

Abbildung 61: Kosten in $ pro KBit der Transatlantischen Übertragung, linear und Log2
Quelle: Eigene Darstellung nach Daten aus Tabelle 12

Zweck	Telegraph	Telegraph	Telegraph	Telegraph	Telefon	Telefon	Telefon	Telefon
Kosten, $pro KBit	250	125	12,5	6,25	0,2	0,05	0,03	0,01
Jahr	1858	1872	1884	1888	1956	1994	1998	2009

Tabelle 12: Kosten der transatlantischen Übertragung in Dollar pro KBit[87]

Zusammenfassend kann man bei den drei die Leistungsfähigkeit der Digitalisierung charakterisierenden Größen Recheneinleistung, Speicherkapazität und Kapazität der Vernetzung über die vergangenen 40-50 Jahre eine Verdoppelung alle 18-24 Monate feststellen. Bei den zugehörigen Kosten ergibt sich eine Halbierung alle 18-20 Monate. Der gleiche Trend ist auch jeweils für die weitere Entwicklung absehbar. Auch die Entwicklung

---

[86] Aus (Ciolek, 2008) und (uni-rostock, 2008)
[87] Telegraphiekosten aus (Hugill, 1999) , Telefonie von AT&T, BT sowie aus (Telegeography, 2002)

der Bandbreite des Internets über die letzten Jahre zeigt eine entsprechende Steigerung[88]. Auch hier erkennt man das exponentielle Wachstum mit durchschnittlich 57 Prozent pro Jahr, entsprechend einer Verdoppelung alle 19-20 Monate.

Der wachsende Bandbreitenbedarf des Internets ist damit im Rahmen der vorher aufgezeigten Entwicklungen auch langfristig gesichert. Ein Engpass droht dagegen an einer anderen Stelle: der von Experten schon für das Jahr 2012 erwarteten Erschöpfung der vorhandenen globalen Adressen des Internets auf dem bisherigen IPV4 Standard[89]. Mit der Einführung des Internets hatte man den Bereich der Internet Adressen mit 4 Bytes, entsprechend rund 4,29 Milliarden (2^{32}) Adressen, für schier unerschöpflich gehalten und ist recht verschwenderisch mit der Vergabe von Adressräumen für Organisationen umgegangen: so verbraucht jeder der 128 möglichen „Class A" Adressräumen, wie ihn Apple, IBM und Xerox, aber auch nationale amerikanische Institutionen zugewiesen bekommen haben[90], 16,7 Millionen (2^{24}) Adressen. Gerade die „Spätstarter" wie China und andere asiatische Länder, mit dem größten Wachstum an Nutzern, sind hier von der jetzigen Knappheit am stärksten betroffen.

Bereits 1995 wurde unter dem Begriff „IP Next Generation" das IPV6 Protokoll definiert, das mit 16 Byte Adressen diesen Engpass aufhebt[91]. Die resultierenden $3,4 * 10^{32}$ Adressen sind nach menschlichem Ermessen wirklich unerschöpflich: anschaulich bedeutet diese Zahl, dass jeder Mensch jedes Atom seines Körpers mit ca. neun IPV6-Adressen ausstatten kann[92]. Dieses Protokoll ist bereits in allen gängigen Betriebssystemen, wie Windows ab Vista, Linux und Mac OS X integriert und wird bereits – vor allem im Bereich großer Behörden – eingeführt, eine Mischstruktur mit der aktuellen IPV4 – Struktur ist möglich.

Damit ergibt sich auch aus der Verfügbarkeit von IP-Adressen kein „Showstopper" für ein weiteres Wachstum des Internets. Die Vision, jedes mit Strom betriebene Gerät mit einer IP-Adresse und „Intelligenz" auszustatten ist in greifbarer Nähe, darüber hinaus vielfältige Anstrengungen über Energiegewinnung aus Licht, Wärme oder Bewegung auch stromlose Gegenstände in das Internet einzubinden.

Nachdem also aus technischer Sicht keine Begrenzung des Wachstums abzusehen ist, sind die bestimmenden Einflussfaktoren in einer sozial – ökonomische Perspektive zu betrachten. Abbildung 62 zeigt, wie gesellschaftliche Trends, neue Geschäftsmodelle, staatliche Verwaltung und entstehende neue Dienste und Anwendungen die Entwicklung des Internets der Zukunft beeinflussen und ihrerseits durch die Möglichkeiten des Internets verändert werden[93].

---

[88] Aus (Telegeography, 2009)
[89] Vergleiche (Kuri, 2008, S. 48)
[90] Siehe (IANA, 2010)
[91] Vergleiche (Dostalek & Kabelova, 2006, S. 213)
[92] Da 18g Wasser der Avogardo-Zahl von $6,023*10^{23}$ Molekülen entsprechen, enthält der menschliche Körper ca. $7*10^{27}$ Atome
[93] Vergleiche (Tslelentis, 2009)

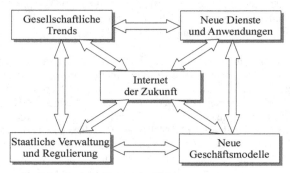

Abbildung 62: Internet der Zukunft mit bestimmenden Faktoren
Quelle: Eigene Darstellung, modifiziert nach (Tslelentis, 2009, Seite 3)

Kapitel 3.2.1 zeigt das jahrzehntelange exponentielle Wachstum der Rechenleistung, Speicherkapazität und Übertragungskapazität, mit jeweils einer Verdoppelung alle 18-24 Monate und der daraus resultierenden exponentiellen Reduzierung der Preise pro entsprechende Einheit der Rechenleistung, Speicher- und Übertragungskapazität alle 20-24 Monate. Ebenfalls wird gezeigt, dass diese jahrzehntelange exponentielle Entwicklung sich voraussichtlich weiter fortsetzen wird.

3.2.2 Wechselwirkungen „Neuer Medien" und gesellschaftlicher Entwicklung

Die im vorherigen Kapitel aufgezeigten Möglichkeiten der Informations- und Kommunikations-technologie mit dramatisch steigenden Leistungen bei ständig fallenden Preisen zeigen sich in der verbreiten Nutzung. Die schon in Kapitel 2.3.1 in Verbindung mit der Entwicklung der Innovation Unified Communications angedeuteten Veränderungen in der Bevölkerung möchte ich hier detaillierter betrachten, um die zukünftigen Auswirkungen auf die Unternehmen zu erkennen. Daten des Statistischen Bundesamtes zeigen deutlich die Entwicklung der letzten fünf Jahre der privaten Nutzung von Computern und Internet, dargestellt in Tabelle 13 und Abbildung 63:

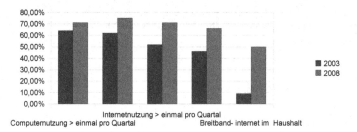

Abbildung 63: Computer- und Internetnutzung in deutschen Haushalten
Quelle: Eigene Darstellung nach Daten aus Tabelle 13

Jahr	Computernutzung > einmal pro Quartal	davon täglich	Internetnutzung > einmal pro Quartal	Täglich	Breitband-internet im Haushalt
2003	64%	62%	52%	46%	9%
2008	71%	75%	71%	66%	50%

Tabelle 13: Computer- und Internetnutzung in deutschen Haushalten
Quelle: Statistisches Bundesamt (2009a)

Hier zeigen sich gravierende Veränderungen von ca. plus 20 Prozent bei der Internetnutzung. Bei einer differenzierten Betrachtung der Alters- und Bildungsstruktur werden die Unterschiede in der Nutzung des Internets noch deutlicher. Tabelle 14 zeigt die Nutzung des Internets in Deutschland differenziert nach Altersgruppen und Bildungsabschluss, Abbildung 64 und Abbildung 65 zeigen daraus einige Auszüge.

	2002	2003	2004	2005	2006	2007	2008
Gesamt	59,00%	46,50%	44,70%	42,10%	40,50%	37,30%	34,20%
Männlich	47,00%	37,50%	35,80%	32,50%	32,70%	31,10%	27,60%
weiblich	64,00%	54,70%	52,70%	50,90%	47,60%	43,10%	40,40%
14-19 Jahre	23,10%	8,70%	5,30%	4,30%	2,70%	4,20%	2,80%
20-29 Jahre	19,70%	17,50%	17,20%	14,70%	12,70%	5,70%	5,20%
30-39 Jahre	34,40%	26,10%	24,10%	20,10%	19,40%	18,10%	12,10%
40-49 Jahre	52,20%	33,60%	30,10%	29,00%	28,00%	26,20%	22,70%
50-59 Jahre	64,60%	51,10%	47,30%	43,50%	40,00%	35,80%	34,30%
> 60 Jahre	92,20%	86,00%	85,50%	81,60%	79,70%	74,90%	73,60%
Hauptschule	76,40%	66,50%	63,90%	61,50%	62,60%	55,70%	53,30%
Realschule	45,00%	34,10%	32,30%	29,00%	26,50%	28,40%	24,90%
Abitur	21,60%	14,70%	12,60%	15,20%	10,00%	9,60%	8,40%
Studium	20,70%	20,40%	20,60%	16,90%	16,40%	15,70%	14,20%

Tabelle 14: Nichtnutzer des Internets in Deutschland
Quelle: (Statistisches Bundesamt, 2009a)

Abbildung 64 zeigt den Prozentsatz der Internetnutzung bei 14-19 jährigen im Gegensatz zu den 50-59 jährigen in der Entwicklung über die letzten Jahre. Während bei den 14-19 jährigen bereits 2005 eine Sättigung von 95 Prozent erreicht ist, steigt die Nutzung bei den 50-59 jährigen nur langsam auf 65 Prozent in 2008.

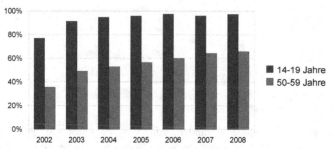

Abbildung 64: Internetnutzung in verschiedenen Altersgruppen
Quelle: Eigene Darstellung nach Daten aus Tabelle 14

Fast konstant über die betrachteten 6 Jahre bleibt die Differenz der Nutzung zwischen den Bildungsstufen, die in Abbildung 65 gezeigt wird, fast stabil mit einem Abstand ca. 45 Prozent.

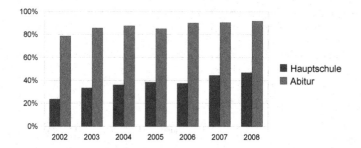

Abbildung 65: Internetnutzung in verschiedenen Bildungsstufen
Quelle: Eigene Darstellung nach Daten aus Tabelle 14

Weitere Unterschiede erkennt man, wenn man die Arten der Nutzung des Internets differenziert. Eine Erhebung des Statistischen Bundesamtes, basierend auf der Befragung von ca. 18 Tausend Personen, die das Internet für private Zwecke in 2008 nutzten, liefert hier die Daten in Tabelle 15 (Statistisches Bundesamt, 2009a, S. 557).

Nutzungsart	Insgesamt /%	Alter 10-15 /%	Alter 16-24 /%	Alter 25-44 /%	Alter 45-65 /%	Alter > 65 /%
E-Mail	87	69	91	91	86	85
Informationssuche über Waren oder Dienstleistungen	84	47	81	93	86	78
Elektronische Kommunikationsformen (ohne E-Mail)	49	73	84	48	30	22
davon: Chatten/Besuch von Foren	40	65	75	38	21	13
davon: Instant Messaging	28	50	62	24	12	10
davon Lesen von Blogs	17	16	30	17	11	-
Audiovisuelle Inhalte genutzt/eingestellt	58	74	81	61	42	35
Internet-Banking/ Online-Banking	47	-	37	61	46	40
Einkaufen im Internet (E-Commerce)	53	17	51	68	48	33
Kontakt mti Behörden/öffentlichen Einrichtungen über Internet (E-Government)	55	8	47	66	59	41

Tabelle 15: Internetaktivitäten für private Zwecke, Q1 2008 nach Altersgruppen
Quelle: (Statistisches Bundesamt, 2009a, S. 557)

Man erkennt in der Gesamtverteilung, dass die „traditionelle" Nutzung[94] des Internets als Kommunikationsmedium mit E-Mail und als Informationsmedium zu Waren und Dienstleistungen überwiegt, wie in Bild 66 dargestellt.

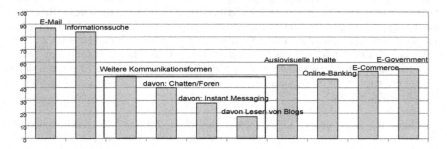

Abbildung 66: Internetaktivitäten für private Zwecke in 2008
Quelle: Eigene Abbildung nach Daten aus Tabelle 15

Schaut man aber auch hier auf die Verteilung in den Altersgruppen, so ergibt sich, wie in Abbildung 67 dargestellt, ein anderes Bild, mit einer deutlicheren Gewichtung in den jüngeren Alters-kategorien bis 24 Jahren in den sogenannten „Mitmach-Web" oder „Web 2.0" Medien[95]: Chat- und Forennutzung, Up/Download von audiovisuellen Inhalten, Instant Messaging und Lesen von Blogs gegenüber den „traditionellen Kategorien", die den Schwerpunkt der Nutzung in den Altersklassen ab 25 Jahren haben.

---

[94] Zur "traditionellen" Nutzung vergleiche beispielsweise die Beschreibung des Internets bei Stahlknechts Standardwerk (Stahlknecht, 1995, S. 406)
[95] Vergleiche (Hansen & Neumann, 2009, S. 644)

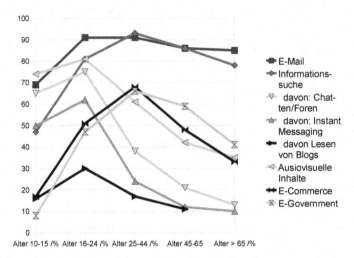

100
90
80
70
60
50
40
30
20
10
0

Alter 10-15 /%   Alter 16-24 /%   Alter 25-44 /%   Alter 45-65   Alter > 65 /%

■ E-Mail
◆ Informations-
  suche
▽ davon: Chat-
  ten/Foren
△ davon: Instant
  Messaging
▶ davon Lesen
  von Blogs
◁ Ausiovisuelle
  Inhalte
✚ E-Commerce
✕ E-Government

Abbildung 67: Internetnutzung für private Zwecke nach Altersklassen
Quelle: Eigene Abbildung nach Daten aus Tabelle 15

Einen Schlüssel zur Entwicklung des Internets stellt die Entwicklung des „Web 2.0" und der „Sozialen Netzwerke" dar, die nachfolgend daher detaillierter betrachtet werden. Bereits seit den in Kapitel 2.2.3 beschriebenen Anfängen des Internets gibt es mit den Diskussionsforen im Usenet partizipative Medien. Diese entwickelten sich später weiter und wurden zu einem Bestandteil vieler erfolgreicher Applikationen im Internet. 2005 prägte O'Reilly den Ausdruck Web 2.0 für die Architektur der Partizipation: Users add value, often „as a side effect of ordinary use of the application:.. the system gets better the more people use them" (O'Reilly, 2005, S. 15ff.)

Abbildung 68 zeigt einige Eigenschaften des Web 2.0 um die Kernfunktion der gemeinsamen, geteilten Intelligenz[96]: Standardisierung und offene Schnittstellen ermöglichen die Verknüpfung von Angeboten und die gemeinsame Entwicklung im Netz. Inhalte und spezielle Daten, häufig durch die User generiert, sind der Kern jeder Web 2.0 Anwendung.

---

[96] Vergleiche (Lange, 2007)

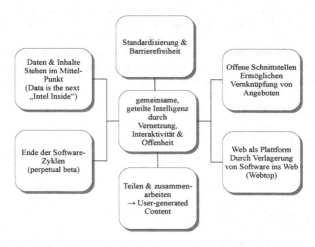

Abbildung 68: Struktur des Web 2.0
Quelle: Eigene Darstellung nach (Lange, 2007)

Technisch ergänzen standardisierte, offene Protokolle und Schnittstellen wie AJAX (Asynchronous Javascript und XML) die traditionellen Client-Server – Technologien um HTTP. Sie ermöglichen wesentlich schnellere Reaktion auf User-Eingaben, indem nicht wie in traditionellem HTTP bei jeder User-Eingabe ganze Seiten neue aufgebaut werden, sondern, wie in Abbildung 69 dargestellt, über Server-Abfragen im Hintergrund jederzeit Aktionen stattfinden können.

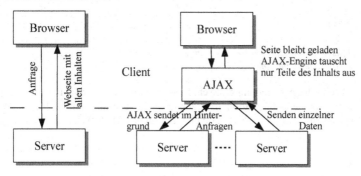

Abbildung 69: Traditionelle Web-Darstellung und AJAX fuer interaktive Webanwendungen,
Quelle: Eigene Darstellung

Als Kernkompetenzen von Web 2.0-Unternehmen sieht O'Reilly sieben Charakteristiken, bei denen die starke Ausprägung (Original: „Excellence") in einem Feld aussagekräftiger ist, als ein kleiner Schritte in allen sieben Feldern[97].

- Services, nicht „packaged Software", mit kosteneffektiver Skalierbarkeit
- Kontrolle über einzigartige, schwer zu reproduzierende Datenquellen, die wertvoller werden, je mehr Menschen sie nutzen.
- Vertrauen in die Nutzer als Co-Entwickler
- Nutzen der kollektiven Intelligenz
- Nutzen des „Long Tail" durch Customer Self Service
- Software, die durch mehr als eine Form von Devices genutzt werden kann
- Leichtgewichtige User Interfaces, Entwicklungs- und vor allem Geschäftsmodelle

Betrachtet man die aktuellen deutschen Top 50 Webseiten[98], so kann man eine Differenzierung in folgende Kategorien vornehmen:
- Portale, entweder als klassische Unternehmensportale oder als universelle Portale von Internetprovidern
- Informationsseiten, häufig von klassischen Zeitungsverlagen
- Shop-Seiten
- Seiten mit speziellem Content, wie Videos oder Bilder.
- und soziale Networking Seiten, die der Vernetzung von Usern bestimmter Interessensgruppen dienen

Teilt man die Top 50 – Webseiten gemäß den Kriterien des Web 2.0, sowie nach der Art der Webseite ein, so erhält man die Verteilung gemäß Tabelle 16.

Kategorie	Content	Information	Networking	Portal	Shop
Anzahl	6	10	12	14	5
Davon Web2.0	4	3	11	6	2

Tabelle 16: Differenzierung der Top 50 Webseiten Deutschlands
Quelle: Top50 Webseiten gem. Anlage 1

Abbildung 70 zeigt diese Verteilung grafisch. Man erkennt, dass Portale, Informationsseiten und Web-Shops überwiegend traditionell aufgebaut sind, während erfolgreiche Content-Seiten und vor allem Networking-Seiten bereits jetzt mehrheitlich Web2.0 Kriterien genügen.

---

[97] Vergleiche (O'Reilly, 2005, S. 16)
[98] Aus (Alexa, 2009). Alexa's traffic rankings are based on the usage patterns of Alexa Toolbar users and data collected from other, diverse sources over a rolling 3 month period. A site's ranking is based on a combined measure of reach and pageviews. Reach is determined by the number of unique Alexa users who visit a site on a given day. Pageviews are the total number of Alexa user URL requests for a site. However, multiple requests for the same URL on the same day by the same user are counted as a single pageview. The site with the highest combination of users and pageviews is ranked #1" Die deutschen Top 50 Websites finden sich mit der von mir zugefügten Kategorisierung in Anlage 1.

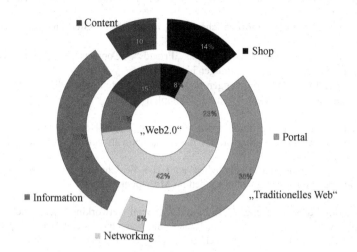

Abbildung 70: Kategorien von Webseiten, traditionell und Web2.0
Quelle: Eigene Darstellung nach Tabelle 16

Während es zu den Kategorien „Information", „Shop" und „Content" in der realen Welt durchaus entsprechende Angebote gibt, sind die Kategorien „Internetportal" und „soziale Netzwerke" eine Innovation durch das Internet mit wachsender Bedeutung. Eine Befragung aus den USA zur Nutzung der dort führenden sozialen Netzwerken Facebook, MySpace und Linkedin differenziert nach Altersgruppen[99] und ergibt die in Abbildung 71 gezeigte Verteilung mit einer mit 75 Prozent ganz deutlichen Mehrheit der 18-22 jährigen entgegen einer Minderheit von nur 21 Prozent der 36-49 jährigen.

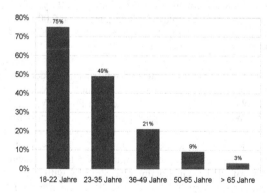

Abbildung 71: Teilnahme an sozialen Netzwerken nach Altersgruppe
Quelle: Eigene Abbildung nach (Toppo, 2009)

---

[99]   Vergleiche (Toppo, 2009)

Ein soziales Netzwerk oder „Social Network Site" ist ein web-basierender Service, der es dem Nutzer ermöglicht:

- Ein öffentliches oder teil-öffentliches Profil innerhalb der Grenzen des Systems zu schaffen.
- Eine Liste von anderen Usern, z.b. als „Friends", „Contacts" oder „Follower", zu erstellen, mit denen sie Verbindungen haben.
- Die eigene Liste der Verbindungen und die von Anderen innerhalb des Systems zu sehen und auf verschiedene Arten zu verknüpfen

Diese „Social Network Sites" differenziert Boyd von den „Social Networking Sites", die aus ihrer Sicht den „Networking"-Begriff, als das Schaffen von neuen Verbindungen unter Fremden, betonen.

Boyd zeigt, dass gerade bei Jugendlichen eher die Beziehungspflege von bekannten Kontakten, als das „Networking" mit Fremden im Mittelpunkt steht[100].

Später öffnet Boyd diese eher enge Definition der „Social Networking Sites", nach einiger Kritik, diese sei zu eng gefasst, z.B. von Beer[101]. Sie betrachtet Social Network Sites als „Networked Publics", die für ihre Nutzer gleichzeitig durch Internet-Technologien einen Raum schaffen als auch für diese Nutzer eine virtuelle Gemeinschaft, die aus der Überlagerung von Menschen, Technologie als auch praktischem Gebrauch resultiert.

Man kann feststellen, dass gravierende Veränderung auch in den Unternehmen durch die neue Nutzung von Medien in der „Net-Generation" zu erwarten sind. Soziale Netzwerke, Web 2.0, Digital Communities beinhalten Nutzung von Präsenz, Instant Messaging, Offenheit und aktive Partizipation. Gaming beinhaltet die Gewöhnung an „Virtual Reality" sowie die digitale Collaboration (WoW, Second Life). Bezeichnend dazu ein Zitat aus "grown up digital" (Tapscott, 2009, S. 182) : „This new generation of workers is forging a new way of doing Business – using Web 2.0 communication tools to create a collaborative workplace that democratizes and accelerates the performance of an organization". Ein ähnliches Bild zeichnet eine Untersuchung von IBM: „...a typical 21-year-old in the United States entering the workforce today has played video games for 5.000 hours, exchanged 250.000 e-mails, instant messages and phone text messages, has 10.000 hours of cell phone use and has spent 3.5000 hours online" (IBM, 2008, S. 7)

Und die nächste Stufe der Innovationen im Internet steht schon vor der Tür. Bereits 1999 prägte Tim Berners-Lee, den Ausdruck „Semantic Web" für ein „Web der auswertbaren Informationen" oder kurz „Web der Dinge" : „I have a dream for the Web . . . and it has two parts. In the first part, the Web becomes a much more powerful means for collaboration between people. I have always imagined the information space as something to which everyone has immediate and intuitive access, and not just to browse, but to create. [...] Furthermore, the dream of people-to-people communication through shared knowledge must be possible for groups of all sizes, interacting electronically with as much ease as they do now in person. In the second part of the dream, collaborations extend to computers.

---

[100] Vergleiche Boyds PhD Thesis "Taken Out of Contect: American Teen Sociality in Networked Publics" (Boyd, 2008)
[101] Vergleiche Beers Diskussionspapier zu Boyd (Beer, 2008)

Machines become capable of analyzing all the data on the Web - the content, links, and transactions between people and computers. A "Semantic Web," which should make this possible, has yet to emerge, but when it does, the day-to-day mechanisms of trade, bureaucracy, and our daily lives will be handled by machines talking to machines, leaving humans to provide the inspiration and intuition. The intelligent "agents" people have touted for ages will finally materialize. This machine-understandable Web will come about through the implementation of a series of technical advancements and social agreements that are now beginning" (Berners-Lee, 2000, S. 157) und sieben Jahre später: „Yet today we believe that the Semantic Web is attainable. We are seeing its first stirrings, and it will draw on some insights, tools, and techniques derived from 50 years of Artificially Intelligence (AI) research." (Shadbolt, Berners-Lee, & Hall, 2006). Berners-Lee stellt dabei auf die Verfügbarmachung von Daten in den entsprechenden Formaten des semantischen Web ab, die entweder eine aktive Wandlung der Daten oder eine automatische Generierung über verknüpfte Sensoren, wie RFID-Chips, voraussetzt.

Schließlich zeigt O'Reilly den disruptiven Weg zu diesem „Web der Dinge" auf, der die Daten der Sozialen Netze mit den über die genutzten Endgeräte verfügbaren Daten, wie Photos und Lokalisierungsinformationen über GPS oder Senderlokalisierung verknüpft. Er beschreibt plastisch die Informationsschatten der realen Welt im „Internet der Dinge": „All of these breakthroughs are reflections of the fact („), that real world objects have "information shadows" in cyberspace. For instance, a book has information shadows on Amazon, on Google Book Search, on Goodreads, Shelfari, and LibraryThing, on eBay and on BookMooch, on Twitter, and in a thousand blogs. A song has information shadows on iTunes, on Amazon, on Rhapsody, on MySpace, on Facebook. A person has information shadows in a host of emails, instant messages, phone calls, tweets, blog postings, photographs, videos, and government documents. A product on the supermarket shelf, a car on a dealer's lot, a pallet of newly mined boron sitting on a loading dock, a storefront on a small town's main street—all have information shadows now." und prägt für dieses Netz der neuen Möglichkeiten die Bezeichnung „Web squared" (O'Reilly 2009).

Die in Kapitel 3.1.2 gezeigte These des Veränderungsprozesses durch das Internet als „Lange Welle" mit einem Anpassungsprozess über mehrere Generationen, wird durch die Betrachtung der gesellschaftlichen Entwicklung verstärkt: Neue Technologien ermöglichen neue Anwendungen die wiederum neue Technologien treiben. Die Auswirkungen auf die Wirtschaft werden mit der jetzt und zukünftig in die Arbeitswelt strömenden „Digital Native" Generation deutlich werden und durch die fortschreitende Innovation im Internet der Zukunft weiter getrieben. Die heute schon sichtbaren Veränderungen im Wert-schöpfungsprozess wird das nächste Kapitel zeigen.

3.2.3 Geschäftsmodelle im Internet

Bereits heute sind digitale Daten praktisch kostenfrei zu speichern und zu übertragen sowie grundsätzlich kostenfrei zu kopieren und verteilen. Wirtschaftlich lassen sie sich damit als „nonrival in consumption", entsprechend der Klassifizierung von Krugman in Tabelle 17 betrachten[102].

---

[102] Vergleiche (Krugman & Wells, 2006, S. 477)

	Rival in consumption	Nonrival in consumption
Excludable	Private goods - Wheat - Bathroom fixtures	Artificially scarce goods - pay-per-view movies - Computer software
Nonexcludable	Common resources - Clean water - Biodiversity	Public Goods - Public sanitation - National defense

Tabelle 17: Klassifizierung der Güter
Quelle: Krugman & Wells (2006, S. 477)

Aber nur für „Private goods" funktioniert der Marktmechanismus zur effektiven Verteilung von Gütern und Services ideal[103]. Daher muss in der Untersuchung der Geschäftsmodelle im Internet eine grundsätzliche Abstufung nach der Art der betroffenen Güter und Dienstleistungen nach Tabelle 17 in die Fälle der „traditionellen" privaten Güter/Dienstleistungen und die Geschäfts-modelle mit digitalen Daten vorgenommen werden.

Auch im Fall der „traditionellen" Güter und Dienstleistungen hat das Internet einen gravierenden Einfluss auf die Geschäftsmodelle. Dem Verbraucher ermöglicht die unmittelbare Verfügbarkeit globaler Vergleichsdaten, sowohl betreffend der Preise als auch der Daten der Güter eine wesentlich höhere Transparenz. Dabei können die Verbraucher nicht nur auf die Informationen der Hersteller zugreifen, sondern mit der zunehmenden Verbreitung der sozialen Netzwerke auch zu fast jedem Produkt und jeder Dienstleistung auf unmittelbare Erfahrungsberichte anderer Verbraucher. Wir nähern uns hier einem idealen Markt mit vollständiger Transparenz und vollkommenem Wettbewerb.

Für die Hersteller verstärkt dies die Notwendigkeit einer Differenzierung im Wettbewerb und die Bedeutung einer positiven Marke und einer positiven Berichterstattung sowohl in Tests als auch in den Erfahrungsberichten der Nutzer. Andererseits ermöglicht diese Transparenz auch die Differenzierung auf bestimmte Nutzeranforderungen bis hin zu „Nischen", denn ein globale Nischenmarkt ist dennoch in der Regel größer als ein lokaler undifferenzierter Markt. Anschaulich beschreibt (Anderson, 2006, S. 10): „the tail of available variety is far longer than we realize; it's now within reach economically; all those niches, when aggregated, can make up a significant market".

Ein aktuelles Beispiel ist der Erfolg des Apple-Store für erweiterte Softwareapplikation für das Apple-Iphone, ein innovatives Smartphone: Apple App Store startete im Juni 2008 mit der Einführung des iPhone2G. Hier können Entwickler ihre Applikationen allen iPhone – Nutzern anbieten. Die Abrechnung erfolgt durch das Unternehmen Apple, das etwa 30 Prozent der Kosten, von meist 1-5 Euro pro Download einbehält. Nach einem Jahr sind bereits über 65.000 Titel, zumeist Spiele aber auch Anwendungsprogramme aller Kategorien, im Angebot. Nach einem Jahr hat Apple bereits 1,5 Milliarden Anwendungen, ausgeliefert[104]

---

[103] Vergleiche Krugman: "Why Markets Can Supply Only Private Goods Efficiently" (Krugman & Wells, 2006, S. 478)
[104] Vergleiche "App Store feiert Geburtstag" (CT, 2009a)

Für die Geschäftsmodellen um digitale Informationen, bzw. den Gütern, die sich heute oder in der Zukunft digitalisieren lassen[105] ergeben sich weitere Besonderheiten. Heute sind dies die Kategorien:

- Schrift, mit Büchern, Zeitschriften und anderen Druckerzeugnissen
- Ton, mit Musik, Sprache
- Bild, mit Filmen, Fotos
- Software

die zunehmend von der Erzeugung bis zum Konsum durchgehend in digitaler Form im Internet liegen – z.B. bei Trickfilmen oder elektronischer Musik. Für diese Informationen entstehen, nach den ursprünglichen Produktionskosten, keine oder nur marginale Kosten für jede verteilte oder konsumierte Einheit. Daher ist der Schutz der digitalen Informationen gegenüber unberechtigter Vervielfältigung verständlich, der diese Informationen dann als „excludable" und damit „Artificially scarce goods" klassifiziert.

Abbildung 72 zeigt die Marktstruktur nach (Krugman & Wells, 2006, S. 334). Man erkennt, dass im Bereich der „Artificially Scarce Goods", je nach Alleinstellung oder Differenzierungsgrad eines Informations-Gutes, monopolistische Marktstrukturen oder monopolistischer Wettbewerb ergeben, in denen die Anbieter die Preise festsetzen können.

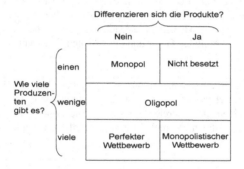

Abbildung 72: Typen der Marktstruktur
Quelle: Eigene Darstellung nach (Krugman & Wells, 2006, S. 334)

Daher betrachten wir in Abbildung 73 die Preisbildung im Monopol im Gegensatz zum Wettbewerb und in Abbildung 74 die Profitmaximierung des Anbieters im Monopol bzw. bei „Artificially Scarce Goods". Es ist zu erkennen, dass die profitmaximale Preisfestsetzung des Anbieters hier noch eine große Nachfrage der Verbraucher offen lässt, die ohne eine Unterbindung durch rechtliche Maßnahmen und/oder einen Kopierschutz (Digital Rights Management) zu einer großen Zahl unberechtigter Kopien führen kann.

---

[105] Original "Information Goods", vgl. (Krugman & Wells, 2006, S. 519)

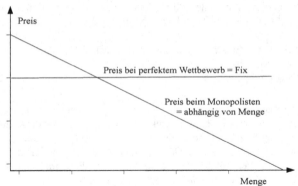

Abbildung 73: Preisbildung in Monopol und vollkommenem Wettbewerb
Quelle: Eigene Darstellung

Hier gilt es zwei berechtigte Interessen abzuwägen. Einerseits muss sich die Schöpfung wissenschaftlicher und künstlerischer Werke lohnen – und zwar in Form der Anerkennung der schöpferischen Leistung, als auch der Sicherung ökonomischer Gewinne – andererseits gilt es, diese einem möglichst breiten Kreis bekannt zu machen, um den gesellschaftlichen Gesamtnutzen zu maximieren. Häufig berücksichtigen die rechtlichen Grundlagen noch nicht die Besonderheit der digitalen Güter und der rasanten Weiterentwicklung der Internet-Technologie.

Wenn aber sowohl das Urheberrecht, als auch eine solches „Digital Rights Management" auf dem Markt nicht durchsetzbar ist, wie in der Musikindustrie faktisch entschieden[106], kommen wir in den einen Grenzbereich zu den „public goods", mit Auswirkungen auf mögliche Preisstellungen, die nicht mehr mit herkömmlichen Marktmodellen abzuleiten sind.

---

[106] Dargestellt z.B. In "Digitales Rechtemanagement auf dem Rückzug" (CT, 2008b, S. 32)

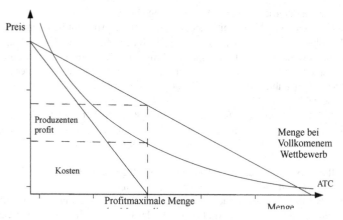

Abbildung 74: Profitmaximierung bei "Artificially Scarce Goods"
Quelle: Eigene Darstellung nach (Krugman & Wells, 2006, S. 523)

In der Praxis lässt sich beobachten, dass die überwiegende Anzahl der Web-Angebote kostenfrei für die Nutzer dieser Angebote ist und nur ein geringer Teil der Nutzer ist bereit, für Informationen im Internet zu zahlen[107].

Daher besteht die Notwendigkeit nach Geschäftsmodellen, die in den Situationen der „Nonexcludable" und „Nonrival" funktionieren, um Investition und laufende Kosten der Anbieter von Internetdienstleistungen aller Art zu finanzieren oder die Erklärung der Motivation von Personen und Unternehmen nicht kostendeckend zu agieren.

Eine kritische Untersuchung hierzu findet sich bei Gisela Schmalz, Professorin für Medienökonomie an der Rheinischen Fachhochschule Köln. Sie unterscheidet hier[108] :

*   Stiftungen, wie die Wikimedia Foundation oder die Apache- oder Linux-Stiftung im OpenSource Bereich,
*   Querfinanzierung über Online-Werbung oder Web 2.0 Marketing
*   Sponsoring durch Unternehmen, die Ihren Profit im traditionellen Bereich der Ökonomie verdienen, oder durch die Mitarbeit der Kunden im Internet Kosten sparen,
*   Finanzierung durch den Staat,
*   Finanzierung durch Venture Kapitalgeber.

Allerdings sieht Sie die bisherige Entwicklung im Internet hin zu überwiegend kostenfreien Angeboten sehr negativ: „Da die "No Economy" als solche Ihre Teilnehmer nicht an Marktgesetze bindet, herrschen Unzuverlässigkeit, Flüchtigkeit und Unverantwortlichkeiten im Web. In den 15 Jahren, in denen das WWW existiert, hat sich hier kein gerechtes Wirtschaftssystem ausgebildet, bei dem Anbieter und Nutzer gleichwertige Leistungen austauschen." (Schmalz, 2009, S. 11)

---

[107] Vergleiche "Die Bereitschaft für Internetinhalte zu bezahlen ist gering" (GfK, 2009)
[108] Vergleiche (Schmalz, 2009)

Die von ihr beschriebenen Gesetze der Onlineökonomie sind[109]

- First-Mover-Advantage: Vorteil als erster ein bestimmtes Angebot bereitzustellen.
- Netzwerkeffekte: da mit jedem neuen Teilnehmer die Zahl der Vernetzungsmöglichkeiten der bisherigen Teilnehmer zunimmt, erhöht jeder neue Netzteilnehmer auch den Nutzen der bisherigen Teilnehmer und damit den Wert des Netzwerks.
- Gesetz der großen Zahl: die Zahl der Besucher einer Website bestimmen ihren Wert und ihr Ansehen.
- Lock-in-Effekt: Binden der Kunden an ein Webangebot durch Aufbau von Wechselbarrieren. Das können aufwendige Eingaben z.b. für ein eigenes Profil, vergebene Email-Adressen, aber auch hohe Qualität eines individualisierten Service sein.
- Markenaufbau: Branding als Kundenbindungsstrategie auf Basis eines bekannten Namens und Logos, der für ein Markenversprechen steht.

Diese Gesetze führen Ihrer Meinung nach zum Ergebnis: „Nur große Player gewinnen das Gratisspiel" (Schmalz, 2009, S. 65), und „Folgt man der Gratisspirale, wird das Netz bald eine labyrinthische Müllhalde sein, Monopolisten werden die Webagenda und das Nutzerverhalten bestimmen sowie Preise verlangen" (Schmalz, 2009,S.188). Verantwortlich sieht sie vor allem die Nutzer selber, die sie in „Gratisjäger", „Piraten" und „Digitale Narzissten" differenziert. Hier sieht sie auch den Ansatz zum Ausbruch aus dem von ihr gesehenen „Teufelskreis" (Schmalz, 2009, S. 67): indem die Nutzer ihr Verhalten ändern, die großen potentiellen Monopolisten mit ihren Gratisangeboten meiden und kleinere Anbieter suche, die sie für ihre Leistungen vergüten. Diesen Thesen und Ableitungen von Schmalz kann ich nicht folgen. Sie analysiert die Gesetzmäßigkeiten der Internet Ökonomie hin zum kostenfreien digitalen Angebot systematisch, leitet aber die falschen Schlussfolgerungen ab und unterschätzt sowohl die Dynamik der Veränderung als auch die kollektive Intelligenz der Internet Nutzer.

Zu anderen Ableitungen kommt hier auch Anderson in seiner Beschreibung der in Kapitel 3.2.2 vorgestellten „Digital Native" Generation: „They have internalized the subtle market dynamica of near-zero marginal cost economics in the same way that we internalize Newtonian mechanics when we learn to catch a ball. The fact that we are now creating a global economy around the price of zero seemed too self-evident to even note." (Anderson, 2009, S. 5)

Kennzeichnend für viele Geschäftsmodelle ist der Netzwerkeffekt, der in Abbildung 75 erläutert wird. Die für Netzwerk Güter typische Nachfragekurve resultiert aus dem steigenden Wert des Netzwerkgutes mit wachsender Anzahl von Netzwerknutzern, der erst später mit dem üblichen Effekt der geringeren Zahlungsbereitschaft weitere Nutzer wieder sinkt. Mit der hier gezeigten elastischen Angebotskurve entstehen die drei markierten Gleichgewichtspunkte. Dabei ist der mittlere Gleichgewichtspunkt instabil und markiert die „kritische Masse" eines Netzwerks, bei deren Überschreiten ein weiteres Wachstum bis zum dritten Gleichgewichtspunkt vorprogrammiert ist. Ein Unterschreiten dagegen führt im Modell zum Rückfall auf den Nullpunkt[110].

---

[109] Vergleiche auch (Shapiro & Varian, 1999): In "Information Rules" werden diese Gesetzmäßigkeiten für "information goods" bereits 1999 detailliert beschrieben und auf Basis der Ökonomischen Prinzipien abgeleitet: "Technology Changes, Economic Laws Do Not" (Shapiro & Varian, 1999, S. 1-2)

[110] Vergleiche (Varian, Farrel, & Shapiro, 2004, S. 35)

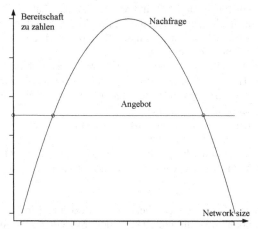

Abbildung 75: Angebots- und Nachfragekurve für Netzwerkgüter
Quelle: Eigene Darstellung nach (Varian, Farrel, & Shapiro, 2004, S. 35)

IBM beschreibt die zukünftigen Auswirkungen auf die Telekommunikationsprovider in „The changing Face of communication" als eine mittelfristig deutlich wirksame Verschiebung des traditionellen Kommunikationsmarktes hin zur Kommunikation im „Shared Social Space" und zum „Open and Free" Modell: „A new ecosystem is emerging from these long term shifts in communication trends that will require bold significant changes by existing telecom providers. The option of doing nothing is not a luxury many providers can afford, as revenues from traditional services continue to decline and highly resourceful Internet information providers and IT companies enter the communications space to claim a larger share of communication time." (IBM, 2008, S. 2)

Hammer und Wieder führen praxisorientiert 10 Kategorien von Internet-Geschäftsmodellen auf (Wieder & Hammer, 2002):

- das Maklermodell: Profit durch transaktionsabhängige Provisionen und Gebühren, 12 Untermodelle vom Marktplatzmodell bis zum Prämienmakler,
- werbefinanzierte Modelle: Profit durch Bezahlung des „Sichtkontaktes", gemessen am Tausender-Kontakt-Preis, oder an erfolgsabhängigen „Pay-per-Click-Abrechnungsformen",
- Modelle des „Infomediärs": individuelles Erstellen von Informationen und Angeboten aufgrund ermittelter User-Profile und -vorlieben, mit den Ausprägungen der „Verbraucherempfehlung" und der „Registrierungssysteme". Kein Profit, wenn nicht andere Modelle ergänzen.
- Handelsmodelle: Abbildung des „normalen" Handelsmodells des Austausches von Ware gegen Geld im Internet, mit den Ausprägungen „Virtuelles Verkaufsgeschäft", „Distanzhändler" oder „stationärer Handel" im Netz und „Händler digitaler Produkte",

- das Hersteller-Modell, das den direkten Internet Auftritt der Hersteller, auch ohne Online-Shop abbildet und dann keinen direkten Profit beinhaltet.
- das Affiliate-Modell, als Erweiterung des Makler-Modelles auf drei Parteien: Profit eines Webanbieters durch Umsatzbeteiligung/Provision bei Kauf Weiterleitung seiner User auf einen weiteren Online-Shop.
- das Community-Modell: Profitgenerierung über Mitgliedsbeiträge , Werbung, Sponsoring von Themenbereichen, Affiliate-Programmen und Merchandizing.
- Das Subskriptionsmodell: Profit durch Bezahlung des digitalen Contents, entweder pro Abruf oder pauschal pro Zeiteinheit.
- Das Utility-Modell: Abrechnung einer Service-Leistung im Internet, Profit pro Leistung oder pauschal pro Zeiteinheit.
- das Enabler-Modell, mit der Erbringung von Serviceleistungen für andere Web-Anbieter, Abrechnung an diese entweder transaktionsabhängig oder gegen Provisionen.

Anderson dagegen differenziert systematischer in die Kategorien: Direkt über Grenzen, drei Parteien oder „zweiseitige" Modelle und „Freemium" Modelle (Anderson, 2009, S. 251-254), zu denen er insgesamt 50 Beispiele aufführt.

In einer anderen Betrachtungsweise kann man systematisch alle beschriebenen Modelle als „normale" Marktvorgänge betrachten, die man ggf. aneinander reiht. Dazu muss man sich von der Ausschließlichkeit des monetären Austauschs lösen und als weitere mögliche „Währung" die Aufmerksamkeit (Online-Zeit), Anerkennung (Clicks) oder sonstige Transaktionen (Eingaben, User-Content) des Internet-Users erlauben. Dann differenzieren nur noch die Art des gehandelten Gutes, die Art des Handelsgutes und die Besitzverhältnisse des gehandelten Gutes.
- Was wird gehandelt: Reale Güter, Reale Dienstleistungen, Digitale Güter (Bilder/Videos/ Musik), Software, Virtuelle Güter, Informationen, Dienstleistungen im Internet
- Wogegen: Geld, Aufmerksamkeit/Onlinezeit, Clicks auf Banner o.ä., Informationen und Userdaten, User Verhalten
- In welchem Besitzverhältnis: Güter/DL eigener Herstellung, Güter im eigenen Besitz, Güter im Besitz dritter.

Bild 76 stellt mit dieser Systematik das führende Geschäftsmodell des, mit 21,8 Milliarden Dollar Umsatz in 2008 und 129 Milliarden Dollar Marktkapitalisierung[111], weltweit größten Internet Unternehmens „Google" dar. Google ist ein erst 1998, als Suchmaschine, mit einem innovativem Suchalgorithmus auf Basis von „PageRank"[112], gegründetes Unternehmen, mit dem Ziel „...die auf der Welt vorhandenen Informationen zu organisieren und allgemein zugänglich und nutzbar zu machen"[113]. In seinem Geschäftsmodell „AdWord" ermöglicht es

---

[111] Gem. (Welt ONLINE, 2009) liegt Google bei nur 20 Tausend Mitarbeitern mit 129 Milliarden Dollar Marktkapitalisierung auf Platz 23 der "Top-50" Weltunternehmen, weit vor z.B. dem größten deutschen Unternehmen Volkswagen mit 110 Milliarden EURO und 347 Tausend Mitarbeitern.

[112] PageRank bewertet die Wichtigkeit von Websites auf der Basis von Links anderer Seiten, unter Einbeziehung von deren jeweiligem PageRank: eine Gleichung mit über 500 Millionen Variablen und zwei Milliarden Ausdrücken.

[113] Auszug aus dem Google Unternehmensprofil, vergl. (Google, 2010a)

Google seinen Werbekunden über einfache webbasierte Schnittstellen ihre Werbebotschaften zu einem von der Attraktivität des Themas abhängigen Preis einzugeben. Google platziert den Nutzern seines Webangebotes, das neben der ursprünglichen Suchmaschine ständig um weitere innovative Angebote ausgebaut wird, in passendem thematischen Zusammenhang die Werbebotschaften seiner Kunden.

Abbildung 76: Google Geschäftsmodell über eigene Webseiten
Quelle: Eigene Darstellung

Mit diesem Geschäftsmodell erwirtschaftete Google mit 3,956 Milliarden Dollar im letzten berichteten Quartal[114] 66,5 Prozent seines Umsatzes und einen noch deutlich höheren Teil seines Quartalsgewinnes von 1,639 Milliarden Dollars.

Das zweite Geschäftsmodell „AdSense" ermöglicht es anderen Webbetreibern Anzeigen zu schalten, die von Google auf den Inhalt der jeweiligen Webseite passend von Googles Werbekunden ausgewählt werden. Abbildung 77 zeigt dieses Geschäftsmodell Googles über die Webseiten Dritter, mit dem Google weitere 30,5 Prozent seines Quartalsumsatzes, entsprechend 1,801 Milliarden Dollar, generierte. Die restlichen drei Prozent resultieren überwiegend aus Lizenzeinnahmen.

Den Werbeeinnahme des zweiten Geschäftsmodelles steht ein großer Teil der „Traffic Akquisition Costs" von 1,559 Milliarden Dollar, die zu ca. 90 Prozent an die „AdSense"-Partner ausgezahlt werden, gegenüber. Aus der wesentlich höheren Gewinnspanne des erstem Modelles erklärt sich die hohe Motivation von Google, ihr eigenes Webangebot ständig auszubauen und zu innovieren, das sich u.a. in den Forschungs- und Entwicklungsaufwendungen mit knapp 13 Prozent vom Umsatz dokumentiert.

Damit rechnet sich die „Innovationsmaschine" Google, die ständig neue Applikation zum Testen in den „Googlelabs" genannten Webseiten bereitstellt und bei Erfolg in die dauerhaft kostenlose produktive Nutzung überführt. Die Zerstörung   vormalig kommerzielle Geschäftsmodelle anderer Unternehmen kann die Folge sein. Ein Beispiel ist der bezahlte Email Dienst der YAHOO, der bis zum Einstieg Googles in 2004 mit einem differenzierten Preismodell, von auf 10 Mbyte begrenzten kostenfreien Postfächer, die gegen Bezahlung

---

[114] 3.Quartal 2009, aus Google-Berichterstattung (Google, 2010b)

vergrössert werden konnten, hochprofitabel war. Googles kostenfreies Angebot von 1 Gbyte und damit der 100 fachen Speicherkapazität veränderte diesen Markt dauerhaft[115]. Ähnlich wirkt zur Zeit der Erfolg der immer weiter ausgebauten „Google-Maps" - Applikation auf die kommerziellen Anbieter von Navigationssystemen aus.

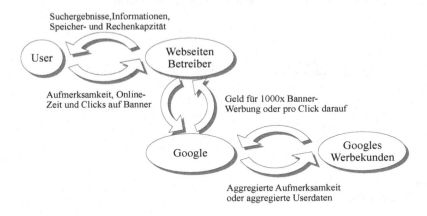

Abbildung 77: Googles Geschäftsmodell über Partnerwebseiten
Quelle: Eigene Darstellung

Allerdings führt der überwältigende Erfolg von Google auch zu Kritik und Widerständen. Besonders in Europa, wo im Gegensatz zu den USA mit BING und YAHOO kaum eine Alternative als Suchmaschine sichtbar ist, wächst die Kritik an Google[116]: Als „Datenkrake" dargestellt wird die fehlende Transparenz im Umgang mit persönlichen Daten und Copyright, sowie die Monopolstellung bei Suchvorgängen und Internet-Werbung angeprangert.

Fazit ist, dass auch bei den neuen Geschäftsmodellen im Internet die Gesetze der Marktwirtschaft gelten, überlagert allerdings von monetär nicht direkt erfassbaren Größen: Aufmerksamkeit (Traffic) und Anerkennung (Anzahl Links, „Freundschaften", „Followers"), die in der „digitalen Generation" eine immer höhere Bedeutung erlangen. Damit muss man die wachsenden Bedeutung der nicht- monetären Komponenten feststellen und diese in Form der freien Mitarbeit im Web 2.0 und der zunehmenden freien Software näher betrachten.

3.2.4 OpenSource als Geschäftsmodell des Internets

Bereits die in Kapitel 3.2.1 beschriebenen Anfänge des Internets zeigen die entscheidenden Bedeutung von nichtkommerzieller Mitarbeit. Das ARPANET wurde von einer militärischen Einrichtung der Vereinigten Staaten finanziert, aber die meisten Beiträge kamen aus freiwilliger Mitarbeit. Von 1968 bis 1969 bildete die Network Working Group (NWG) ein selbstorganisiertes Gremium, überwiegend aus dem universitären Umfeld, dass

---

[115] (Anderson, 2009, S. 112-116)
[116] Siehe (New York Times, 2010)

die Grundlagen des Internets mit der Konzeption des Kerns des ARPANETs festlegte[117]. Aus der NWG entwickelten sich später auf gleicher selbstorganisierter freiwilliger Basis die Communities und Organisationen um die IETF(Internet Engineering Task Force), die bis heute die Entwicklung der Internet Technologie regeln[118]. Jeder kann sich an der IETF beteiligen und RFCs (Requests for Comments) stellen und kommentieren, auf deren Basis die Weiterentwicklung des Internets festgelegt und dokumentiert wird.

Die Free Software Foundation (FSF) proklamiert „Free Software" als soziale Bewegung, deren Philosophy eines der ältesten Projekte GNU so formuliert: „Free software is a matter of freedom: people should be free to use software in all the ways that are socially useful. Software differs from material objects—such as chairs, sandwiches, and gasoline—in that it can be copied and changed much more easily. These possibilities make software as useful as it is; we believe software users should be able to make use of them." (FSF, 2010)

Freie Software muss entsprechend der Definition der FSF vier Freiheiten gewährleisten (FSF, 2009):

- Die Freiheit, das Programm laufen zu lassen, und die Ergebnisse unabhängig vom Zweck zu nutzen.
- Die Freiheit, zu analysieren, wie das Programm arbeitet und es so zu verändern, dass es den eigenen Wünschen entspricht. Dies impliziert den Zugriff auf den Source Code.
- Die Freiheit, an andere Kopien des Programms zu verteilen.
- Die Freiheit, Kopien der selbst modifizierten Versionen anderen weiterzugeben.

Obwohl „Free" dabei für freiheitlich und nicht grundsätzlich für „kostenfrei" steht, werfen die aus dieser Denkweise entstandenen Lizenzmodelle, deren meist verbreitete die „GNU Public Lizence" (GPL) ist, für wirtschaftliche Vermarktungsmodelle Schwierigkeiten auf. In der engen Auslegung des OpenSource Begriffes der aus dieser Denkweise entstandenen GPL entsteht für jeden Softwareentwickler, der Softwarecode unter der GPL in seinen Projekten nutzt, das grundlegende Problem, dass die GPL in diesem Falle sein gesamte Projekt unter die GPL-Regeln stellt. Damit wird die Veröffentlichung des gesamten Sourcecodes, inclusive aller eventuell vorhandener weiterer, auch kommerziell zugekaufter Bestandteile, verlangt. Diese Eigenschaft der GPL lässt kommerzielle Softwarehersteller diese mit einem ansteckenden Virus vergleichen und entsprechend mit aller Macht meiden. Auch daher entstand ein breites Spektrum verschiedener Lizenzmodelle, die die OpenSource Initiative, losgelöst von der grundsätzlichen Philosophy einer FSF, systematisiert.

Die OpenSource Initiative unterscheidet 69 verschiedene OpenSource Lizenzen[119], gegliedert in „Reusable", d.h. dass auch die eigene Weiterentwicklung möglich ist, „non-reusable", ohne diese Freigabe. Als wichtigste Lizenzen werden hier übergreifend genannt:

- Apache License,
- New and Simplified BSD licenses,
- GNU General Public License (GPL),

---

[117] Vergleiche (Tuomi, 2002, S. 144-145)
[118] Vergleiche (IETF, 2009)
[119] Vergleiche (Open Source Initiative, 2010)

- GNU Library or „Lesser" General Public License (LGPL),
- MIT License,
- Mozilla Public License 1.1 (MPL),
- Common Development and Distribution License (CDDL) und
- Eclipse Public License

Tabelle 18 zeigt diese Lizenzen mit ihren für eine Nutzung wesentlichen Bedingungen.

	Kostenlose Nutzung	Quellcode veränderbar	Quellcode von Derivaten muss offengelegt werden	Verknüpfung mit geschützten Elementen nicht erlaubt
Freeware	x			
Apache, BSD, MIT, EPL	x	x		
CDDL, LGPL, MPL	x	x	x	
GPL	x	x	x	x

Tabelle 18: Wichtige Lizenzen mit wesentlichen Bedingungen
Quelle: nach (Kooths u. a., 2003, S. 40)

In der Praxis können die Herausforderungen durch die Komplexität der Lizenzen den Erfolg von OpenSource Software, vor allem im Bereich des Internet Backbones, nicht verhindern. Der Großteil der ca. 234 Millionen Server des Internets (Stand Januar 2010[120]) Internetserver basiert auf OpenSource, überwiegend mit der unter dem Namen „LAMP" bekannten Kombination von OpenSource Programmen[121]:

- Betriebssystem Linux, (wobei die nachfolgende SW auch auf fast allen anderen Betriebssystemen läuft)
- Webserver Apache,
- Datenbank MySQL,
- Programmiersprache PHP

Abbildung 78 zeigt den weltweiten Marktanteil der Serverbetriebssysteme im Jahr 2008 anhand einer Untersuchung von ca. 800.000 im Web zugänglichen Servern (Netcraft, 2008). Die OpenSource Betriebssysteme BSD UNIX und Linux nehmen hier zusammen mit 44 Prozent den Großteil des Bestandes ein.

---

[120] Vergleiche (Netcraft, 2010)
[121] Vergleiche (Kersken, 2007, S. 10)

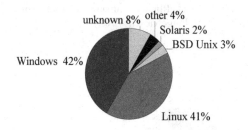

Abbildung 78: Marktanteil von Server Betriebssystemen weltweit
Quelle: Eigene Darstellung nach (Netcraft, 2008).

Auch bei den im gleichen Jahr neu verkauften Servern ergibt sich bei Unix und Linux mit 7,7 Prozent und 10 Prozent ein deutlich höheres Wachstum zum Vorjahr als bei Windows mit nur 1,7 Prozent[122].

Der vergleichsweise geringe Anteil der **Unix Server** ist ein gutes Beispiel für die Schwierigkeiten in der OpenSoftware -Welt. Aus Unix, dass bereits in den 70er Jahren von den Bell Labs für Mini-Computer entwickelt und im Source Code der akademischen Welt zur freien Verfügung gestellt wurde, entwickelte sich eine Vielzahl von inkompatiblen of proprietär herstellerabhängigen Dialekten, die letztendlich den Durchbruch von Unix als Standard verhinderten[123].

Dagegen wird die Community zur Entwicklung des Kerns des **Linux Betriebssystems** seit der ersten Veröffentlichung in 1991 durch Linus Torvald betreut, der, inspiriert durch „Minix" das „Lehr-Unix" des Informatik-Professors Andrew Tannebaum, Linux als Programmierübung in seinem Informatikstudium begonnen hatte. Um Linux hat sich ein Ökosystem von einigen Hundert Unternehmen mit Milliarden Umsätzen gebildet, so dass Torvald heute von der Linux Foundation, einem Konsortium von Linux nutzender Unternehmen, unterstützt und gesponsert wird[124].

Aus einem Public Domain HTTP-Server des National Center for Supercomputing Applications der University of Illinois entstand 1995 der bis heute am weitesten verbreitete **Webserver „Apache".** Die zuerst lose verbundene Community „Apache Group" formte 1999 die Apache Software Foundation, als rechtlicher und organisatorischer Rahmen, finanziert über Sponsoren und Spender[125]. Neben dem Apache HTTP-Server, der, wie in Abbildung 79 gezeigt, mit 54 Prozent Marktanteil weit vor dem zweiten kommerziellen Anbieter Microsoft mit 24 Prozent liegt[126], werden hier ca. 50 weitere OpenSource Projekte unter der sehr freien Apache License betreut, die Veränderungen und Integration der

---

[122] Gemäß einer IDC Studie von 2008, die lediglich als Server verkaufte Rechner berücksichtigt, in (heise-online, 2008)
[123] Vergleiche (Shapiro & Varian, 1999, S. 256-257)
[124] Vergleiche (Tuomi, 2002, S. ab 162)
[125] Vergleiche (Apache Software Foundation, 2009)
[126] Siehe (Netcraft, 2010)

Software in eigene Projekte mit wirtschaftlicher Nutzung erlaubt, solange auf die Einbindung der OpenSource Software nur hingewiesen wird.

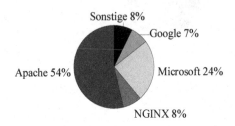

Abbildung 79: Marktanteil der Webserver, weltweit
Quelle: Eigene Darstellung nach (Netcraft, 2010)

Das Apache – Webserver Projekt war mit dem Eintritt der IBM in die Apache – Software Foundation in 1998 auch der Startpunkt der erfolgreichen Orientierung der IBM zur Unterstützung und Nutzung von OpenSource Software[127].

MySQL, die mit geschätzten 20 Millionen Installationen vermutlich meist verbreiteste Datenbank der Welt, ist ein gutes Beispiel für die kommerzielle Nutzung der OpenSource Strategie und die Interaktion mit den konkurrierenden kommerziellen Software Anbietern. Die erste Freigabe erfolgte 1996 unter der GPL Software-Lizenz, durch die gleichnamige durch das von finnischen Entwicklern gegründete MySQL-Unternehmen. Diese GPL Lizenz erlaubt die freie Nutzung, erfordert aber, dass jede, auch proprietäre Software, die Anteile unter GPL enthält, ebenfalls unter GPL frei und im Sourcecode bereitzustellen ist – und schränkt damit die kommerzielle Nutzung wesentlich ein. MySQL vertrieb nun ab 1997 kommerzielle Lizenzen ohne diese Einschränkung und immer noch deutlich unter dem Preis der kommerziellen Datenbanken. Mit diesem dualen Geschäftsmodell wuchs MySQL bis 2004 auf über 10 Millionen Euro Umsatz und mehr als 120 Mitarbeiter, die den Softwarekern von MySQL weiterentwickelten und alle 4-6 Wochen neue Relases veröffentlichten. Die Community der freien Nutzer trug hier nicht zur Codeentwicklung bei, die gemäß dem MySQL-CEO Mickos Martens weniger als 10 Prozent der Produktionskosten ausmachte, sondern stellte mit intensivem Testen und Rückmelden von Verbesserungsvorschlägen die Qualität der Sofwareentwicklung sicher[128]. Die bedeutende Auswirkung vom MySQL auf den kommerziellen Softwaremarkt zeigt, dass 2004 Fortune den MySQL CEO als „Larry Ellisons (CEO und Gründer des größten kommerziellen Datenbankentwicklers Oracle) worst nightmare" bezeichnete (Fortune, 2004) So verwundert nicht, dass der 2009 erfolgte Kauf der MySQL durch Oracle – über den Zwischenschritt des

---

[127] Vergleiche (Tapscott & Williams, 2008, S. 78)
[128] Vergleiche (Burgelman u. a., 2009, S. 284-300)

Aufkaufs durch SUN in 2007 – einigen Protest in der Nutzer Community nach sich zog. Die Entscheidung der EU-Kommission gegen Auflagen beim Kauf zeigt aber in den Begründungen die Stabilität von OpenSource gegenüber kommerziellem Einfluss:

*   zwar sah die EU-Kommission den Einfluss von MySQL bestimmte Segmente der drei größten Anbieter proprietärer Datenbanken Oracle, IBM und Microsoft,
*   aber aufgrund verfügbarer OpenSource Alternativen wie PostgreSQL
*   und der möglichen Entstehung von „Forks", also legal erstellter Kopien der MySQL-Codebasis

änderte der Kauf von MySQL durch den Marktführer der proprietären Datenbankanbieter nichts entscheidendes an der Wettbewerbssituation[129].

PHP wurde seit 1995 von Rasmus Lerdorf als einfache Sammlung von Makros für automatisierte Webseiten entwickelt, die dann rasch zu einer vollwertigen Programmiersprache mit dem Schwerpunkt Webanwendungen ausgebaut wurde. PHP ist als OpenSource unter BSD-Lizenz mit allen gebräuchlichen Server-Betriebssystemen frei verfügbar[130].

Im Gegensatz zum durchaus vorhandenen Wettbewerb auf dem Markt der Serversoftware, herrscht auf dem Personal Computer (PC) ein starkes Monopol des Betriebssystems und der Desktop-Applikationen von Microsoft. Microsoft konnte sich schon mit dem Beginn der Vermarktung des PCs durch IBM ab 1981 den Netzwerkeffekt bewusst zunutze machen, der hier sogar doppelt wirkt. Neben dem positiven Rückkopplungseffekt bei den Nutzern wirkt der Netzwerkeffekt beim Betriebssystem auf die Applikationsentwickler, für die der Entwicklungsaufwand sich nur bei genügend großer Zielgruppe lohnt. Microsoft bot sein Betriebssystem MSDOS IBM daher bewusst für einen geringen einmaligen Betrag zur Installation auf allen IBM-PCs an. In Folge wurde das Microsoft Betriebssystem als mit Abstand kostengünstigstes mit fast jedem PC von IBM verkauft und Microsoft konnte sich durch den Verkauf an IBM-kompatible PCs anderer Hersteller und die Updates/Upgrades zur marktbeherrschenden Rolle auf dem Desktop entwickeln[131]. Abbildung 80 zeigt den nach wie vor überwältigenden Marktanteil der letzten beiden Microsoft Versionen Window XP und Windows Vista, mit zusammen 92 Prozent des Desktopmarktes (Fincancial Times Deutschland, 2009, S. 8).

---

[129] Vergleiche (heise-online, 2010a)
[130] Vergleiche (PHP project, 2010)
[131] Siehe (Gates, 1995, S. 78-82)

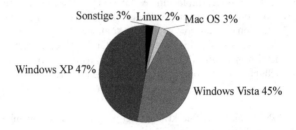

Abbildung 80: Marktanteil von PC Betriebssystemen weltweit
Quelle: Eigene Darstellung nach Daten aus Financial Times Deutschland 2009

Im November 2009 meldete das Open Source Projekt **OpenOffice** den 100millionsten Download der Software OpenOffice 3.x über die offiziellen Webserver[132]. Da die Software darüber hinaus über weitere Server sowie frei verteilte CDs und DVD frei erhältlich ist, dürfte die tatsächliche Anzahl der installierten Büropakete darüber hinaus gehen. Bei ca. 1 Milliarde weltweit genutzter PC[133] ergibt sich damit ein Anteil der Nutzung von OpenOffice von ca. 10%. Geringer ist der Anteil der geschäftlichen Nutzung. OpenOffice ist ein, ebenso wie MySQL von SUN betreutes OpenSource Projekt, das zwar schon 2000 aus dem kommerziellen Produkt Staroffice entstand, aber lange hinter der funktionellen Übermacht kommerzieller Produkte, vor allem Microsoft Office, zurückblieb. OpenOffice steht unter der GNU Lesser General Public License LGPL. Mit der in 2007 vorgestellten Version OpenOffice V3 schloss das Community Projekt zu seinen kommerziellen Wettbewerbern auf und ist heute mindestens auf gleichem Niveau[134]. Auch diese Arbeit entstand auf OpenOffice V3.1 mit der in den OpenSource Browser Firefox integrierte Zitatverwaltung Zotero sowie dem Mathematik- und Statistikpaket „R", ebenfalls ein OpenSource Projekt.

Allerdings zeigt Abbildung 81 die abnehmende, aber weiter bestehende Übermacht der Microsoft Office Software im Ergebnis einer Befragung von IT-Verantwortlicher von Unternehmen verschiedener Größe zu ihrer voraussichtlichen Auswahl eines Nachfolgers zu der jetzt eingesetzten Office Software ihres Unternehmens (computerweekly, 2009).

---

[132] Vergleiche (CT, 2009d, S. 40)
[133] Vergleiche (IT Times, 2008):"Gartner: Zahl der weltweit genutzten Computer durchbricht erstmals die Milliarden-Grenze "
[134] "Die Auswertung der Arbeitsergebnisse und Testprotokolle ergibt in Bezug auf die verwendeen Funktion insgesamt kein Leistungsgefälle. Beide Office-Pakete bieten ein sehr ähnliches Arsenal an Grundfunktionen - angesichts der langen gemeinsamen Entwicklungsgeschichte nicht verwunderlich" (CT, 2008a, S. 144-145)

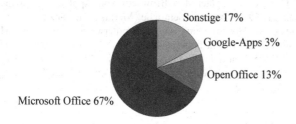

Sonstige 17%

Google-Apps 3%

OpenOffice 13%

Microsoft Office 67%

Abbildung 81: Geplanter Ersatz für vorhandene Officelösung
Quelle: Eigene Darstellung nach Daten aus (computerweekly, 2009)

Aber die Gefahr für das Geschäftsmodell von Microsoft, das von dem Erfolg seiner Geschäftsapplikationen wie Office stärker abhängt als von seinen Betriebssystemen[135], besteht gar nicht in erster Linie aus dem doch mit ca. 16 Prozent relativ geringem Marktanteil der kostenfreien Wettbewerber, sondern aus dem Einfluss dieses Angebotes auf die erzielbaren Preise für Microsofts Office Paket. Dies zeigt die Preisentwicklung des Microsoft Office Komplettpaketes über 5 Jahre, mit einem Preisverfall von über 400 Euro auf knapp 150 Euro[136]. Große Stückzahlen werden neuerdings nochmals zum halben Preis in einer „Heim- und Schüler" Variante für bis zu 3 Rechner verkauft, weiterer Preisverfall ist zu erwarten.

Die größten Konflikte zeigen sich im Wettbewerb der **Internet Browser** – nicht zuletzt, da diese immer mehr Applikationen über das Web integrieren und damit strategische Bedeutung erlangen. Aus einem der ersten Web Browser Mosaic entstand 1994 mit dem Netscape Navigator der erfolgreichste Browser, mit einem bis 1996 auf fast 80 Prozent wachsendem Marktanteil. Dieser Erfolg ist mit dem geschickten Geschäftsmodell der kostenfreien Bereitstellung des Browser, ergänzt um kostenpflichtige Zusatzangebote und der Verfügbarkeit sowohl für Microsoft Windows als auch Unix und Apple Mac zu erklären. 1995 begann Microsoft seinen Internet Explorer zusammen mit Windows 95 einzuführen und mit aller aus dem Quasi-Monopol von Microsoft Windows resultierenden Macht in den Markt zu drücken. Obwohl Netscape 1998 den SourceCode von Netscape veröffentlichte, gelang es nicht, den Vormarsch von Internet Explorer zu stoppen. Dies brachte Microsoft einen Marktanteil von über 90 Prozent in 2002, aber auch eine Anklage wegen Missbrauch der Monopolstellung ein[137], die erst 2003 gegen eine Zahlung von 750 Millionen Dollar aussergerichtlich beendet wurde. Erst ab 2005 gelang es dem auf dem OpenSource Projekt

---

[135] Vergleiche Microsoft – Bilanz (Microsoft, 2009)

[136] Aus (heise-online, 2010b)

[137] Vergleiche (US Government, 1999, S. 206-207): U.S. versus Microsoft, "Microsoft has demonstrated that it will use its prodigious market power and immense profits to harm any firm that insists on pursuing initiatives that could intensify competition against one of Microsoft's core products. Microsoft's past success in hurting such companies and stifling innovation deters investment in technologies and businesses that exhibit the potential to threaten Microsoft. The ultimate result is that some innovations that would truly benefit consumers never occur for the sole reason that they do not coincide with Microsoft's self-interest."

Mozilla beruhendem Firefox und später den Browsern von Apple und Google wieder Microsoft mit zusammen 59 Prozent wesentliche Marktanteile abzunehmen, wie in Abbildung 82 anhand einer Untersuchung von computerweekly[138] gezeigt. Hier fällt allerdings die weiterhin mit 65 Prozent beherrschende Stellung von Microsoft im Bereich der Firmenkunden auf. Mit der Markteinführung von Windows 7 lebt die Diskussion um die Bündelung von Betriebssystem und Browser wieder auf, wie eine erneute Untersuchung der EU in 2009 zeigt[139].

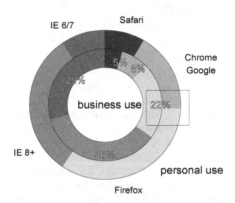

Abbildung 82: Marktanteil Browser weltweit - berufliche und persönliche Nutzung
Quelle:Eigene Darstellung nach Daten aus (computerweekly, 2009)

Asterisk ist nach eigenen Angaben das populärste **Open-Source Telefonie** Projekt der Welt mit angeblich über zwei Millionen Nutzern[140]. Asterisk wurde seit 1999 von Mark Spencer entwickelt, der im gleichen Jahr die amerikanische Firma Digium gründete, die das Asterisk Projekt betreut und mit Services, Hardware und Premium Lizenzen kommerziellen Erfolg um die kostenfreie Software unter GPL-Lizenz sucht. Den Vorteilen von Asterisk: Geringe Kosten bei den Premium Lizenzen oder keine Lizenzkosten, hohe Konfigurierbarkeit, Offenheit stehen die relativ hohe Komplexität und damit die Abhängigkeit von Spezialwissen im eigenen Hause oder bei den unterstützenden, meist kleinen Systemhäusern, entgegen. Daher ist Asterisk bisher eher bei Universitäten und Forschungseinrichtungen sowie kleinen Unternehmen vertretet – hat aber über den später beschriebenen Ansatz eines zentralen Betriebes bei spezialisierten Dienstleistungsanbietern ein großes Potential.

Zusammengefasst zeigt sich ein hohe Bedeutung der OpenSource Software im Bereich der Internet-Backbone und Server-Applikationen mit vielfältigen Beispielen der erfolgreichen Integration von OpenSource in kommerzielle Unternehmen und mit erfolgreichen

---

[138] Vergleiche (computerweekly, 2009): The Computer Weekly IT panel was launched in April 2009 and comprises of almost 4,000 IT professionals working in a range of organization types, size and business sectors

[139] Vergleiche (European Union, 2009a): " Antitrust Commission confirms sending a Statement of Objections to Microsoft on the tying of Internet Explorer to Windows"

[140] Vergleiche (Digium.Inc, 2009)

Geschäftsmodellen rund um die „Freie Software". Auch im Bereich der Microsoft Monopol-Domäne der PC- und Desktop-Applikationen zeigt sich ein wahrnehmbarer Einbruch der freien Software mit deutlichen Auswirkungen auf die Marktpreise und damit das Geschäftsmodell des Monopolisten.

Eine Abschätzung der gesamtwirtschaftlichen Bedeutung der OpenSource – Software kann man anhand zwei nach ihrem Einsatz von Personalressourcen analysierten Projekten durchführen. Ein Beispiel für ein durchschnittliches OpenSource-Projekt gibt Stahlknecht mit dem Community-Framework OpenACS[141]. Der Quellcode dieses Projektes umfasst mehr als 2 Millionen Zeilen. damit wird der Aufwand der Codeentwicklung auf ca. 600 Personenjahre geschätzt, was einem Aufwand bei durchschnittlicher Bezahlung in einem kommerziellen Projekt von ca. 30 Millionen US-Dollar entspräche.

Eines der größten OpenSource Projekte dürfte das Linux-Projekt sein. Gemäß einer Untersuchung der Linux-Foundation am Beispiel der „Fedora"-Linux Distribution, wurde versucht den Wert einer kompletten Neuentwicklung des Linux – Betriebssystems abzuschätzen. Die Gesamtzahl der Quellpakete ergab über 200 Millionen Zeilen Code, davon alleine der Kernel rund 6,8 Millionen Zeilen. Daraus wurde der Entwicklungs-aufwand mit rund 60.000 Mannjahren abgeschätzt, was mit dem durchschnittlichen Einkommen eines amerikanischen Programmierers einen Gesamtwert von 6,8 Milliarden US-Dollar darstellt[142]. Alleine das Portal Sourceforge.org registriert 230 Tausend OpenSource Programme[143]. Mit nur einer mittleren Größe von 20 Mannjahren, entsprechend einer Millionen US-Dollar kommt man dann schon in den Bereich des jährlichen weltweiten kommerziellen Softwareumsatzes von ca. 230 Milliarden US-Dollar[144]

Ein Erklärung für die wachsende Produktivität auf Basis von nicht monetären Motiven kann die Bedürfnistheorie von Maslow liefern (Maslow, 1943) Diese beruht auf der Annahme, dass psychologische Bedürfnisse, basierend auf den biologischen Anlagen des Menschen, das Handeln bestimmen. Er sieht fünf hierarchisch angeordnete Bedürfniskategorien, nach deren Erfüllung der Mensch strebt, bzw. deren mangelhafte Erfüllung einen Impuls zum Handeln auslöst und die gleichfalls die Wahrnehmung der „höheren" nicht erfüllten Bedürfnisse verhindert.

Diese Bedürfniskategorien sind
- „körperliche Bedürfnisse", wie die grundlegenden biologischen Bedürfnisse Essen, Trinken, Schlaf
- Das „Sicherheitsbedürfnis" ist das Streben nach einer vorhersehbar sicheren, also nicht existenziell bedrohlichen Umgebung
- Das „soziale Bedürfnis" - original „Belongingness" - ist das Bedürfnis nach dem Gefühl der Zugehörigkeit zu anderen Personen oder Personengruppen.

[141] Vergleiche (Stahlknecht, 1995, S. 264)
[142] Vergleiche (CT, 2008c, S. 46)
[143] Vergleiche (sourceforge, 2009)As of February, 2009, more than 230,000 software projects have been registered to use our services by more than 2 million registered users, making SourceForge.net the largest collection of open source tools and applications on the net."
[144] Aus (TU-Darmstadt, 2008)

- Das „Individual-Bedürfnis" - original „Esteem" - st das Bedürfnis nach Anerkennung durch Andere und auch nach dem Gefühl des Selbstrespekts
- Das Bedürfnis nach Selbstverwirklichung - original Self-actualisation – schließlich ist der Drang das eigene Potential auszufüllen, seine eigenen Möglichkeiten auszuleben und soweit wie möglich zu entwickeln. Abbildung 83 zeigt die Maslowsche Bedürfnispyramide grafisch.

Abbildung 83: Maslows Bedürfnispyramide
Quelle: Eigene Darstellung nach (Maslow, 1943)

Die Bedürfnistheorie von Maslow dominierte lange die Motivationstheorie, ist aber aufgrund einiger neuerer Untersuchungen nicht unumstritten[145]. Die Theorie ist nicht in der Lage vorherzusehen, wann bestimmte Bedürfnisse wichtig werden. Eine klare Beziehung zwischen Bedürfnissen und Verhalten ist nicht zu erkennen, da sowohl das gleiche Verhalten durch verschiedene Bedürfnisse getrieben werden kann, als auch verschiedene Verhalten durch das gleiche Bedürfnis.

In Weiterentwicklung von Maslows Motivationstheorie schlug Alderfer 1972 in seiner ERG-Theorie nur drei Bedürfniskategorien vor: „existence", „relatedness" und „growth", die sich den fünf Stufen Maslows zuordnen lassen. „Existence" entspricht den körperlichen- und Sicherheitsbedürfnissen, „Relatedness" den sozialen Bedürfnissen und „growth" den Individualbedürfnissen und dem Bedürfnis nach Selbstverwirklichung. Die oben genannten Kritikpunkte bleiben allerdings auch gegenüber der ERG-Theorie gültig.

In der westlichen Wohlfahrtsgesellschaft lässt sich feststellen, dass die körperlichen Bedürfnisse und das existenzielle Sicherheitsbedürfnis in der Regel befriedigt sind. Damit rücken die höheren Bedürfnisse in den Fokus und alte ökonomische Grundsätze, wie „Arbeiten für Geld" verlieren an Bedeutung, da viele Menschen eben losgelöst von der existenziellen Notwendigkeit große Teile der verfügbaren Zeit in ihr Streben nach Anerkennung und Selbstverwirklichung investieren. Dies erklärt die wachsende Bedeutung

---

[145] Vergleiche (Arnold u. a., 2005, S. 314)

der „Open Communities" und der Partizipation im Web 2.0. Es treten aber damit auch zunehmend Abweichungen vom der Wirtschaftswissenschaft zugrunde liegenden Bild des „Homo Oeconomicus" auf, der stets rational handelt und primär seinen materiellen Nutzen maximieren möchte[146].

Nachdem wir bereits festgestellt haben, dass der Marktmechanismus der Preisfestsetzung durch Angebot und Nachfrage bei den Informationsgütern mit der Eigenschaft „Nonexcludable" und „Nonrival" nicht mehr gilt, verhalten sich nun auch die Menschen in vielen Fällen nicht mehr entsprechend dem der Betriebswirtschaft zugrunde liegenden Rationalansatz. Hier stellt sich in der Tat die Frage nach der Anwendbarkeit der Betriebswirtschaftslehre.

Eine Antwortversuch findet sich in der interdisziplinären Glücks- oder Zufriedenheits-forschung (original „Happiness Research"), die sowohl untersucht, wie Güter und Dienstleistungen von Menschen bewertet werden, als auch ihre sozialen Umstände und Bedingungen. Im „Lebenszufriedenheits-Ansatz" wird das subjektiv empfundene Wohlbefinden der Menschen, zu dessen empirischer Ermittlung inzwischen einige anerkannte Methoden existieren[147], als Messgröße genutzt. Veränderungen dieser Messgröße sowohl durch monetäre Faktoren, wie z.B. das Arbeitseinkommen, als auch die Auswirkungen von nicht monetär erfassbaren Faktoren, wie die Nutzung öffentlicher Güter oder eben die Teilnahme an den beschriebenen Möglichkeiten der Informationsgesellschaft, können mit diesem Ansatz in Beziehung gebracht und verglichen werden.

Ausgehend von der These, dass das ultimative Ziel der meisten Menschen ist, glücklich zu sein[148], bildet die subjektiv empfundene Zufriedenheit eine alternative Methode zur herkömmlichen Ermittlung des persönlichen Einkommens zur Messung des persönlichen Wohlergehens und damit auch eine neue Methode zur Bewertung öffentlicher Güter sowie wirtschaftspolitischer- und sozialpolitischer Maßnahmen.

Prof. Dr. Ruckriegel fragt: „Sollten wir daher nicht langsam auch in den Kategorien des Bruttosozialglücks anstatt in denen des Bruttoinlandsproduktes denken?" (Ruckriegel, 2009) und verweist auf die unlängst erstellte erste Verfassung des Landes Buthan. Diese enthält erstmals die konkrete Zielvorgabe für die Regierung die Zufriedenheit der Bürger in Form der „Gross National Happiness" zu maximieren und konstituiert dazu eine „GNH-Commission" als eine Art Super-Ministerium, das alle Ministerien der bhutanischen Regierung auf die Vereinbarkeit ihrer Aktionen, Maßnahmen, und Gesetzes-Entwürfe etc. mit GNH überprüft und entsprechende Veto-Rechte hat[149].

---

[146] Vergleiche (Wöhe & Döring, 2008, S. 46)
[147] Vergleiche (Frey & Stutzer, 2009, S. 6-7)
[148] Vergleiche (Frey u. a., 2008, S. 1)
[149] Vergleiche (Pfaff, 2009)

Zusammenfassend lässt sich feststellen:

- Das Internet verändert Geschäftsmodelle mit traditionellen materiellen Gütern und Dienstleistungen durch hohe weltweite Transparenz und Konkurrenz in Richtung „idealer Märkte".
- Für die Geschäftsmodelle von digitalen Gütern gilt darüber hinaus durch die speziellen Gesetzmäßigkeiten der Grenzkosten von Null und positive Netzwerkeffekte die Tendenz zur kostenfreien Bereitstellung im Internet.
- Um die Kostenfreiheit für die Internet-Nutzer haben sich erfolgreiche neue Geschäftsmodelle entwickelt, die sich systematisch darstellen lassen, wenn man die Aufmerksamkeit, Anerkennung und Mitarbeit im Netz als Werte einführt.
- Mit diesen Werten lässt sich auch die wachsende Bedeutung von freier Software im Internet erklären, die im Begriff ist, die aus Monopolstellungen entstandenen Geschäftsmodelle zu zerstören.
- Die Einbeziehung dieser Werte in die neue interdisziplinäre Glücks-/Zufriedenheitsforschung bietet bessere Erklärungsmöglichkeiten für die Veränderungen in unserer Gesellschaft.

3.3 Auswirkungen der Veränderungsprozesse differenziert nach Branchen

3.3.1 Überblick und Systematik der Differenzierung

Die Unternehmen sind durch Digitalisierung und Internet in unterschiedlichem Maße und in unterschiedlichen Zeiträumen betroffen. Zur ersten Abschätzung der Auswirkungen der Veränderungsprozesse durch Digitalisierung und Internet dient hier die Differenzierung des Marktes nach digitalisierbaren Gütern, gezeigt in Abbildung 84.

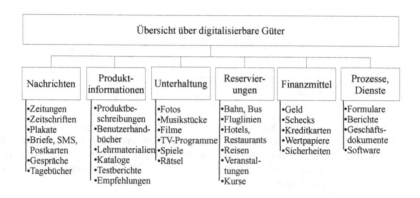

Abbildung 84: Übersicht der digitalisierbaren Güter
Quelle: Eigene Darstellung nach Hansen & Neumann (2009, S. 798)

Direkt betroffen von den Veränderungen durch Digitalisierung und Internet sind die Kategorien der Herstellung von DV-Geräten aus dem primären Sektor sowie Nachrichtenübermittlung und Datenverarbeitung aus dem tertiären Sektor. Diese Kategorien machen mit 3,4 Prozent der Wertschöpfung in Deutschland allerdings nur einen geringen Teil der Wirtschaft aus[150]. Aber auch die weiteren Branchen um eines der in Abbildung 84 aufgeführten Güter sind direkt betroffen.

Betrachtet man einige der betroffenen Branchen in der in Abbildung 85 gezeigten zeitlichen Reihenfolge, aufbauend auf dem in Kapitel 3.1.2 gezeigten 5. Konjunkturzyklus, so bestätigt sich die grundsätzliche These, dass die Veränderungen in den direkt betroffenen Branchen früher begonnen haben, während sie in anderen Branchen noch ganz am Anfang oder vor dem Anfang steht.

---

[150] Zusammen 78,2 Milliarden Euro in 2006, entsprechend 3,4% des BIP von 2.321 Mill. Euro (Statistisches Bundesamt, 2008a)

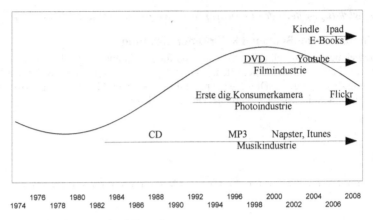

Abbildung 85: Veränderungen durch Digitalisierung
Quelle: Eigene Darstellung

Daher wird in den folgenden Kapiteln die bereits erfolgte Veränderung und die noch vor den jeweiligen Branchen liegende Herausforderung differenziert in die Branchen um digitale Güter, die Branchen der Datenverarbeitung und die allgemeinen Branchen beschrieben, um dann in dem letzten Kapitel die Herausforderung für die Branche der Kommunikationsinfrastruktur für Unternehmen abzuleiten.

3.3.2 Digitale Musik: Von der Schallplatte zum Online-Streaming

Die Musikindustrie begann mit der Patentanmeldung des Phonographen mit walzenförmigen Tonträgern durch Edison im Jahre 1877 und der Patentanmeldung des Grammophons mit flachen Schallplatten durch Berliner im Jahr 1887. Danach verbreitete sich die Schallplatte rasch, Berliner gründete 1898 die Deutsche Grammophon. Ab 1965 ergänzte die Einführung der Musikkassette die Schallplatte als Medium mit der Möglichkeit der privaten Aufnahme und deutlich höherer Mobilität.

Es entstand ein weitgehend oligopolistischer Markt: bis heute sind über 70 Prozent in der Hand von 4 Unternehmen mit hoher vertikaler Integration, „Majors" genannt, deren Wertschöpfungskette in Abbildung 86 gezeigt ist. Diese sind:

- Universal Music Group (UMG), mit 25 Prozent des Weltmarktes: nahm 1998 den PolyGram-Konzern auf, der 1972 aus der Deutschen Grammophon und Philips entanden war.
- Sony BMG mit 22 Prozent , entstanden 2004 aus der Bertelsmann Tochter BMG mit der Musiksparte von Sony, 2008 komplett durch Sony übernommen,
- EMI mit 13 Prozent und Warner mit 11 Prozent, die in einigen Regionen zusammenarbeiten,

die restlichen 29 Prozent teilen sich einige hundert „Independants"[151].

---

[151] Weltmarktanteile beziehen sich auf das Jahr 2004, entnommen aus (Burgelman, Christensen, & Wheelwright, 2009, S. 448)

Abbildung 86: Wertschöpfungskette der Musikindustrie
Quelle: Eigene Darstellung in Abwandlung von Abbildung 41

Das besondere dieser seit fast 100 Jahren weitgehend stabilen Wertschöpfungskette ist, dass auf der einen Seite die Vermarktung der Tonträger entsprechend den Gesetzmäßigkeiten eines Massenproduktes stattfindet, andererseits die Entstehung und Vermarktung der Musik ein komplexer Vorgang des Enddecken, Entwickeln und Fördern von Musikern ist. Kosten von 200-350 Tausend Dollar für die Aufnahme eines ersten Albums steht nur eine geringe Erfolgsquote von ca. 10% der Erstlingsalben gegenüber. Daraus hat sich das Geschäftsmodell entwickelt, in dem die Plattenlabel die Kosten für die Produktion und Vermarktung aussichtsreicher Musiker übernehmen und dafür vertraglich längerfristig die Vermarktung gegen relativ geringe Beteiligung der Musiker/Komponisten von nur 13-17 Prozent am Umsatz vornehmen[152].1982 begann die Digitalisierung mit der Einführung der Compact Disc (CD) als ein Medium, dass unter Nutzung der in Kapitel 2.2.2 dargestellten Technologie der Digitalisierung 1:1 die Langspielplatte ablöste. Dabei blieb für den Nutzer das gewohnte Handling und Geschäftsmodell/Preis weitgehend gleich, bei gleichzeitiger Steigerung der Qualität und Vereinfachung der Handhabung. 1995 wurde mit dem MP3-Standard ein Format zur Komprimierung der digitalen Musikdaten auf handhabbare Größen von 2-3 Megabyte pro Lied (im Vergleich zu unkomprimierten 40-60 Mbyte) eingeführt, so dass ab 1998 über Musiktauschbörsen wie Napster und Online-Shops wie I-Tunes eine durchgehende digitale Kette entstand. Parallel zur Entwicklung der rein digitalen Kette verbreitete sich ab 1995 auch die „physikalische Kopie" auf beschreibbaren CD-Rohlingen, von denen 2001 mehr Rohlinge als CDs verkauft wurden. Das der Markt sich dadurch in einer Umbruchphase befindet zeigt Abbildung 87 mit dem ab 1997 stetigen und deutlichen Absinken des für das bestehende Geschäftsmodell grundlegenden Absatzes an Tonträgern. Man erkennt auch, dass die „erste" Digitalisierung mit dem Übergang zur CD als führendes Medium in 1988 dem Wachstum keinen Abbruch tat, sondern im Gegenteil, durch die digitale Erneuerung von bereits vorhandenen Sammlungen zu einem Boom führte.

---

[152] Vgl. (Burgelman, Christensen, & Wheelwright, 2009, S. 449 ff.)

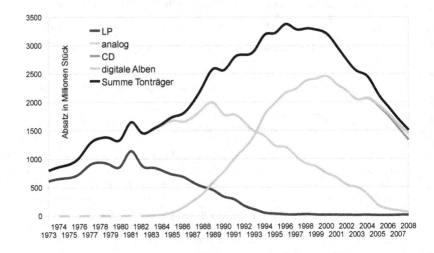

Abbildung 87: Absatz an Tonträgern über die letzten 25 Jahre
Quelle: Eigene Darstellung nach Daten aus Anlage 2 (Tschmuck, 2009),(Donata, 2008)

Der Großteil der Umsätze der Musikkonzerne stammt aus dem Verkauf physikalischer Tonträger , wie in Abbildung 88 exemplarisch an den Umsatzsegmenten der Warner Music in 2007 und 2009 gezeigt. Die Verteilung in 2007 entspricht exakt der Verteilung beim Marktführer UMG und ist damit typisch für die Branche. Der Abfall der Absatzzahlen aus Abbildung 87 spiegelt sich daher auch in den Umsätzen der Branche wieder, die Abbildung 89 zeigt[153].

---

[153] Vergleiche Geschäftsbericht der Warner Music Group (Warner Music Group, 2010)

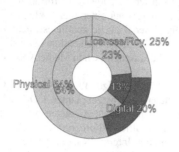

Abbildung 88: Umsatzverteilung der Warner Music in 2007 (innen) und 2009
Quelle: Eigene Darstellung nach Daten aus (Warner Music Group, 2010)

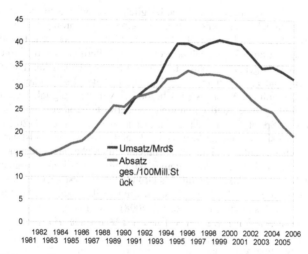

Abbildung 89: Weltweiter Umsatz der Musikindustrie und Absatz/Stück
Quelle: Eigene Darstellung nach Daten aus Anlage 2 (Tschmuck, 2009),(Donata, 2008)

Daher ist es nicht verwunderlich, dass der Mehrzahl der Majors sich in wirtschaftlichen Schwierigkeiten befindet: Der britische Musikkonzern EMI hat in seinem in 2008 abgeschlossenen Geschäftsjahr einen Verlust von 1,2 Milliarden Dollar hinnehmen müssen[154] und lässt über Zerschlagung oder gar Konkurs spekulieren[155]. Auch die

---

[154] Vergleiche (neue musikzeitung, 2008)
[155] Siehe (SZ, 2010f)

amerikanische Warner schrieb in 2009 100 Millionen Euro Verlust[156]. Bei Sony stellt die Musikbranche mit ca. 6 Prozent nur einen relativ kleinen Teil des Konzernumsatzes, so dass das schwache Ergebnis dieser Branche zumindest nicht zu existenziellen Problemen führt. Nur der Branchenführer UGS ist anscheinend in einer stabilen Situation mit befriedigender Ergebnissituation als Teil des französischen Medienkonzerns Vivendi.

Als Erklärung für die schwierige Lage der Musikindustrie wird vor allem die „Musikpiraterie" mit illegalen selbstgebrannten CD-Kopien und illegalem Download über Tauschbörsen genannt, mit plakativen Aussagen wie „auf eine verkaufte CD kommen 20 illegale Kopie". Daraus resultieren Forderungen nach restriktivem gesetzlichen Vorgehen, wie auch nach einer von allen Internet-Nutzern pauschal zu entrichtenden Abgabe, genannt „Kulturflatrate". Dies ist vergleichbar der von allen Fernsehnutzern für das öffentlich-rechtliche Fernsehen in Deutschland erhobenen GEZ-Abgabe[157]. Aber fraglich ist, ob die negative Auswirkungen des Filesharing tatsächlich so dramatisch sind, wie durch die Musikindustrie angegeben. Eine unabhängige Studie[158] deutet in eine andere Richtung: Our review of existing econometric studies suggests that P2P file-sharing tends to decrease music purchasing. However, we find the opposite, namely that P2P filesharing tends to increase rather than decrease music purchasing.(Andersen & Frenz, 2007)

Unbestritten ist die Auswirkung der neuen Möglichkeiten auf die zu erzielende Preise: Das iTunes Geschäftsmodell funktioniert zwar mit einem Standardpreis von „99 Cent" pro Musikstück, was hochgerechnet auf 10-15 Musikstücke in etwa dem traditionellen Preis einer CD bzw. vorher einer Langspielplatte entspricht. Allerdings wurde vorher eine CD/LP meist wegen 1-3 Hits gekauft, während in Itunes nur die Hits gekauft werden. Und der Trend geht zu anderen Formen des Umgangs mit Musik, die zu ganz neuen Geschäftsmodellen führen. Musik wird – besonders von der „digitalen Generation" - gar nicht mehr heruntergeladen und gesammelt, sondern online abgespielt oder „gestreamt". Unternehmen wie „Spotify" bieten dazu Flatrates an und stellen für 10-20 Euro pro Monat fast die gesamte Musikauswahl zur Verfügung. In einigen Alternativen ist das Streaming für den Nutzer gleich kostenlos und für den Anbieter durch Werbung finanziert oder wie in einem innovativen Modell des „Nokia comes with music" als Marketingmaßnahme durch den Endgeräteherstellers Nokia bezahlt. Als Gründe für die besondere Härte des Umbruchs für die Musikindustrie gibt das Max-Planck Institut in der Studie: „Das Internet und die Transformation der Musikindustrie" (Donata, 2008) vier Gründe als Grund für die geringe Antizipations- und Adaptionsfähigkeit des Kerns der Musikindustrie:

- Schwierige Antizipation und aufwendige Implementation
- Organisationale Trägheit
- Unterschätzte Technik
- Überschätzte Macht

Diese Gründe mögen die Auswirkungen verstärken, aber letztendlich ist die Krise eine natürliche Folge der Digitalisierung, die in der Musikindustrie zwei Phasen erkennen lässt. Zu Beginn sehen wir einen „Kurzzeiteffekt", der durch die Digitalisierung analoger

---

[156] Vergleiche (Abendblatt, 2009)
[157] Vergleiche Gutachten zur Kulturflatrate (Bündnis 90/Die Grünen, 2009)
[158] Vergleiche (Andersen & Frenz, 2007, Impact of Music Downloads - P2P File-Sharing on Music Purchases)

Musiksammlungen sogar einen Boom auslösen kann. Die nachfolgende Phase wirkt mit den Langzeiteffekten durch die Änderung des Verhaltens der Nutzer, die sich in der vollen Ausprägung erst über ein bis zwei Generationen zeigen. Die damit verbundenen Zerstörung von Geschäftsmodellen führt zu gravierenden Änderungen, die in der Musikindustrie noch in vollem Gange sind und vor allem auf Kosten der Musikverlage als Mittler zwischen Künstlern und Konsument geht. Diese wiederum können von den Veränderungen durchaus profitieren: die Konsumenten von geringeren Preisen und einem größeren Angebot, auch abseits des Mainstreams, die Künstler von einer geringeren Abhängigkeit von den Musikverlagen und den neuen Wegen direkt zu Ihren Konsumenten.

3.3.3 Digitales Bild: Vom analogen Bild zur Online-Gallerie

Zu Beginn des 18. Jahrhunderts entstanden durch die Kombination von chemischen Prozessen in sich bei Lichteinwirkung verändernden Materialien und dem schon lange bekannten Prinzip der „Camera Obskura"[159] die ersten Photographien[160]. Die Entdeckung des Entwicklungsverfahrens von Silberplatten durch Quecksilberdampf durch Daguerre und die Umstellung auf ein zweistufigen Prozess der Aufnahme auf „Negativen" mit der Möglichkeit der beliebigen Reproduktion durch Talbot ermöglichten die Verbreitung. Mit der Einführung des flexiblen Rollfilms, einer dazu passenden Kamera und dem Angebot der industriellen Entwicklung der Filme entstand mit Eastman ab 1890 die Fotoindustrie. Beginnend mit der prägenden Kodak Eastman Group beherrschten wenig große und vertikal aufgestellte Unternehmen, wie Agfa und Fuji den Markt über nahezu hundert Jahre.

Kodak Eastman wuchs zu einem Weltunternehmen mit über 100.000 Mitarbeitern und über 10 Milliarden Dollar Jahresumsatz[161], dass mit seinen Kernkompetenzen in der Photochemie und industriellen Filmentwicklung, der Feinmechanik der Kameraproduktion und des Consumermarketings die gesamte Wertschöpfungskette beherrschte.

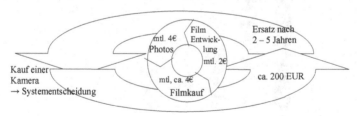

Abbildung 90: Geschäftsmodell in der Photoindustrie
Quelle: Eigene Darstellung

Die erste Konsumer Digitalkamera kam 1991 auf den Markt, aber erst ab 2003 machte die Branche mehr Umsatz mit Digitalfotografie als mit der traditionellen analogen Technik. Die Anzahl jährlich ausgelieferter Kameras der in der Camera&Imaging Products Association

---

[159] Das Grundprinzip der "Camera Obscura" ist die Abbildung von Bildern, die durch ein kleines Loch in einen dunklen Raum oder Kosten fallen, seitenverkehrt auf dess Rückenseite. Dieses Prinzip wird schon 1490 von Leonardo da Vinci beschrieben.
[160] Das erste überlieferte Photo entstand 1826 durch Joseph Niepcec mit einer Belichtungszeit von 8 Stunden
[161] Vergleiche (Sandström, 2008, S. 100-101)

(CIPA) zusammengeschlossenen großen Hersteller zeigt Abbildung 91 nach Daten aus (CIPA, 2010)

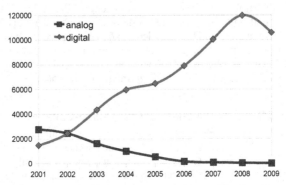

Abbildung 91: Auslieferung analoger/digitaler Kameras in Tausend Stück
Quelle: Eigene Darstellung nach Daten aus (CIPA, 2010)

Die entsprechen fallende Vermarktung von Filmen und damit auch den Rückgang der Filmentwicklung in Deutschland zeigt Abbildung 92 nach Daten aus (GfK, 2008).

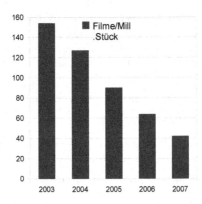

Abbildung 92: Verkauf von Filmen in Deutschland in Mio. Stück
Quelle Eigene Darstellung nach Daten aus (GfK, 2008)

Damit wird klar, dass das Geschäftsmodell, dass Kodak über Jahrzehnte des Wachstums getragen hat, nicht mehr funktionieren konnte. Trotz frühzeitiger Investition in die Entwicklung der digitalen Technik[162], konnte Kodak die digitale Wertschöpfungskette nicht in ähnlicher Weise dominieren und schrumpfte in einer Reihe von Restrukturierungen bis

---

[162] Kodak forschte und entwickelte in den 80er Jahren mit mehr als 5000 Ingenieuren und Forschern und entwickelte z.B. den ersten Megapixel Sensor in 1986, vergleiche (Sandström, 2008)

auf unter 25.000 Mitarbeiter in 2010. Aber Kodak hat den Umbau geschafft und erzielt inzwischen über 70 Prozent seines Volumens mit digitalen Produkten. In 2010 wird erstmals wieder Umsatzwachstum und ein positives Ergebnis erwartet[163]. Und das ist nach dem Umbruch der Digitalisierung bei allem Schrumpfen ein großer Erfolg: Weltmarken wie Agfa, Konica, Minolta oder Polaroid verabschiedeten sich entweder aus ihrem einstigen Kerngeschäft oder gingen in Fusionen auf.

Abbildung 91 lässt auch erkennen, dass die Anzahl der heute verkauften digitalen Photoapparate deutlich über der Anzahl der analogen oder in der Umbruchphase analogen plus digitalen liegt. Und dabei sind die Photohandys gar nicht berücksichtigt, die in Deutschland die Anzahl der „Photo-Endgeräte" mit mehr als 3 Mega Pixel noch einmal um 50 Prozent steigern[164]. Mit den überall verfügbaren Kameras und Photo-Handys ändert sich auch das User-Verhalten. Die Veröffentlichung von privaten Bildern im Internet ist Normalität, Bilder werden in Mengen produziert und mit Freunden oder gleich der ganzen Internet-Öffentlichkeit geteilt. Social Media Webseiten wie Flickr oder Facebook wachsen ungebremst.

In der digitalen Welt ist jeder Photograph und kann in Bilderbörsen, im Internet wie seine Bilder bewerten lassen und wenn gewünscht auch vermarkten. Im Gegensatz zur Zahl der Bilder im Internet zeigt der Trend der physikalischen Photos nach unten. Abbildung 93 zeigt die deutlich fallende Anzahl der Photoabzüge.

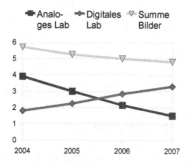

Abbildung 93: Photoproduktion in Deutschland in Mio Stück
Quelle: Eigene Darstellung nach Daten aus (GfK, 2008)

Die erste Phase der Digitalisierung bei weitgehend gleichem Geschäftsmodell ist nahezu abgeschlossen. Die Branche sieht sich „über den Berg", ein Zitat des deutschen Photoindustrie-verbands: „Die Foto- und Imagingindustrie ist mit der Absatzentwicklung ihrer wichtigen Produkt-segmente in 2009 – trotz Wirtschaftskrise – durchaus zufrieden und blickt optimistisch in das photokina-Jahr 2010" (Photoindustrieverband, 2009)

---

[163] Vergleiche (Wall Street Online, 2010)
[164] In 2007 wurden 4,5 Millionen Handys mit mehr als 3 Mio Pixel in Deutschland vermarktet, bei einem Kameramarkt von jährlich 8,55 Millionen Geräten (GfK, 2008, S. 10-12)

Dabei sind aber meines Erachtens die langfristigen Folgen der Digitalisierung nicht berücksichtigt. Die Veränderungen des Nutzerverhaltens werden mittelfristig ein weiteres deutliches Absinken der „physikalischen" Photos bringen und die Integration der qualitativ immer besser werdenden Photofunktion in die allgegenwärtigen Handys und Smartphones wird die Branche langfristig deutlich treffen.

3.3.4 Digitaler Film: von VHS zu YouTube,

Die Darstellung von Bewegung durch die Aufeinanderfolge von Einzelbildern wurde schon zu Beginn des 18. Jahrhunderts in Apparaten angewendet[165] und mit der Entwicklung der Fotografie auch mit fotografierten Reihenaufnahmen umgesetzt. 1895 fand in Berlin die erste kommerzielle Filmvorführung als Start der Filmindustrie mit professioneller Filmerzeugung und bezahlten Vorführung in den Kinos statt. Nach einem starken Abfall in den 60er Jahren mit der Verbreitung des Fernsehens in jedem Haushalt hat sich das Kino bis heute erfolgreich etabliert, wie Abbildung 94 aus Daten der deutschen Filmindustrie (SPIO, 2010) zeigt.

Abbildung 94: Kinobesuche in Deutschland
Quelle: Eigene Darstellung nach Daten aus (SPIO, 2010)

Dabei konnte durch die mehrfache Innovierung der Kinos stets ein technischer Fortschritt gegenüber dem Zuhause erlebbaren Flim- und Fernseherleben aufrecht erhalten werden. Die digitale Technik erreichte erst spät das vergleichbare Qualitätsniveau eines 35mm Films[166] und setzt sich damit erst seit 2005 langsam durch. Darauf aufbauend beginnt seit 2007 die Verbreitung der 3D-Technik, mit dem Film „Avatar" gelang hier 2009 der Durchbruch in den Massenmarkt.

Ausserhalb der professionellen Filmindustrie entstanden die ersten Amateurfilme bereits Ende des 18. Jahrhunderts, fanden aber erst 1932 mit dem durch Kodak eingeführten „Doppel-8" Formats eine breite Verwendung. Mit dem „Super-8-Schmalfilm, auch durch Kodak 1965 eingeführt, entstand das letzte wichtige Amateurfilmformat, das in den 80er

---

[165] z.B. Im Deutschen Museum München ausgestellt:„Thaumatrop" 1825 und dem „Zoetrop" 1833
[166] Ein 35mm Film liefert im Idealfall eine Auflösung von ca. 8000 x 4000 Punkten, durch mehrfaches Kopieren und Verschleiss beim Abspielen in der Praxis aber deutlich weniger. Daher liefert die "4k"-Technik der digitalen Kinos mit 4096x2048 Punkten ein überlegenes Bild , vergleiche (Marks, 2010)

Jahren durch die elektronische Videotechnik verdrängt wurde. Die Standardisierung der analogen Videotechnik auf drei Systeme, von denen sich 1980 das VHS-System durchsetzte, ermöglichte, ergänzend zum traditionellen Geschäftsmodell der Filmvorführung in Kinos, auch die Vermietung und den Verkauf von Filmmedien zur Betrachtung im eigenen „Heimkino". Abbildung 95 zeigt Entwicklung im Kaufmarkt für Filmmedien über die Stufen der digitalen Innovation.

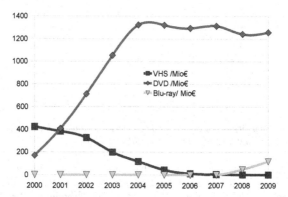

Abbildung 95: Umsatz nach Kaufmedium in Deutschland
Quelle: Eigene Darstellung nach (BVV, 2009)

Erst Ende 1995 verbreitete sich mit dem DVD Standard das erste digitale Format. Das vorhergehende VCD-Format, das mit einer Auflösung von 352x288 Punkten nur eine dem VHS-System vergleichbare Qualität hatte konnte sich nicht durchsetzen. Aus dem DVD Format von 720x 576 Punkten ergab sich bereits eine mehr als 2,5fache Datenmenge, die nur in Verbindung mit dem MPEG2 Kompressionsverfahrens möglich wurde. 1998 gab es auf dieser Basis die ersten DVD Brenner. Ab 2001 ermöglichte der MPEG4-Standard nochmals eine um den Faktor 3 höhere Komprimierung auf Kosten einer 2-3fach höheren erforderlichen Rechenleistung für Komprimierung und Dekomprimierung. Die illegale Verbreitung von Filmkopien über das Internet wurde mit diesen Verfahren möglich und zu einem Problem der Filmindustrie. Die Einführung des hochauflösenden Verfahren BlueRay in 2007 erhöhte durch die Auflösung von 1920x1080 Punkten jedoch wiederum die Dateigrößen und Datenraten wesentlich.

Abbildung 95 zeigt das die Ablösung dieser Technologien für die Filmindustrie jeweils bruchfrei erfolgte. Mit jedem Technologiesprung gelang es auch die Verkaufspreise pro Medium durch die vom Kunden empfundene qualitative Verbesserung anzuheben, gefolgt allerdings vom nachfolgenden stetigen Preisverfall[167].

Abbildung 96 zeigt die Geschäftsmodelle Kino, Filmverkauf und -verleih im Vergleich der Anzahl der Transaktionen nach Daten aus (SPIO, 2010) und (BVV, 2009).

---

[167] Vergleiche (BVV, 2009)

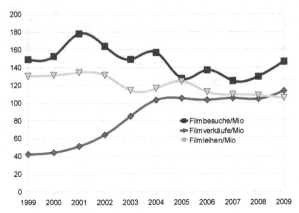

Abbildung 96: Filmvorführungen, -verkäufe und -leihvorgänge in Deutschland
Quelle: Eigene Darstellung nach Daten aus (SPIO, 2010)

Ergänzend zu diesen erfolgreichen Geschäftsmodellen der Filmindustrie entwickelt sich die Aufnahme von kurzen Filmen „Filmclips" durch jedermann über die überall verfügbaren Mobiltelefone, Ipods und Fotokameras, mit der Verbreitung über Social Platforms im Internet. Ein Beispiel ist YouTube.

Die Branche schaffte es über mehr als 10 Jahre der fortschreitenden Digitalisierung durch periodische Innovationen mit für den Nutzer spürbaren Qualitätssteigerungen verbunden mit Steigerung der Datenmengen, die Geschäftsmodelle des Kinos und des Filmverleihes und -verkaufs aufrecht zu halten. Durch die gerade aufkommenden Innovationen des hochauflösenden „HighDefiniton"- Films und der 3D-Technik setzt sich dieser Trend fort. Damit wird diese Branche voraussichtlich auch über das nächste Jahrzehnt hinaus weiter erfolgreich sein.

3.3.5 E.Book: von Gutenberg zu Google

„Die Erfindung der Buchdruckerkunst ist das größte Ereignis der Geschichte. Sie ist die Mutter aller Revolutionen. Sie gab der Menschheit ein neues Ausdrucksmittel für ihre neuen Gedanken" (Hugo, 2001, S. 236)

Johannes Gutenberg erfand nicht – wie häufig angegeben – das Drucken, sondern den Buchdruckprozess, der auf die vorherigen Erfindungen des Papiers und des Druckens, z.b. von Kupfer- oder Holzstichen, aufbaute. Der Buchdruckprozess besteht aus drei Prozessschritten:

- dem Schriftgießen, also dem Fertigen der Buchdrucklettern,
- dem Setzen, also dem Abbilden einer Seite des Textes in diesen Lettern
- und dem Drucken, also dem eigentlichen Vervielfältigungsvorgang, der die Druckerschwärze auf das Papier bringt.

Mit diesem Prozess war es ab 1440 erstmals möglich, Schriftstücke in großen Auflagen zu erzeugen und zu verteilen. Bis ins 18. Jahrhundert wurde der von Gutenberg eingeführte Prozess weitgehend unverändert genutzt und machte die Sammlung und Verbreitung von Wissen möglich.

Erst mit der Industrialisierung entstanden zunehmend automatisierte Verfahren, beginnend mit den „Linotype"-Maschinen, die ab 1886 eine komplette Zeile maschinell setzten und diese dann in einem Stück in eine Bleizeile abgossen. Das Übertragen der Zeilen auf einen Druckzylinder ermöglichte ab dem Beginn des 19. Jahrhunderts Rotationsdruckmaschinen, die den Durchsatz vervielfachten. Der Offsetdruck auf Basis von photografisch übertragenen Druckvorlagen entstand ebenfalls zu Beginn des 19. Jahrhunderts zum Drucken von grafischen Vorlagen, wie z.B. Kinoplakaten und setzte sich aufgrund des Wegfalls der mechanischen Schritte schließlich auch bei der Schrift durch. Mit der vielfachen Beschleunigung des Buchdruckprozesses entstanden neue Medien neben dem Buch: Tageszeitungen, Magazine, Prospekte.

Ab 1970 zog mit der Verdrängung des herkömmlichen Bleisatzes durch elektronisch gesteuerten Lichtsatz die Digitalisierung in die Druckvorstufe ein. Die Unruhen und Streiks Ende der 70er Jahre dokumentieren den Veränderungsprozess mit dem Verschwinden der Berufe der Schriftsetzer und Drucker und dem Aufkommen der Bildschirmarbeitsplätze[168]. Ab 1985 setzt sich das Desktop-Publishing in der Druckvorstufe durch, dass zunehmend direkt in der Druckerzeugung mit Offsetdruckverfahren umgesetzt wird, so dass der Druck auch kleinster Einzelauflagen bis hin zum „Book on Demand" aus gespeicherten Druckdaten möglich und wirtschaftlich wurde.

Aber am Ende dieses Vorganges steht immer das Buch – das zwar schon mehrfach totgesagt wurde, sich aber bisher immer wieder durchgesetzt hat, wie Glocker ausdrückt: „so sollte um 1920 das Radio den Druck ersetzen, um 1950 das Fernsehen, um 1980 der Computer und schließlich um 1990 die CD-ROM und um 1995 das Internet" (Glocker, 2007, S. 300). Damit ist auch die Wertschöpfungskette seit Jahrhunderten unverändert, die Bild 97 zeigt.

---

[168] Vergleiche (Mahlein, 1978),(Glocker, 2007, S. 204)

Abbildung 97: Wertschöpfungskette der Buchindustrie
Quelle: Eigene Darstellung, Daten aus (Hansen, 2009)

Erste Veränderungen dieser Kette ergaben sich mit dem Aufkommen der ersten Online-Buchshops. Amazon.com als Marktführer in diesem Bereich entstand z.b. ab 1997. Großhandel und Buchhandlung wurden hier durch einen Online-Shop im Internet ersetzt, der durch eine optimierte Logisitk eine Auslieferung von über das Internet bestellten Büchern innerhalb von 1-2 Tagen ermöglichte. Die Beratungsfunktion des Buchhandels wird dabei durch eine ausführliche Vorstellung der Bücher im Online-Shop, oft mit der Möglichkeit das Inhaltsverzeichnis und ein exemplarisches Kapitel zu lesen, ersetzt. Ergänzt wird die Vorstellung der Bücher um die Social Media Elemente der Bewertung und Kommentierung durch andere Leser sowie automatische Vorschläge, abgeleitet aus dem vorherigen Kaufverhalten des Nutzers.

Die Digitalisierung von Büchern ebenso wie „Papierloses Büro" konnte sich lange nicht durchsetzen, da das „Leseerlebnis" des Buches dem Lesen am PC, Laptop und anderen vorhanden Lesegeräten nicht gleichwertig war. Neben der geringeren Mobilität durch das notwendige Aufladen nach wenigen Stunden Laufzeit ist auf herkömmlichen LCD-Displays auch das optische Empfinden gegenüber dem Buch unterlegen.

Erst mit der technologischen Innovation des „E-ink" Displays, das ohne Beleuchtung und ohne aktive Stromzufuhr Schwarz auf grauem Hintergrund, optisch absolut vergleichbar einem hochwertigen Druck auf grauem (Recycling-)Papier darstellen konnte, entstanden ab 2006 erste elektronische Lesegeräte. Da diese Technologie nur bei der Änderung des Bildschirminhaltes Energie benötigt, sind mehr als 15.000 Bildschirmwechsel, entsprechend dem „Umblättern" beim Buch, möglich – entsprechend einer Betriebszeit von Wochen ohne Aufladen.

Auf dieser Basis stellte Amazon.com 2007 das Lesegerät „Kindle" vor, dass neben dem E-ink Display eine mobile Anbindung an das Internet beinhaltete. Ein ebenso innovatives Geschäftsmodell ermöglicht hier das kostenlose Suchen von digitalen Büchern im Online-Shop mit dem sofortigen Download der Auswahl. Dabei wird die gesamte Bibliothek gleichzeitig zentral in der „Amazon-Cloud" geräteunabhängig gespeichert. Abgerundet wird das Amazon Modell um Applikationen zum Lesen auf fast allen möglichen weiteren Endgeräten, wie Windows- oder Mac-PCs und iPhones, inclusive der Synchronisierung der Inhalte und sogar der Lesezeichen und Notizen. Die Preise liegen in der Regel deutlich unter denen der physikalischen Ausgabe, bis hin zu tausenden von kostenlos verfügbaren meist älteren Titeln. Erstmals ist hier das Leseerlebnis vergleichbar oder sogar überlegen, so dass es nicht verwundert, dass bis heute mehr als zwei Millionen „Kindles" verkauft wurden [169]. Mittlerweile werden in den USA mehr als ein Drittel einer gleichzeitig auf Kindle und als physikalisches Buch veröffentlichten Neuerscheinung in digitaler Form verkauft[170], die Entwicklung der bei Amazon digital veröffentlichten Titel zeigt Abbildung 98, im Vergleich zu den ca. 2,5 Millionen lieferbaren englischsprachigen Büchern[171]. Noch ist die Differenz deutlich, wird aber bei einem anzunehmenden exponentiellen Wachstum der digitalen Titel innerhalb von weiteren drei bis fünf Jahren geschlossen sein.

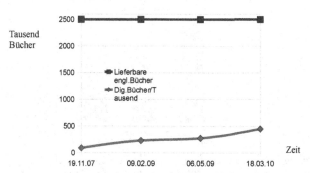

Abbildung 98: "Physikalisch" und im digitalen "Kindle"-Format lieferbare Bücher
Quelle: Eigene Darstellung nach Daten aus (Amazon.com, 2010)

Seit 2009 ist der „Kindle" auch international in vielen Länder und auch in Deutschland verfügbar und die Internetverbindung in 100 Ländern ohne Zusatzkosten nutzbar. Leider ist das Angebot der verfügbaren 450.000 Titel bis auf sehr wenige „Klassiker" ausschließlich in Englisch. Aufgrund der in Deutschland noch gültigen gesetzlichen Buchpreisbindung unterstützen die deutschen Verlage den Kindle nicht und setzen auf einige eigene Angebote. Da diese aber nicht den Umfang eines Amazon Geschäftsmodelles abdecken, aber auf der anderen Seite die digitalen Bücher zu den hohen Preisen einer physikalischen Neuerscheinung vermarkten wollen, ist der Erfolg sehr begrenzt. Neben dem im Kern des Angebotes proprietären und von Amazon.com mit über 90% Marktanteil[172] beherrschten Geschäftsmodell erscheinen immer mehr Leseräte für die verfügbaren offenen Standards, vor allem für das offene Format Epub. Mit Spannung wird die Einführung des Apple iPad im zweiten Quartal des Jahres 2010 erwartet, zu dem Apple bereits ein dem Kindle vergleichbares Geschäftsmodell inclusive eines „iBookstores" für das Epub-Format, vergleichbar dem erfolgreichen „iTunes" Musikportal, angekündigt hat. Die Mehrheit der amerikanischen Verlage haben bereits ihre Beteiligung angekündigt und auch die deutschen Verlage signalisieren endlich die Bereitschaft sich zu öffnen[173]. Damit kommt Bewegung in die Preisstruktur und in die in Abbildung 97 gezeigte Umsatzverteilung ändert sich.

---

[169] Vergleiche (CT, 2009c)
[170] Vergleiche (Amazon.com, 2010)
[171] Vergleiche (The Book Depositor Ltd, 2010)
[172] Aus (TBIResearch, 2010a)
[173] Vergleiche (SZ, 2010a)

Abbildung 99 zeigt Modelle der neuen Preisgestaltung und Umsatzerteilung in der aktuellen Diskussion[174].

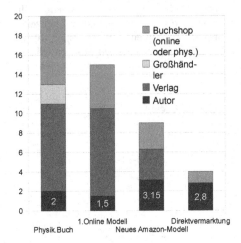

Abbildung 99: Buchpreise und E-Bookpreise (in €) mit Umsatzverteilung
Eigene Darstellung nach Daten aus (Blodget, 2010) und (SZ, 2010d)

Man erkennt, dass in den neuen Modellen die Autoren, trotz deutlich geringerer Medienpreise, mehr verdienen als in der traditionellen Umsatzverteilung und den ersten Online-Modellen. Deutlich sinken dagegen die Einnahmen der Verlage, Großhändler tauchen naturgemäß gar nicht mehr in der Wertschöpfung auf. Interessant ist das neue Modell der Direktvermarktung, in dem jeder Autor seine Werke ohne Verlag im Online-Shop vermarkten kann, und dabei sogar bei einem Medienpreis von vier Euro noch gute Erlöse erzielt. Verknüpft mit Social-Media Marketing als Ersatz der im traditionellen Modell geleisteten Marketing-Tätigkeiten eines Verlages ist dieses Modell für einige Autoren eine Alternative und deutlich auf dem Vormarsch[175].

Auch der Webkonzern Google kündigt den Einstieg in den Markt für E-Books an. Auf der Basis von bereits digital gescannten über 12 Millionen Büchern soll über die Suchfunktion der Buchkauf ermöglicht werden und durch jedes mit dem Internet verbundene Gerät erreicht werden können. Weitere Partnerschaften mit Verlagen sowie die Möglichkeit für Autoren ihre Bücher direkt einzustellen, sind ebenso angekündigt. Analysten erwarten mittelfristig eine Aufteilung des E-Book Marktes zwischen Amazon, Apple und Google (SZ, 2010b).

Deutlich erkennt man aber auch die Veränderungen, die den Buchmarkt in der weiteren Entwicklung erwarten: Die Großhändler und die Buchhandlungen werden massiv unter Druck kommen, es wird zur Konzentration und deutlichen Verkleinerung kommen. Ebenso

---

[174] Vergleiche (Blodget, 2010) und (SZ, 2010d)
[175] Vergleiche (TBIResearch, 2010b)

die Verlage, die eine neue Rolle als Dienstleister der Autoren finden müssen. Für die Autoren und für die Leser bietet die Veränderung dagegen große Chancen.

3.3.6 Branchen der Informationstechnologie

Getrieben vom rasanten Preisverfall bei gleichzeitiger Leistungsentwicklung der elektronischen Komponenten ist die Informationstechnologie ist mit allen weiteren in Abbildung 100 gezeigten aufeinander aufbauenden Segmenten von innovativer Entwicklung betroffen.

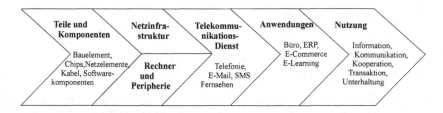

Abbildung 100: Wertschöpfungskette des IKT-Sektors
Quelle: Eigene Darstellung nach (Hansen & Neumann, 2009, S. 201)

Der Markt für **Personal Computer (PC)** zeigt mit einem ersten Blick auf die verkauften Stückzahlen in Bild 101 ein stabiles Wachstum über die ca. 30jährige Geschichte seit dem in Kapitel 2.3.1 beschriebenen Beginn in 1981 bis auf einen Umsatz von 243 Milliarden Dollar in 2008. Stetig wachsend ist der Anteil der mobilen Computer (Notebooks), der Ende 2008 die 50-Prozent-Marke überschritten hat.

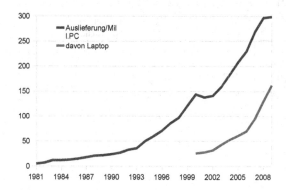

Abbildung 101: weltweite PC Auslieferung in Millionen Stück/Jahr
Quelle: Eigene Darstellung nach (Burgelman u. a., 2009, S. 1146 und 1157), (CT, 2009b)

Dennoch zeigen sich einige Verschiebungen im Markt, die Tabelle 19 in einer Gegenüberstellung der Marktanteile in 1996, 2001 und 2009 zeigt.

	1996		2001		2009	
Platz 1	Compaq	11,00%	Dell	14,00%	HP (incl Compaq)	20,00%
Platz 2	IBM	9,00%	Compaq	11,00%	Dell	14,00%
Platz 3	Apple	5,00%	IBM	8,00%	Acer (incl. Pacard Bell)	13,00%
Platz 4	NEC, Packard Bell, HP, Dell	Je 4%	HP	7,00%	Lenovo (vorm. IBM)	7,00%
Platz 5	Toshiba	3,00%	NEC	5,00%	Toshiba	5,00%
	Rest	56,00%	Rest	55,00%	Rest	45,00%

Tabelle 19: Marktanteile PC, Stückzahlen 1996, 2001 und 2009
Quellen: (Lieu, 1997), (Burgelman, Christensen, & Wheelwright, 2009, S. 674), (CT, 2009b)

Zum einen sieht man eine wachsende Konzentration auf weniger Anbieter – auch getrieben durch Fusionen, bzw. Aufkäufe, wie der Kauf von Compaq durch HP in 2002 und der Integration der Reste von Packard Bell in Acer in 2008. Zum anderen sieht wachsende Marktanteile der Hersteller aus Asien sowie mit Dell einen erfolgreichen amerikanischen Anbieter. Diese Änderungen auch hier auf wesentliche Änderungen im Geschäftsmodell zurückzuführen, die in Bild 102 grafisch dargestellt sind.

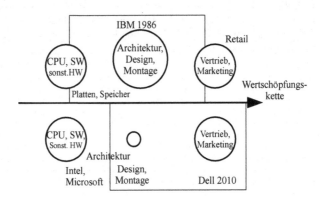

Abbildung 102: PC Wertschöpfungskette 1990 und 2010
Quelle: Eigene Darstellung

Während es IBM 1986 noch gelang, mit dem der Entwicklung und Montage des PC einen erfolgreichen Beitrag zur Gewinnspanne von ca. 10 Prozent zu erzielen[176], sind heute die Wert-schöpfungsanteile stärker zu den Zulieferern, hier vor allem Intel und Microsoft, und in den Vertrieb und Retail gewandert. Das taiwanesische Unternehmen Acer, dass sich nach wie vor auf den mittleren Teil der Wertschöpfungskette konzentriert, erzielt nur eine

---

[176] IBM Umsatz 1987 $54.20 Milliarden, Operative Spanne $5.25 Milliarden (IBM, 1987)

operative Spanne von 2,6 Prozent. Dell dagegen, als erfolgreiches amerikanisches Unternehmen, ist in der Lage 2008 durch die Integration der gesamten Absatzkette bis zum Endkunden eine operativen Spanne von 5,6 Prozent zu erzielen[177]. Mit der Entwicklung des PC zur „Commodity" sind auch bisher schon die Marktpreise gefallen: von ca. 2-3 Tausend Dollar zu Beginn auf 818 Dollar in 2008[178]. Während anfangs die wachsende Anzahl der Notebooks die Preisentwicklung nach unten noch bremsen konnte, geht die Tendenz auch hier zu kostengünstigen „Netbooks" mit Marktpreisen unter 400 Dollar. Daher ist es nicht verwunderlich, dass IBM, als „Erfinder" des Personal Computers, Ende 2004 aus dem sich in Richtung „Commodity" veränderten Geschäftsfeld der Desktop Computer und Notebooks ausstieg und diese an die chinesische Lenovo-Gruppe verkaufte. IBM konzentriert sich auf Hardware Segmente in denen noch höhere Spannen zu erzielen sind, wie Server und Großrechner sowie Software und Dienstleistungen.

Ein weiteres Beispiel für ein Unternehmen, dass sein Geschäftsmodell erfolgreich verändert hat ist Apple, das bis 1990 ausschließlich Computerhardware verkauft hat und heute nur noch 44 Prozent seines Umsatzes damit erzielt. Apple entwickelte sich über die letzten 10 Jahre vom Hardware-Hersteller für PC, Server und Notebooks zum Hersteller von mobilen Musikplayern und Smartphones sowie immer stärker zum Serviceprovider für Musikservices (iTunes) und Spiele und Anwendungen (Apps) für seine Smartphones. Abbildung 103 zeigt die Entwicklung der Verteilung der Umsätze Apples seit 1999 nach (Oliverwyman Consulting, 2009, S. 22).

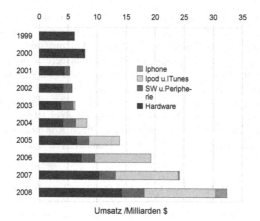

Abbildung 103: Umsatzentwicklung von Apple mit Aufteilung in Kategorien
Quelle: Eigene Darstellung nach (Oliverwyman Consulting, 2009)

Folgerichtig erwarten die Analysten in diesem Segment weitere Veränderungen: „In der PC-Industrie werden weitere großen Namen aufgeben müssen.. Der Preiskampf am PC-Markt wird wenige Sieger und viele Verlierer zurücklassen." (SZ, 2009e)

---

[177] Aus den Financial Statements von Acer und Dell in (Acer Group, 2009), (DELL, 2010)
[178] Vergleiche (Hansen & Neumann, 2009, S. 211)

Zur oben gezeigten „Commoditization" der PCs und Notebooks kommt die Konvergenz der Mobilfunkendgeräte. Getrieben vom Trend der Mobilität werden zunehmend die in Kapitel 2.3.1 beschriebenen Möglichkeiten der mobilen Datenübertragung genutzt. Getriggert durch den Erfolg des Apple iPphone steigen auch Google mit Android und Windows mit Mobile 7 in das Rennen um das Konvergente mobile Internet-Endgerät ein, das immer mehr Anwendungen eines Personalcomputers bzw. Laptops integriert. Abbildung 104 zeigt diese Konvergenz in einer Darstellung aus (Oliverwyman Consulting, 2009).

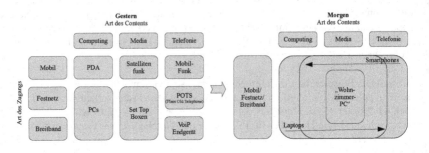

Abbildung 104: Konvergenz der Endgeräte
Quelle: Eigene Darstellung nach (Oliverwyman Consulting, 2009), leicht modifiziert

Hier wird gezeigt, wie die vielfältigen, vorher pro Medium unterschiedlichen Endgeräte zu Internet - Clients zusammenwachsen, und sich am Ende nur noch nach der Größe und damit Mobilität unterscheiden. Ein hochmobiles Smartphone, Laptops/Tabletts in DinA4 Größe und stationäre Geräte in Fernsehergröße im Wohn/Arbeitsbereich schaffen den jeweils geeigneten Zugang in das allgegenwärtige Netz, das den Inhalt oder „Content" bereitstellt. Die Endgeräte verlieren damit viel von ihrer individuellen Bedeutung und werden überwiegend zur „Commodity". Daher ist es nicht verwunderlich, dass selbst der Marktführer für die Herstellung von Mobilfunkgeräten mit einer Jahresproduktion von 500 Millionen Geräte, das finnische Unternehmen Nokia, einen Konzernumbau zum Anbieter von Internet-Lösungen anstrebt und langfristig die Trennung von seiner Telefonsparte nicht ausschließt[179].

Die **Mobilfunk- und Festnetzprovider (Carrier)** profitieren auf der einen Seite von dem in Kapitel 3.2.1 dargestellten Wachstum des übertragenen Volumens, auf der anderen Seite wird das Wachstum des Volumens durch den Preisverfall wieder neutraliert. Betrachtet man aber den ursprünglichen Kernbereich der Carrier, die Übertragung von Sprache, so ergibt sich ein negativer Ausblick für dieses Segment nach jahrzehntelangem Wachstum. Nach dem Auslaufen des Infrastruktur- und Telefoniemonopols in Deutschland von 1995 bis 1998 konnten die aufkommenden alternativen Carrier im Festnetzbereich über die letzten 3 Jahre einen stabilen Anteil des Volumens von 44 – 45 Prozent des in Abbildung 105 gezeigten Gesprächsvolumens erreichen. Das Schrumpfen des Gesamtvolumens des Festnetzbereiches wird für die Anbieter noch kritischer durch die parallele Abwärtsentwicklung der Preise. In

---

[179] Vergleiche "Man soll nie nie sagen" Nokiavorstand schließt Trennung von Telefonsparte langfristig nicht aus (SZ, 2009a)

2008 sind die Minutenpreise im Festnetz auf 5 Prozent der Preise von 1997 gesunken. Dabei war das stärkste Absinken vor 2002, von 2002 bis 2008 halbierten sich die Minutenpreise noch einmal.

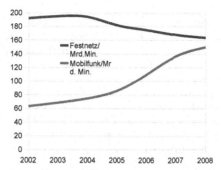

Abbildung 105: Gesprächsvolumen Festnetz und Mobilfunk in Deutschland
Quelle: Eigene Darstellung nach Daten aus (Bundesnetzagentur, 2009, S. 75 u. 79)

Kompensiert wurde der Rückgang im Volumen des Festnetzbereiches durch die ebenfalls in der Abbildung 105 gezeigte Entwicklung des Mobilfunkvolumens (Addition „Gehender" und „Kommender" Minuten, Quelle (Bundesnetzagentur, 2009, S. 75 u. 79), dass sich in Deutschland die vier großen Mobilfunkunternehmen Vodafone, O2, E-Plus und T-Mobile (Eine Tochter der Deutschen Telelekom AG) teilen. Ein ähnlicher Preisverfall wie im Festnetz ist aber seit 2006 auch im Mobilfunkbereich feststellbar, zu dem auch eine zunehmende Verbreitung von „Flatrates" beiträgt. Hieraus und aus der Sättigung des Marktes – mit einer „Überversorgung" von mehr als einem Mobilfunkgerät pro Einwohner Deutschlands – ist die kommende Krise im Carrierbereich abzulesen. In den USA ist nach einer ähnlichen Entwicklung der Volumen und Preise ab 2006 sogar ein Stagnieren und ab 2008 eine Reduzierung des Mobilfunkvolumens festzustellen. Forbes sagt hierzu: „The $116 Billion Business of selling Cell Phones calls in the U.S. faces a long, ugly decline" (Forbes, 2009). Neben der Marktsättigung und dem Preisverfall verstärkt auch die zunehmende Intelligenz der Endgeräte und Applikationen, z.B. im Rahmen der Mobility-Funktionen von Unified Communication, die Herausforderung, indem diese den jeweils optimalen Übertragungsweg auswählen und z.B. lukrative Auslandsmobilfunkgespräche über einen vorhandenen WLAN-Hotspot führen. IBM beschreibt die Herausforderung für die Carrier-Branche im Artikel „The changing face of communication" : „The widespread social networking phenomenon reflects shifts in two long-term communications trends. First, there is a shift in communication patterns – from point-to-point, two-way conversations, to many-to-many, collaborative communications. Secondly, control of the communication environment is transitioning from Telcos to open Internet platform providers, enabled by better cheaper technology, open standards, greater penetration of broadband services and wireless communication networks" (IBM, 2008).

Neben den konvergierenden Endgeräten gibt es die zentralen Komponente der Datenverarbeitung, die **Großrechner und Server.** Mit nur 5 Prozent des zahlenmäßigen

Anteiles am gesamten Großrechner- und Servermarkt beträgt der Anteil der Großrechner 46 Prozent des gesamten Umsatzes von 53,3 Milliarden Dollar in 2008 (Hansen & Neumann, 2009, S. 215): Eine einträgliche Nische für die wenigen Anbieter, dominiert von IBM und gefolgt von HP und SUN.

Server auf Basis der x86 Prozessoren haben in vielen Fällen die Applikationen der Großrechner übernommen. Durch die Webservices im Internet haben sie darüber hinaus einen Aufschwung erfahren. Weltweit wurden 2008 ca. 8 Millionen Server ausgeliefert, alleine Google betreibt für seine Websuche und die weiteren Services ca. 1 Millionen Server[180]. Diese Server durchlaufen daher eine dynamische Weiterentwicklung: sowohl durch die mögliche Skalierung mit dem Einsatz von Blade-Servern, d.h. durch mit Prozessorkarten einfach zu erweiternden Servern für das Rechenzentrum, als auch durch die Skalierung und Effizienz der x86 Server-Prozessoren mit der Verfügbarkeit von immer mehr echten und virtuellen Rechenkernen auf einem Prozessorkern. Die Umsatzanteile im Servermarkt zeigt Abbildung 106.

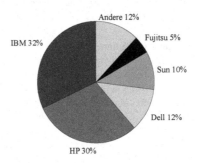

Abbildung 106: Umsatzanteile von Serverrechnern in 2008
Quelle: Eigene Darstellung nach Daten aus (Hansen & Neumann, 2009, S. 215)

Aber während Anbieter wie HP und Fujitsu versuchen, durch neue Angebote im Dienst-leistungsbereich, wie das Bereitstellen von Hosted Webservices, vom Hardwaregeschäft unabhängiger zu werden, steigt der bisher hauptsächlich im Infrastrukturbereich aktive Netzwerkhersteller Cisco in den Serverbereich ein. Im März 2009 kündigte Cisco die Einführung der „Cisco Unified Computing-Systeme" an, einer Familie von auf x86 Server Prozessoren beruhenden Blade-Server mit einer auf Virtualisierung optimierten Architektur von Rechner-, Netzwerk- und Managementkomponenten[181]. Bemerkenswert ist der damit verbundene Umbruch in der Partner-Strategie von Cisco, der HP und IBM vom strategischen Partner zu ernsthaften Wettbewerbern macht. Ein Jahr nach der Ankündigung sind die Erfolge noch überschaubar: gerade 400 Pilotkunden sammeln bisher mit ersten Testinstallationen Erfahrungen. Aber Cisco hält an seinem Ziel von einer Milliarde Dollar

---

[180] Das Linux-Cluster von Google hatte nach inoffiziellen Angaben in 2006 einen Umfang von 450.000 Servern in 25 Rechenzentren, Mitte 2008 schon 1 Million Server in 36 Zentren (Hansen & Neumann, 2009, S. 129)
[181] Siehe (Cisco, 2009)

Umsatz mit den neuen Servern in 2010 fest – und auch die ersten Versuche von Cisco im VoIP Markt hatte anfangs auch keiner der Konkurrenten ernst genommen.

Auch die Softwarebranche ist nach Jahrzehnten des Wachstums in einer Umbruchphase. Bei 222 Milliarden Dollar stagniert der Umsatz der Enterprise Software in 2009 nach 14 Prozent Wachstum von 2007 auf 2008. Das traditionelle Geschäftsmodell der Softwareanbieter – die größten sind Microsoft, Oracle und SAP – ist der Verkauf der Software, meist über Distributoren und Händler. Software-Updates zur Fehlerbehebung werden meist vom Hersteller kostenfrei zur Verfügung gestellt, bis nach ein bis drei Jahren ein Upgrade, meist zum reduzierten Preis von etwa 50 Prozent des Neupreises, erworben werden muss. Zusätzlich wird für unternehmenskritische Software ein Software Service angeboten, der besondere Service Level Agreements zur Fehlerbehebung beinhalten kann.

Ein erster Druck auf dieses Geschäftsmodell entsteht durch den Wettbewerb durch OpenSource Software, wie in Kapitel 3.2.3 beschrieben. Verstärkt wird dieser Druck zunehmend dadurch, dass die entsprechend Kapitel 2.3.2 immer weiter umgesetzten standardisierten Architekturen den Ersatz von im Unternehmen selbst betriebener Software durch Webservices erlauben. Nahezu alle Unternehmensapplikationen werden inzwischen als Dienst über das Web bereitgestellt, für den der Begriff „Software as a Service" (SaaS) oder „Cloud Computing" gebräuchlich wird.

Der Verband der deutschen Informations- und Kommunikationsbranche BITKOM definiert SaaS als „ein Geschäftsmodell für zentrale Bereitstellung und Ausführung von vorkonfigurierten, serverbasierten Softwarelösungen und den damit verbundenen Dienstleistungen für eine Vielzahl von Kunden über öffentliche oder private Netze" und setzt es damit dem älteren Begriff „Application Service Provider" gleich (Bitkom, 2009b, S. 8). Gartner definiert spezifischer: „SaaS is software owned, delivered and managed remotely by one or more providers...SaaS delivery requires a vendor to provide remote, outsourced access to the application, as well as maintenance and upgrade services for it. The infrastructure and IT operations supporting the applications must also be outsourced to the vendor or another provider. The providers delivers an application based on single set of common code and data definitions which are consumed in a one-to-many model by all contracted customers at any time. Customers may be able to extend the data model by using configuration tools supplied by the provider, but without altering the source code. SaaS is purchased on a pay-for-use basis or as a subscription based on usage metrics." (Gartner, 2007)

Betrachtet man die daraus abgeleitete neue Wertschöpfungskette in Abbildung 107, so sieht man die verschiedenen möglichen Ausprägungen, bei denen das nutzende Unternehmen wählen kann, wie weit es die Services in Anspruch nimmt bzw. welche Stufen es selbst betreibt. Der Begriff dabei „Cloud Computing" wird häufig für die ersten Stufen „Infrastructure as a Service" genutzt.

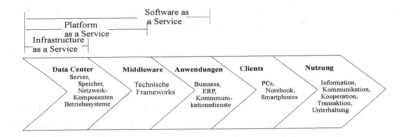

Abbildung 107: Wertschöpfungskette SaaS
Quelle: Eigene Darstellung

Verbunden mit dem SaaS Konzept ist eine gravierende Änderung des Geschäftsmodells. Der Service wird nach monatlicher Nutzung, üblicherweise pro User abgerechnet. Upgrades und Updates der genutzten Software werden durch den Serviceprovider für den User ohne weitere Kosten durchgeführt. Die Softwareprovider nutzen häufig OpenSource Software oder nutzen Ihre Einkaufsmacht gegenüber den Softwareherstellern.

Es lässt sich feststellen, dass die Zeit des hohen Umsatz- und Gewinnwachstums für die Softwarehersteller vorbei ist. Software as a Service (SaaS) mit einem hohen Anteil an OpenSource Software wird einen zunehmenden Anteil erobern. Steigender Preisdruck auf traditionelles Geschäftsmodell entsteht auch durch die direkte Konkurrenz mit der immer besser werdenden OpenSource Software und durch das neue Geschäftsmodell der Applikations-Download oder „Apps"-Portalen, mit Mikropreismodellen.

Fazit: Die Informations- und Kommunikationsbranche ist damit geprägt von einer Konsolidierung nach einer Jahrzehnte dauernden Wachstumsphase. Die auftretenden Vereinfachungen der Architekturen mit einer „Commoditization" vieler ehemals hochwertiger und hochpreisiger Segment führt für die Anwender der Informations- und Kommunikationstechnik zu höherer Flexibilität und steigender Produktivität, oft auf Kosten traditioneller Geschäftsmodelle und damit auf Kosten von Herstellern, die sich nicht rechtzeitig durch den Aufbau innovativer Geschäftsmodelle erneuern können.

3.3.7 Allgemeine Branchen

Als Messgröße wird das Bruttoinlandsprodukt bzw. Bruttoweltprodukt gewählt, das sich in den
- primären Wirtschaftsbereich der Land- und Forstwirtschaft sowie Fischerei,
- den sekundären Wirtschaftsbereich des produzierenden Gewerbes sowie
- den tertiären Bereich der Dienstleistung unterteilt[182].

---

[182] Nach der Systematik der volkswirtschaftlichen Gesamtrechnung (Statistisches Bundesamt, 2008c)

Der primäre Sektor ist von den Veränderungen durch Digitalisierung nur peripher durch die höhere Transparenz im Wettbewerb betroffen und kann, auch aufgrund des geringen Anteils von nur einem Prozent des BIP, in der Betrachtung vernachlässigt werden. Der sekundäre Sektor steuert in Deutschland ca. 30 Prozent zum BIP bei. Im größten Teil des sekundären Sektors, der Industrie, macht sich der Einfluss der Veränderung über die Digitalisierung der Produktinformationen, Fortschritte in den Maschinensteuerungen und Einflüssen auf die Prozesse bemerkbar. Besonders groß ist der Einfluss in der Automobilindustrie: der Anteil von Software in einem Auto liegt schon bei über 30 Prozent der Wertschöpfung, der hohe Konkurrenzdruck erzwingt eine Optimierung der Wertschöpfungskette mit hohem DV-Einsatz. Andere Industriebereiche wie die Chemieindustrie oder die allgemeine Produktion sind bisher weniger von der Internet-Entwicklung beeinflusst. Aber auch in der Breite der Industrieproduktion geht der Wandel weiter: „Die Welt steht wieder vor einer industriellen Revolution: Mit 3D-Druckern kann jeder zum Produzenten werden." (SZ, 2010a). Die „Rapid Manufactoring" Technik der 3D-Drucker und Laser-Cutter steht vor dem Durchbruch zur Massenanwendung und ermöglicht zukünftig die Erzeugung von physikalischen Objekten aus digitalen Daten durch „jedermann" - genau so wie heute Farbphotos. Der tertiäre Sektor der Dienstleistung stellt mit 69 Prozent den größten und wachsenden Anteil an der Gesamtwertschöpfung, gemessen am BIP, dar. Dieser teilt sich in Deutschland gem. Abbildung 108 auf.

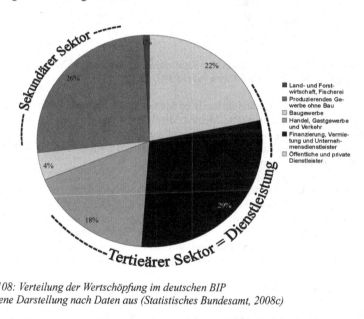

Abbildung 108: Verteilung der Wertschöpfung im deutschen BIP
Quelle: Eigene Darstellung nach Daten aus (Statistisches Bundesamt, 2008c)

Eine Übersicht digitalisierbarer Güter zeigt in Abbildung 84, dass diese mit Schwerpunkt im tertiären Bereich, aber auch in geringerem Maße in Querschnittsthemen des sekundären Wirtschaftsbereich wirksam sind[183]. Betrachtet man die Untergliederung des tertiären Sektors im einzelnen auf die Veränderungspotentiale durch das Internet, so findet man die

---

[183] Vergleiche (Hansen & Neumann, 2009, S. 798)

bereits im vorherigen Kapitel behandelten Medienbranchen Musik, Film und Buch auch im Handel wieder.

Der Einzelhandel definiert sich funktional als die „Beschaffung und Weiterveräußerung von Waren, und zwar zumeist an Endverbraucher" (Nieschlag, Dichtl, & Hörschgen, 1997, S. 1042). Der hohe Konkurrenzdruck verbunden mit geringen zu erzielenden Margen führt seit Jahrzehnten zu einer Auslese und einem Konzentrationsprozess, häufig verbunden mit der vertikalen Integration von Distribution/Großhandel und Einzelhandel über Filialketten. Die potentielle Optimierung der Kundenschnittstelle durch das Internet motiviert hier zur Untersuchung der bisherigen und weiter zu erwartenden Veränderungen. Abbildung 109 zeigt die Umsätze der verschiedene Branchen des Einzelhandels in Deutschland[184].

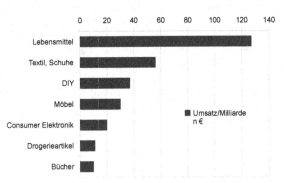

Abbildung 109: Umsätze in den Branchen des deutschen Einzelhandels
Quelle: Eigene Darstellung nach Daten aus (KPMG, 2010)

Von den im vorherigen Kapitel diskutierten Medien ist hier nur das Buch mit 10 Milliarden Euro Jahresumsatz vertreten. Die Medien Musik und Film sind mit 1,5 bzw. 1 Milliarde Umsatz dagegen schon nicht mehr signifikant, gegenüber den dominierenden Branchen des Lebensmittel-einzelhandels, Textileinzelhandels, der DIY („Do it Yourself")-Branche der Bau- und Gartenmärkte sowie der Möbelbranche.

Betrachtet man die heute schon über das Internet getätigten Umsätze in den dargestellten Branchen, so stellt man nur im Textileinzelhandel und im Bereich der Consumer Elektronik mit 13,4 Milliarden Euro bzw. 1,4 Milliarden Euro signifikante Anteile am gesamten Umsatz fest, während in den übrigen Branchen der Vertrieb über das Internet heute noch keine große Rolle spielt. Diese beiden Branchen haben auch über den schon seit mehr als 50 Jahren etablierten Versandhandel über Katalog traditionell die höchsten Anteile.

Mit einem sehr geringen Online-Shopping Anteil in den Sektoren Lebensmittel und Möbel sowie den geringen prozentualen Anteilen von noch unter 20 Prozent in den anderen Sektoren scheint der Einzelhandel nur wenig von den Veränderungen betroffen. Betrachtet man jedoch, wie das Internet auch bei den Käufen im stationären Einzelhandel die

---

[184] Vergleiche (KPMG, 2010)

Kaufentscheidung beeinflusst, wie in Abbildung 110 nach einer GfK – Studie gezeigt[185], so ergibt sich ein anderes Bild.

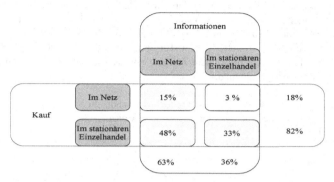

Abbildung 110: Informations- und Kaufverhalten der Textilkäufer (mit Internetanschluss)
Quelle: Eigene Darstellung nach GfK Panel, in (GfK, 2010: S. 1)

Die hier untersuchten Textilkäufer mit Internetanschluss kaufen zwar nur zu 18 Prozent tatsächlich im Online-Shop, informieren sich jedoch vor der Hälfte der Käufe im Ladengeschäft Online. Dieses gängige Kaufmuster, genannt ROPO-Kauf (Research Online – Purchase Offline) zeigt das ein guter Internet Auftritt auch signifikant den stationären Umsatz stärkt.

Der Online-Marktplatz Internet brachte neue Geschäftsmodelle auf. Ein Beispiel ist eBay, das im Jahre 1995 als Online-Auktionshaus, ursprünglich für gebrauchte Waren von privat an privat, gegründet wurde. Dazu kamen schnell auch Verkäufe von Neuwaren zu Festpreisen (56% des Handelsvolumens im Q4 2009), oft von gewerblichen Anbietern. Ebay stellt eine hochverfügbare, hochskalierbare Webplattform zur Verfügung, hilft dem Verkäufer mit Vorlagen und Tools ein attraktives Angebot selber einzustellen und vermittelt die Transaktionen der Geschäftspartner gegen Gebühren, entsprechend dem in Abbildung 111 gezeigten Modell.

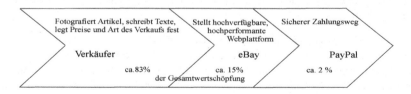

Abbildung 111: Wertschöpfungskette eBay
Quelle: Eigene Darstellung

---

[185] Vergleiche GfK-Panel in (GfK, 2010: S. 1)

Heute (Stand 2010) ist Ebay in 43 Ländern mit mehr als 90 Millionen aktiven Mitgliedern tätig und vermittelt ein Handelsvolumen von 57,2 Milliarden US Dollar[186]. Dadurch wurde 2009 ein Umsatz von 8,7 Milliarden US Dollar erwirtschaftet. Das entspricht 15 Prozent des gehandelten Volumens, wobei die wertabhängigen Verkaufsprovisionen nur von 8 bis 2 Prozent für private Verkäufer, bzw. 7 bis 1 Prozent für gewerbliche Verkäufer betragen (2% bzw. 1% für den Wertanteil > 500€ plus 0-10€ pro Artikel). Der 2002 zugekaufte Zahlungsdienst PayPal unterstützt die sichere Zahlung vom Käufer zum Anbieter und wird beim Großteil der Transaktionen genutzt.

Zum größten Online-Händler entwickelte sich jedoch der schon im Kapitel 3.3.3 erwähnte, 1995 ursprünglich als Online-Buchhändler gegründete Amazon, dessen Umsatzwachstum Abbildung 112 zeigt.

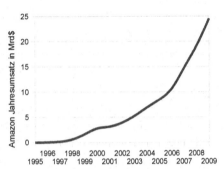

Abbildung 112: Entwicklung der Amazon Umsätze
Quelle: Eigene Darstellung, Daten aus Amazon Investor Relations

Von den 24,5 Milliarden Dollar Umsatz des Jahres 2009 sind nur noch 52 Prozent aus dem Kernbereich der Medien, 45 Prozent werden inzwischen mit anderen Kategorien, wie Elektrogeräten, Schuhen und Drogeriewaren erzielt. Aber der Einfluss von Amazon übersteigt die Größenordnung des Umsatzes: der größte Retail-Konzern der Welt mit einem Jahresumsatz (2008) von 405 Milliarden Dollar spürt den Druck auf seine Preise: „Rapid expansion by each company, as well as profound shifts in the hight-tech landscape, now make a direct confrontation inevitable." (in Price War Brews Between Amazon and Wal Mart, NYT 2009)

Die **Reise- und Tourismusbranche** ist eine der größten Branche der Welt[187] mit 220 Millionen Mitarbeitern und 9,4 Prozent Anteil an der Weltwertschöpfung. Betrachtet wird hier das Geschäft der Reiseveranstalter mit ca. 20 Milliarden Euro jährlich in Deutschland, geprägt von hoher Kon-zentration auf wenige Reiseveranstalter mit großer vertikaler Integration über die in Abbildung 113 gezeigte Wertschöpfungskette der Branche[188].

---

[186] Vergleiche (Ebay, 2010)
[187] Vergleiche (Sabre, 2008) und (WTTC, 2010), einschließlich beeinflusster anderer Branchen, direkt beeinflusster GDP ist 3,4%
[188] Vergleiche (Sürig & Tietz, 2006)

Abbildung 113: Wertschöpfungskette einer Pauschalreise
Quelle: Eigene Darstellung nach Daten aus (Sürig & Tietz, 2006)

Durch die Notwendigkeit in Echtzeit freie Plätze in Flügen abzufragen und zu reservieren, entstand bereits ab 1960 mit Sabre, ursprünglich das Buchungssystem der Fluglinie United Airlines, die erste Echtzeit-Geschäftsanwendung der Datenverarbeitung. Bereits 1964 waren hier über 1000 Terminals über Telefonleitung und Modem angeschlossen. Ab 1976 konnten auch Reisebüros sich direkt verbinden, was bis heute von über 55.000 Filialen genutzt wird. 1976 entstand, getrieben von TUI, der Deutschen Lufthansa und Bundesbahn, das europäische Konkurrenzsystem Start-Amadeus, das ab 1980 die Mehrheit der europäischen Reisebüros vernetzte. Beide Buchungssysteme wurden nach und nach um weitere Angebote von Hotels und Mietwagen bis zu Konzertplätzen erweitert und nutzten über das BTX-Netz bis zum Internet bis heute die verfügbare optimale Vernetzung.

Die hohe vertikale Integration sowie die Einkaufsmacht der Veranstalter bei Hotels und Fluglinien ermöglichte Preisvorteile gegenüber Einzelbuchungen von ca. 30 Prozent. Hierdurch sowie durch das lange vorhandene „Buchungsmonopol" gründete der langjährige Erfolg des Geschäftsmodelles der Pauschalreisen über die Reisebüros, verstärkt durch das Vertrauen auf die Beratung und Informationen durch die Reisebüros.

Aber mit dem Internet bieten immer mehr Hotels und Logistikunternehmen ihre Leistungen direkt Online an. Informationen sind Online verfügbar, Soziale Netzwerke leisten Beratung und Empfehlung von Reisezielen und möglichen Unterkünften aus erster Hand. Spezialisierte Web-Portale wie Expedia.de, Travelocity.com oder Opodo.de bündeln diese Angebote und ermöglichen dem Verbraucher die Zusammenstellung der Reisen ohne Reisebüros. Die Folge daraus ist die konstant wachsende Entwicklung der Online-Buchungen und der Online Information, die in Abbildung 114 gezeigt wird[189].

---

[189] Vergleiche (v-i-r, 2010)

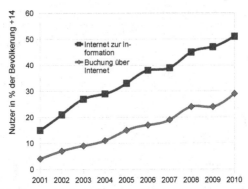

Abbildung 114: Buchung und Information über das Internet in Deutschland
Quelle: Eigene Darstellung nach Daten aus (v-i-r, 2010)

Der Anteil der Online-Buchungen am U.S. Markt ist signifikant höher und liegt bei 56 Prozent in 2009 und geschätzten 59 Prozent in 2010. Im Jahr 1996 wurde dort auch das weltweit größte Internet-Portal Expedia.Inc 1996 gegründet, dessen Umsatz in 2008 21,8 Milliarden Dollar betrug. Die Tochter Expedia.de startete 1999 in Deutschland. Auch in der Reisebranche ist also mit weiteren Umwälzungen zu rechnen.

Der Bereich der Finanzwirtschaft ist, in vergleichbarem Zeitrahmen zu den o.a. Buchungssystemen, ein Vorreiter der EDV und Vernetzung schon weit vor den Zeiten des Internets. Die erste, in der Finanzbranche schon lange abgeschlossene Phase der Digitalisierung definiert sich durch den Einsatz von fragmentierten, oft proprietären Core Banksystemen in der Datenverarbeitung, gekoppelt über standardisierte Mechanismen zur Abbildung der Zahlungsströme. Die Veränderung an der Kundenschnittstelle ist auch hier erst zum Teil vollzogen: die Nutzung des Online-Bankings in Deutschland liegt 2009 bei 38 Prozent der Bevölkerung über 16 Jahren, kommend von 21 Prozent in 2004[190]. Diese Entwicklung lässt sich in der Entwicklung der Mitarbeiterzahl in Abbildung 115 ablesen[191].

---

[190] Vergleiche (Bitkom, 2009a), gefragt war nach der mindestens einmaligen Nutzung von Online-Banking innerhalb der letzten drei Monate.
[191] Aus (Bundesverband deutscher Banken, 2008) und (Verdi, 2009)

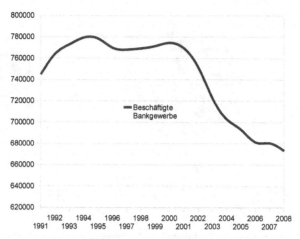

Abbildung 115: Beschäftigte im deutschen Bankgewerbe
Quelle: Eigene Darstellung nach Daten aus (Bundesverband deutscher Banken, 2008)

Eine Studie von IBM „The paradox of Banking 2015"[192] beschreibt die Veränderung der Publikumsbanken: die bisher breit aufgestellten Anbieter undifferenzierter Finanzprodukte und -services werden immer mehr durch spezialisierte und fokussierte Anbieter auch aus dem Non-Bankingbereich unter Druck kommen und müssen ihre Geschäftsmodelle anpassen. Innovative, komplett neue Geschäftsmodelle treten auf: mit Zopa.com gibt es seit 2005 die erste „Social finance company", mit der Vermittlung von Krediten von privat an privat ohne eine Bank als Mittler (social futures observatory, 2010).

Ein Beispiel für die Unternehmensdienstleister ist die Werbebranche. **Die Werbebranche**, mit eine weltweiten Volumen von ca. 450 Milliarden Dollar[193], scheint auf den ersten Blick von den Veränderungen des Internets recht weit entfernt zu sein. Betrachtet man allerdings den rasanten Aufstieg des Unternehmens Google, mit einem Jahresumsatz von 22 Milliarden Dollar, die zu 97 Prozent aus Online-Werbung stammen[194], so sieht man auch hier gravierende Veränderungen kommen.

Abbildung 116 zeigt hier die Verteilung des Werbebudgets der Unternehmen im Vrgleich in 2003 und 2008 (Stroeer, 2009). Die Verdoppelung des Online-Anteiles in nur 5 Jahren deutet die kommenden Veränderungen an. Aber die tatsächliche Veränderung, ach ausserhalb des Online-Anteiles von weltwet 51,5 Milliarden Dollar in 2008, ist spürbar: So andelt sich das Geschäftsmodell der Werbeagenturen mt Geschäftseinbrüchen von mehr als 40 Prozent[195] weg von reinen Werbekampagnen hin zur kreativen Mtarbet an der innovativen Produktentwicklung[196].

---

[192] Vergleiche (IBM, 2005)
[193] Vergleiche Angaben in (ECIN, 2009)
[194] Vergleiche (SZ, 2009b)
[195] Vergleiche (SZ, 2009c)
[196] Vergleiche (SZ, 2009d)

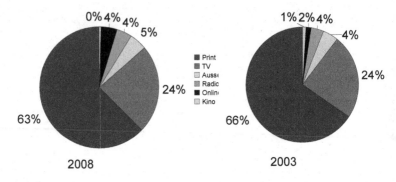

Abbildung 116: Werbeeinnahmen in Deutschland 2008 und 2003
Quelle: Eigene Abbildung nach Daten aus (Stroeer, 2009)

Und auch hier sind die traditionellen Werbeagenturen gezwungen sich zu verändern. Es fehlen Konzepte und Kompetenzen für die Sozialen Medien. Die traditionellen Agenturen haben große Schwierigkeiten die aus Internet-Werbung gewohnten erfolgsabhängigen Vergütungsmodelle zu akzeptieren. „Die Werbeindustrie wird ihre Trägheit ablegen müssen. Sie wird lernen müssen leistungsorientierter zu denken – und sie wird ihre Kompetenzen verbreitern müssen." (SZ, 2010b)

Ein Beispiel der privaten Dienstleister innerhalb des Segments der „Öffentlichen und Privaten Dienstleister" aus Bild 108 ist die **Logistik Branche.** Mit den Segmenten der „Kurier-, Express- und Paketdienstleister" (KEP-Markt) und dem Briefbereich werden hier in Deutschland mit ca. 400.000 Beschäftigten knapp 25 Milliarden € Umsatz erzielt[197]. Diese beiden Segmente werden durch die Veränderungen in entgegengesetzter Weise betroffen: während der KEP-Markt, der einen Anteil von 15 Milliarden Euro hat, getrieben durch den wachsenden Online-Handel seit Jahren stabil mit 5-8 Prozent pro Jahr wächst, stagnieren die ca. 9 Milliarden Euro Umsatz des Briefbereiches seit einem Jahrzehnt, mit einem leichten Abwärtstrend von 2-3 Prozent seit 2006. Obwohl das ursprüngliche deutsche Postmonopol inzwischen in beiden Segmenten beendet ist, herrscht nur im KEP-Segment ein echter Wettbewerb, im Briefsegment werden nach wie vor über 90 Prozent durch die Deutsche Post bedient.

Die Deutsche Post versucht innovative Angebote, auf Basis ihrer Kernkompetenzen des Briefbereiches „Verbindlichkeit, Vertraulichkeit und Verlässlichkeit" zu entwickeln, wie den elektronischen Brief[198]. Hier soll sowohl Abgabe als auch Auslieferung des Briefes entweder elektronisch oder physikalisch erfolgen können, um damit auch eine Brücke zwischen den Internetnutzern und Nicht-Nutzern zu bilden. Ich glaube nicht, dass sich mit solchen Angeboten der Niedergang des Briefsektors langfristig aufhalten lässt. Standardisierte offene Angebote, wie signierte und verschlüsselte Emails bieten die gleiche Verlässlichkeit und Sicherheit ohne die hohen Preise eines Briefes. Solche hybriden Angebote mögen aber

---

[197] Umsatz 2008, aus (Bundesnetzagentur, 2009, S. 125)
[198] Vergleiche das Interview mit dem Briefchef der Post, Hr. Gerdes (Computerwoche, 2010a)

helfen, den notwendigen Personalabbau in diesem Sektor herauszuzögern und können sinnvoll sein, um die Transformation für die Betroffenen Mitarbeiter damit zu erleichtern.

Die öffentlichen Dienstleister nehmen einen besonderen Platz in diesem Segment ein. Der Einsatz der Informations- und Kommunikationstechnik beim Regieren und Verwalten – genannt E-Government - eröffnet ein neues Potential and Serviceleistungen und Bürgerbeteiligung, Produktivität und Wirtschaftlichkeit des öffentlichen Dienstes, verändert die Produktions- und Distributionsformen öffentlicher Leistungen und macht sie im besten Falle transparenter, effizienter und besser[199].

Nachdem in der öffentlichen Verwaltung durch fehlenden Konkurrenzdruck und bürokratisches Beharrungsvermögen lange wenig Innovationen eingeführt wurden, sind mit den E-Government Minister Konferenzen in Lissabon (2007) und Malmö (2009) in der Europäischen Union einheitliche verbindliche Ziele und Schritte zur Einführung des E-Government vereinbart[200].

- Gemeinsame Vision: Europäische Verwaltungen werden für ihre offenen und flexible Zusammenarbeit mit Ihren Bürgern und Geschäftspartnern anerkannt sein. Sie nutzen E-Government um ihre Effektivität und Effizienz zu erhöhen und ständig ihre Services zu verbessern und Europa zur führenden wissensbasierten Wirtschaft zu entwickeln.
- E-Government Grundsätze sollen die bestmögliche Kombination von Online Services mit state-of-the-Art ICT unterstützten menschlichen Verwaltungskräften beschreiben
- Die Erfahrungen in der Nutzung von ICT Tools als Teil der transparenten und demokratischen Grundsätze sollen geteilt und ausgeweitet werden
- administrative Hindernisse sollen reduziert und grenzübergreifende Interoperabilität verstärkt werden

Allerdings bremst das Beharrungsvermögen gerade großer Verwaltungen anscheinend die Umsetzung und es gibt gerade in Deutschland Nachholbedarf in der Umsetzung. Eine europaweite Studie aus 2010 zur Umsetzung von 20 Serviceangeboten der Behörden über Online-Schnittstellen liegt Deutschland mit Platz 15 gerade noch im Mittelfeld, relativ deutlich verschlechtert zum 7. Platz in 2007[201].

Einen speziellen Teil der öffentlichen Dienstleister bildet der Bildungsbereich mit den Schulen und Universitäten. Die oben beschriebenen Innovationen durch E-Government wirken auch im Verwaltungsbereich der Schulen und Hochschulen. Aber auch der Kernbereich der Forschung und Lehre hat ein beträchtliches Potential der zukünftigen Veränderungen. Unbestritten ist bereits heute der Erfolg der Nutzung der Vernetzung und der modernen Möglichkeiten der Kollaboration für die Zusammenarbeit zwischen Instituten und Forschungseinrichtungen und die Verbreitung von übergreifenden Forschungsteams.

---

[199] Vergleiche "Gewerkschaftliche Eckpunkte zur Gestaltung von eGovernment" (DGB, 2004).
[200] Vergleiche Ministerial Declarations Portugal 2007 (European Union, 2007) and Malmö 2009 (European Union, 2009b)
[201] Studie von Capgemini im Auftrag der Europäischen Kommission, (Capgemini, 2010) , von 20 untersuchten Serviceangeboten der Behörden sind in Deutschland nur 15 Online, gegenüber allen 20 in Österreich, Malta, Portugal und UK.

Auch die allgemeine Verfügbarkeit von Wissen durch die Publikation im Internet und die Recherche- und Suchmöglichkeiten sind etabliert.

Die Lehre aber findet seit der Antike weitgehend unverändert statt: „Most professors in our region are still essentially using the same technology that Socrates and his competitors the sophists were using in the Athenian agora 2500 years ago – the lecture." (Usher, 2009, S. 29). Die theoretischen Möglichkeiten der modern Technologie die Grenzen des Hörsaals sowohl räumlich als auch zeitlich aufzulösen werden bis heute kaum genutzt.

Dies ist zum einen zurückzuführen auf die immensen Anstrengungen der europäischen Hochschulen die Reformen des Bologna Prozesses umzusetzen. Über die letzten 10 Jahre haben die europäischen Universitäten weitgehend einheitliche Strukturen im dreistufigen System des Bachelor-, Master- und Doktoranden-Studiums geschaffen, so dass eine höhere Transparenz und Qualität sowie eine Mobilität zwischen den europäischen Ländern und interkontinental entstanden ist.

Zum anderen zeigen erste Erfahrungen mit Änderungen in der Praxis der Lehre durch neue Technologien wie „Online-Teaching" Möglichkeiten, aber auch beträchtliche Risiken des Scheiterns und der verfehlten Ergebnisse auf: „In considering the history of online learning in higher education that is associated with innovation as organizational change, the record indicates a pattern of immense investment, „thwarted innovation", recurring breakdowns, costly failures and unintended outcomes" (Hannon, 2008, S. 15). Somit besteht hier noch bedeutendes zukünftiges Veränderungspotential bei den ca. 40 Millionen Studienplätzen, aber auch bei den Millionen von Kindern in den Schulen, die im Einsatz von Informationstechnologie noch weit hinter den höheren Bildungseinrichtungen zurückliegen.

Als Fazit über alle „Allgemeinen Branchen" lässt sich feststellen, dass die heutigen und zukünftigen Veränderung sehr breit auftreten. Bereiche die nicht betroffen sind, finden sich kaum: am ehesten im immer kleiner werdenden primären Sektor und in manuellen, wenig wissensbasierten Produkten und Dienstleistungen, z.B. Lebensmitteln. Aber auch hier gibt es oft Einflüsse über hohe Markttransparenz und ggf. Substituierung anderer Güter und Dienstleistungen. Ansonsten ist durch die demographische Entwicklung und durch Ausweitung auf weitere Branchen/Sektoren auch hier die Ausweitung der Kunden-schnittstelle Internet zu erwarten, mit weiteren Veränderungen und Konsolidierungen:

- Druck auf alle Zwischenstufen in der Wertschöpfungskette bis hin zur Reduzierung von Zwischenstufen in der Wertschöpfungskette
- Intensivierung der Kundenschnittstelle durch das Internet – ergänzend und teilweise substituierend zur bisherigen Kundenschnittstelle der physikalischen Filialen.
- Preisdruck durch Transparenz und neue Geschäftsmodelle

Die Innovation wird mit unverändertem Tempo fortschreiten und führt zu Veränderungen und „Kreativer Zerstörung". Es ist sinnlos und kontraproduktiv nur zu bewahren und durch langfristige Garantie und Subvention von Arbeitsplätzen die notwendigen Veränderung zu verzögern, sondern sinnvoll und notwendig hier die marktwirtschaftlichen Prozesse der Entstehung und des Vergehens von Unternehmen zu fördern.

Auf der anderen Seite gibt es über die marktwirtschaftlichen Prozesse hinaus eine wachsende Bedeutung der „Happiness" als Messgröße einer erfolgreichen Gesellschaft. Nicht-monetäre Motivationen können, z.b. aus den „Open-Communities" zum Fortschritt einer Gesellschaft wesentlich beitragen. Für die Menschen liegt eine besonders hohe Bedeutung in der Bildung/Ausbildung, um die Flexibilität, für persönliche Veränderungen durch ein breites Wissen zu haben und durch „Live-long-learning" zu erhalten.

3.3.8 Marktanbieter im Kommunikationsmarkt für Unternehmen

Die Anbieter des Kommunikationsmarktes für Unternehmen haben in ihrer langen Geschichte seit den Anfängen der Telefonie bereits einige technologische Umbrüche von der Elektromechanik, über die Transistorisierung und Digitalisierung, bis zur Verbreitung von VoIP, assimiliert, wie in Kapitel 2.2 dargestellt. Dabei sind sie mit ihren zugrunde liegenden Geschäftsmodellen bisher weitgehend unverändert geblieben. In der in Kapitel 2.3 beschriebene Innovation der „Unified Communications", mit den dargestellten deutlichenVorteilen für die Nutzer durch den Einsatz dieser Innovation, sehen die Hersteller anscheinend die Möglichkeit zu einer weiteren Erneuerung des Sektors und nutzen dies daher auch intensiv im Marketing.

Betrachtet man diese Innovation aber im Zusammenhang der in Kapitel 3 dargestellten Veränderungsprozesse, so ergibt sich ein deutlich anderes Bild. Drei Ansatzpunkte charakterisieren UC als eine erneute disruptive Erneuerung mit gravierende Auswirkungen auf den Markt der Hersteller der Kommunikationsanlagen: erstens die Erweiterung der Anbieter-Landschaft um IT-Anbieter wie HP, IBM und Microsoft . Zweitens die veränderte Wahrnehmung und Steuerung der Architektur der Unternehmenskommunikation und drittens die Änderung im Absatz-Kanal zum Consultative Selling über die gesamte Breite der IT. Damit entstehen neue Geschäftsmodells, die drohen die etablierten Geschäftsmodelle der Branche zu zerstören.

Unified Communications integriert die Sprachkommunikation in die vielfältige neue Kommunikationswelt des Web 2.0. Diese ist geprägt durch IT und Softwarehersteller, wie in Abbildung 22 im Kapitel 2.3.5 gezeigt. Auch das Bürotelefon geht in der neuen Welt in Software auf und wird zu einer Applikation auf einem universellen Datenendgerät, stationär im Büro und/oder als mobiles Smartphone. Diese Veränderung wird mit der in Kapitel 3.2.2 gezeigten fortschreitenden sozialen Entwicklung die Position der traditionellen Hersteller von Sprachkommunikationslösungen weiter schwächen. Die prägende Rolle werden diese nicht mehr halten können, diese übernehmen die innovativen IT- und Webapplikationen. Im Zuge der „Creative Destruction" Schumpeters droht die Zerstörung der traditionellen Geschäftsmodelle der Branche.

Betrachtet man diese Geschäftsmodelle, so sieht man, dass die Kommunikationsanbieter eine Mischform des sekundären Sektors mit der industriellen Eigenproduktion von Endgeräten und traditionellen Telekommunikations-Anlagen und des tertiären Sektors mit der Installation, Wartung und weitere Dienstleistungen bilden. Der Wertefluss kommt traditionell häufig aus einem langfristigen, 5-10 Jahre laufenden Mietmodell oder dem Kauf der Endgeräte und Systeme mit Abschreibung über einen ähnlichen Zeitraum und entsprechend lang laufenden Serviceverträgen. Abbildung 117 zeigt das Modell grafisch.

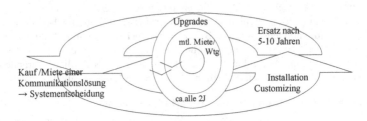

Abbildung 117: Zeitlicher Wertefluss im TK-Geschäftsmodell
Quelle: Eigene Darstellung

Der relativ hohe „Share of Wallet" ermöglichte das in Abbildung 118 gezeigte Direkt-vertriebsmodell mit hoher Kundenbindung (Vergleiche 3.1.1 Grundmuster Geschäftsmodel Customer Relationship Management) und die Vermarktung von sowohl eigenen als auch über Partner zugekauften Produkt- und Serviceinnovationen und kundenspezifischen Anpassungen (Grundmuster: Produkt- und Serviceinnovation).

Abbildung 118: Wertschöpfungskette TK Direktvertrieb
Quelle: Eigene Darstellung

Aber die Anforderung entwickelt sich in eine andere Richtung: Aus Sicht der „Verbraucher" wird das Medium Telefon zum „Context", d.h. zur Infrastruktur. Im Rahmen der Gesamt IT-Infrastruktur
liegt der Fokus der Kunden also auf Kostensparen und schlanken Prozessen, sogar ein Outsourcing der Infrastruktur wird häufig geprüft. Der Wert der Sprachkommunikation wird für die Kunden so gering, dass der „Share of Wallet" mit den Herstellern der Sprachinfrastruktur soweit schrumpft, dass man sich auf relevanten Ebenen gar nicht mehr unterhalten möchte. Dass traditionelle Geschäftsmodell wird damit unmöglich oder zumindest unwirtschaftlich, so dass sich dringend eine Entflechtung des gemischten Geschäftsmodelles entsprechend den in Kapitel 3.1.1 angegebenen Grundmuster empfiehlt.

Das **Customer Relationship Modell** zielt darauf ab, aufbauend auf das Vertrauen des Kunden, ein breites Angebot von Produkten und Services zu platzieren. Die

Schlüsselaktivitäten sind damit die Akquisition und Betreuung von Kunden, die Schlüsselressourcen sind der bestehende Kundenstamm und der „Brand" oder Name, der für das Vertrauen der Kunden steht. Die zu vermarktenden innovativen Produkte und Services sowie Infrastrukturen werden häufig durch Partner erstellt. Das „CRM" Modell mit eigener intensiver Kundenbindung ist aufgrund des hohen Aufwandes der Kundenakquisition und laufenden Kundenbetreuung bei abnehmenden Umsätzen und Erlösen pro Kunde direkt durch die Hersteller von Kommunikationslösungen kaum noch wirtschaftlich darstellbar. Lohnende Zielgruppe ist hier allenfalls die abnehmende Menge von Unternehmen, die Sprachkommunikation nach wie vor als „Core" ihres Geschäftsmodelles, im Sinne der in Kapitel 3.1.1 betrachteten Darstellung, definieren. Der erforderliche hohe „Share of Wallet" des IT – Budgets dieser Kunden kann dann in Zusammenhang mit hohem Customizing Anteil durch hochwertige Dienstleistungen sinnvoll sein, z.B. bei Contact Center und Unified Communications Lösungen. Ein Fokussieren auf diese Nische kann systematisch in Verbindung mit Branchenorientierung und Branchenlösungen erfolgen.

In der Breite werden nicht die Hersteller sondern breiter angelegte IT-Systemhäuser, wie IBM oder HP, bzw. sich in diese Richtung entwickelnde Carrier, wie AT&T oder T-Systems das „CRM" - Modell erfolgreich verfolgen. Die Hersteller können dann diesem entsprechend Abbildung 119 breit aufgestellten Systemhäusern im Modell der „Produktinnovation" zuliefern.

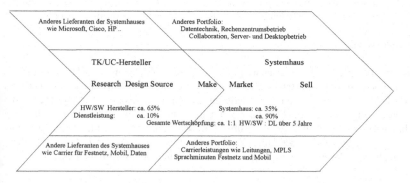

Abbildung 119: Wertschöpfungskette über Systemhaus/Serviceprovider
Quelle: Eigene Darstellung

Das **Modell der Produktinnovation** fokussiert auf den Einsatz von Forschung- und Entwicklung um innovative Produkte und Services zu einem Premium Preis auf den Markt zu bringen. Die Schlüsselaktivitäten sind das Gewinnen von hochqualifizierten Mitarbeitern und das Management der Forschung und Entwicklung. Die meist indirekte Vermarktung durch die Systemhäuser führt durch deren selber erbrachten Serviceanteil (First und Second Level) zu einer Konzentration auf die höherwertigen Dienstleistungen beim Hersteller.

Die Reduzierung der Sprachkommunikation zum „Context" in vielen Unternehmen führt zunehmend zur Nachfrage des Infrastrukturmodells. Die Aktivitäten des **Infrastrukturmodells** zielen auf die Bereitstellung von Infrastruktur Services.. Aufgrund der hohen Fixkosten der Infrastruktur Plattform liegt der Fokus auf Standardisierung und Skalierbarkeit zur Erzielung der notwendigen hohen Volumen sowie Zuverlässigkeit und kostengünstiger Bereitstellung um geringe Stückkosten zu erzielen. Entsprechend erfolgt die Zulieferung an Anbieter im Infrastruktur-Modell unter massivem Preisdruck. Zunehmend treten im Kommunikationsmarkt „Hosted" oder „SaaS"-Anbieter auf, die hoch standardisierte Lösungen paketieren. Der Wettbewerb für die Hersteller der Lösung wird hier noch verstärkt durch die mögliche Nutzung von OpenSource Lösungen, meist basierend auf dem in Kapitel 3.2.4 beschriebenen Asterisk. Ein Beispiel ist die als Carrier im Privatkundenbereich schon länger bekannte Firma SipGate, die mit „Sip Gate Team" ab 2010 eine solche SaaS Lösung für Unternehmen bis zu 100 Mitarbeitern aktiv mit einem deutlich unter dem Preis der traditionellen Anbieter vermarktet[202].

Der Einstieg des Webkonzerns Google könnte die Branche weiter durcheinander wirbeln. Michels beschreibt diese Möglichkeit konkret: „Google is in the UC business today, though because of service gaps, integration holes, and a limited channel, their solutions are not comprehensive for business. But the technology is there and getting better. Several closed betas indicate a growing desire to increase the portfolio's strength along with a new channel recruitment initiative. Google has a proven tendency to change the rules of a given sector with new capabilities and new pricing models. Based on the direction of their services, it seems likely Google will have the ability to play in the enterprise UC space should they desire" (Michels, 2009).

Als konkretes Beispiel wird die **Siemens Ent**erprise Communications betrachtet, aufbauend auf einer Fallstudie aus (Alexy, 2009). Siemens Enterprise Communications, das 2006 aus dem I&C Bereich der Siemens AG ausgegliederte ehemalige Enterprise Network Segment, ist nach eigenen Angaben „ ein führender Anbieter von End-to-End-Lösungen für die Unternehmenskommunikation"(SEN, 2010b). Die Entwicklung der Firma mit einem stetigen Rückgang sowohl in der Umsatzentwicklung, als auch in der Entwicklung der Mitarbeiterzahl zeigt Tabelle 20 nach Angaben aus Siemens und SEN Informationen[203].

Jahr (Geschäftsjahr)	Umsatz	Mitarbeiter
2003	3,7 Milliarden Euro	
2004	3,6 Milliarden Euro	
2005	3,4 Milliarden Euro	
2006	3,3 Milliarden Euro	15000
2008	3,2 Milliarden Euro	
2009	2,9 Milliarden Euro	11400

Tabelle 20: Entwicklung von Umsatz und Mitarbeiteranzahl der SEN
Quelle: Aus (SEN, 2010a) und (Siemens, 2010)

---

[202] Vergleiche (sipgate, 2010)
[203] Vergleiche (SEN, 2010a) und (Siemens, 2010)

Die Aufstellung des Unternehmens seit 2009 zeigt Abbildung 120: Getrennte Geschäftsbereiche für die zwei Produktkategorien „Voice and Applications", „Data Networks" und die höherwertige Services „Professional and Managed Services" bedienen sich der gemeinsamen Einheiten für Sales, Service Delivery und Operations. Als Strategie zum Umlenken auf einen Wachstumskurs nennt die Firma die Stärkung des indirekten Geschäftes gegenüber dem noch überwiegenden direkten Vertriebsmodells. (SEN, 2010a)

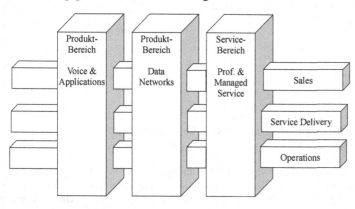

Abbildung 120: SEN Aufstellung
Quelle: Eigene Darstellung nach (SEN Analystenkonferenz, 2010)

Aber damit lassen sich die angesprochenen Probleme nicht lösen. Gerade die gemeinsamen Einheiten Sales, Service Delivery und Operations können sich so nicht auf die besonderen Anforderungen der spezifischen Geschäftsmodelle optimieren. Im Sales können hohe Aufwände entstehen, direkte und indirekte Kanäle zu koordinieren bzw. saubere Abstimmungen im Rahmen des wettbewerbsrechtlich oft kritischen Konstruktes zu finden. Auf der Seite von Operations und Service Delivery ist der Widerspruch zwischen Kostenminimierung und Standardisierung zum hohen Innovationsgrad mit hoher Kundenorientierung und individuellen Lösungen nur schwer aufzulösen. Eine stärkere Entflechtung der Bereiche, wie in Abbildung 121 aufgezeigt ermöglichte die optimale Anpassung an die Anforderungen der verschiedenen Modelle in der spezifischen Adressierung der entsprechenden Kanäle (Channels). Diese Entflechtung könnte sowohl durch eine vollständige Trennung der Produktbereiche und des Servicebereiches als eigene Profitcenter, als auch durch eine vollständige Trennung in eigenen Firmen vollzogen werden.

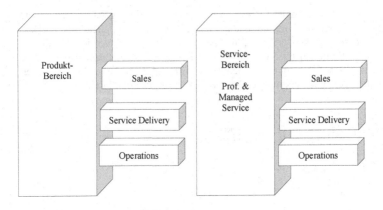

Abbildung 121: Vorschlag zur Entflechtung der SEN Organisation
Quelle: Eigene Darstellung

Der Servicebereich bedient in diesem Modell die Kunden, die sich mit Hilfe von Unified Communications differenzieren wollen, in speziellen Kundensegmenten direkt aber überwiegend über Channel. Neben den heute eigenen Produkten können hier, entsprechend den Anforderungen der Kundensegmente, die wichtigsten Hersteller im Markt mit integriert werden, wie z.B. Cisco und Microsoft. Damit hat der Servicebereich ein großes Potential für weiteres Wachstum. Der Produktbereich kann sich auf die Entwicklung der Software konzentrieren und den Servicebereich als einen seiner Channel bedienen. Varianten oder Teile des Portfolios können als OpenSource zur Verfügung gestellt werden, um die Entwicklungsressourcen der Open Source Communities (siehe Kapitel Fehler: Referenz nicht gefunden) zu nutzen und die Verbreitung der Software zur verstärken. Abbildung 122 zeigt die Beziehung der entflochtenen Einheiten.

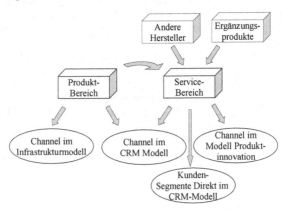

Abbildung 122: Entflechtung der Geschäftsmodelle durch Trennung Produkt- und Service
Quelle: Eigene Darstellung

Zusammenfassend ist für die Branche der Hersteller von Kommunikationssystemen festzustellen, dass UC keine Innovation mit dem Potential eine neue Generation von Equipment zu vermarkten ist, sondern der Anfang vom Ende des jetzigen Geschäftsmodelles. Sie werden sich auf weitere gravierende Veränderungen bis hin zur Vermarktung in Nischen oder dem Aufgehen in größere IT-Systemhäusern einstellen müssen, wenn es nicht gelingt neue tragfähige Geschäftsmodelle zu erschliessen, z.B. durch die Fokussierung auf den wachsenden Servicebereich. Damit entspricht die zukünftige Entwicklung dieses Sektor nicht mehr der fortdauernden, regelmäßigen Erneuerung, wie sie in Kapitel 3.3.4 für die Filmindustrie beschrieben wird, sondern dem Schrumpfungsprozess der Fotoindustrie in Kapitel 3.3.3. Selbst der Marktführer dieser Branche Kodak konnte hier nur deutlich verändert und deutlich verkleinert aus der Transformation hervorgehen, andere große Marktteilnehmer verschwanden völlig. Eine ähnliche Entwicklung erwarte ich in den nächste fünf Jahren für die traditionellen Hersteller von Kommunikationssystemen.

4. Zusammenfassung und Ausblick

Die Arbeit beschreibt die Entwicklung der Telekommunikation für Unternehmen bis zur aktuellen Innovation Unified Communications. Sie setzt die damit verbundenen Veränderungen in den Kontext der Innovationen in Folge der Verbreitung des Internets als fünfte "Lange Welle" der technologiebedingten Konjunkturzyklen. Unter der Betrachtung des Veränderungsprozesses der Geschäftsmodelle verwandter Branchen wird die weitere Entwicklung der Hersteller von Kommunikationslösungen diskutiert. Ein Modell der Optimierung ihres Geschäftsmodells wird vorgeschlagen.

Im Einzelnen betrachtet Kapitel 2.1 den Markt der Telekommunikationsausrüster für Unternehmen, indem zuerst der Begriff der Information und Kommunikation vorgestellt wird. Kommunikation bezeichnet den Austausch von Informationen, Telekommunikation diesen Austausch über Entfernungen hinweg. In Gutenbergs System der Produktionsfaktoren haben die Informationen einen gewichtigen Anteil: neben der zentralen Rolle der als dispositiver Faktor im Entscheidungsprozess und der optionalen Rolle als Betriebsmittel oder Werkstoff, kann Information auch als Objektfaktor den Produktionsprozess durchlaufen und Teil des erstellten Gutes sein. Information als Produktionsfaktor bedeutet, dass sie der Restriktion knapper Güter unterworfen werden muss und der effiziente Einsatz gefordert ist. Unternehmertum und unternehmerischer Erfolg oder Misserfolg beruhen letztendlich auf der ungleichen Verteilung von Informationen in Unternehmen und Gesellschaft", so dass gilt: „Die Informations- und Kommunikationstechnik stiftet Wettbewerbsvorteile"[204]

Ausgehend von der Beschreibung der Modelle der Kommunikation, differenziert nach nach Art der Beteiligten sowie die Kommunikationskanäle, wird der Untersuchungsbereich definiert. Gerpott unterteilt die Anbieter im Telekommunikationsmarkt in TK-Ausrüstungshersteller, Systembetreiber, Mehrwertdienstanbieter und TK-Dienstehändler[205]. Der betrachtete Ausschnitt „Kommunikations-systeme für Unternehmen" ist ein Teilbereich der TK-Ausrüstungshersteller und beinhaltet, historisch kommend aus dem Segment „Telekommunikationshardware", aufgrund von innovativer Substitution spezifischer Telekommunikationshardware durch Softwarelösungen immer größere Anteile des Segments „Software und IT-Dienstleistungen".

Kapitel 2.2 beschreibt die Entwicklung der Kommunikationssysteme über mehr als ein Jahrhundert sowohl aus der Blickrichtung der Technik als auch der anbietenden Unternehmen. Die notwendigen Investitionen in die Entwicklung der digitalen Entwicklungstechnik führten in den 80er Jahren zu einer Konsolidierung im Markt von vorher 27 auf weltweit 6 Hersteller, die neben ihrem jeweils starken nationalen Heimatmarkt eine wesentliche überregionale Positionen einnehmen können: Alcatel, AT&T, Ericsson, NEC, Nortel und Siemens. Die wichtigsten Wettbewerber im deutschen Markt waren 1985 Siemens und T&N, die mit ihren Nachfolgeorganisationen bis heute den deutschen Markt dominiert. Betrachtet man den Markt im Jahre 2005, so ergibt sich trotz aller techno-

---

[204] Vergleiche (Macharzina, 1999, Seite 649)
[205] Vergleiche (Gerpott, 1997)

logischen und ökonomischen Veränderungen ein bekanntes Bild. Infonetics Research[206] nennt die weltweit führenden Hersteller Nortel, Avaya, Siemens, Alcatel und Cisco mit NEC als #1 in seinem Kernmarkt Asia-Pacific. In Deutschland dominiert nach wie vor die Siemens mit inzwischen nach eigenen Angaben 35 Prozent Marktanteil. Man erkennt, dass die traditionelle Hersteller die Technologie VoIP vollständig „assimiliert" haben und es daher wenig Änderungen ausser Merger&Acquisitions sowie dem durch VoIP etablierten neuen Wettbewerber Cisco gibt.

Kapitel 2.3 stellt das innovative Konzept der „Unified Communications" und seiner Auswirkungen unter Einbeziehung von Herstellerinformationen und Analystenberichte und -reports dar. Die Nutzer der Kommunikationstechnik erfahren aufgrund der Fortschritte der Kommunikations-technologie und der Anforderungen des globalen Marktes eine komplexe und fragmentierte Kommunikationsumgebung mit vielfältigen Endgeräten und Medien. Eine Studie benennt die drei Top „Pain Points" der Business User: warten auf Informationen, ungewollte Kommunikation und ineffiziente Team Koordination. Jedes dieser Probleme wird von mindestens 80 Prozent aller Teilnehmer der Untersuchung gesehen (SEN, 2007a).

Fasst man verschiedene Definitionen und Sichtweisen von Unified Communications zusammen, so erkennt man, dass diese einerseits funktionale Ziele und andererseits Elemente und Komponenten beschreiben. Die am häufigsten beschriebenen Funktionen sind:
- die Verbesserung der Kommunikation und Kollaboration von Menschen durch die Integration von synchronen und asynchronen Medien,
- das Schaffen einer einheitlichen, grenzenlosen Nutzererfahrung,
- die Mobilität und Freiheit der Nutzung über verschiedene Endgeräte und deren übergreifende Steuerung,
- die Bereitstellung und Nutzung von Präsenzinformationen,
- die Integration der Kommunikationsfunktionen in Groupware und Geschäfts-applikationen.

Dazu werden folgende Elemente genannt:
- Realtime Kommunikation: Telefonie, Video, Instant Messaging
- Web-, Video- und Sprachkonferenzen,
- Webcollaboration
- Asynchrones Messaging: Email, VoiceMail, Fax
- Mobilität, „Access by any device"
- Desktop Integration
- Geschäftsprozessintegration (CEBP = Communications Enabled Business Processes)

Zusammenfassend kann man feststellen, dass eine Anzahl von Studien und Befragungen die reale Herausforderungen für Unternehmen in der Nutzung moderner Kommunikations-technologien aufzeigt. Die Hersteller von Unified Communications berechnen aus der Überwindung dieser Herausforderungen dann allerdings oft einen Unternehmenswert der UC basierend auf theoretischen Modellen. Trotz aller Marketing Aufwände der Hersteller

---

[206] Marktanteil 2005 weltweit aus (Infonetics Research, 2006)

haben noch nicht viele Unternehmen tatsächlich das Konzept Unified Communications implementiert. Auf die Frage: "Empfinden Sie, dass die UC Funktionen die Art und Weise Ihrer Arbeit verändert haben" antworteten 100 Prozent der befragten UC-Nutzer mit "Ja". Eine in der Verantwortung des Autors durchgeführte Befragung einer Pilot-Nutzergruppe von 300 Vertriebsmitarbeitern eines Herstellers von Kommunikationssystemen bestätigt sowohl mit einer Quote von 66 Prozent die tägliche Nutzung, als auch die vielfältige Nutzung der Funktionen.

Die vorhandenen Informationen zeigen, dass die frühen Nutzer von UC eine Auswirkung auf Ihre tägliche Arbeit und einen positiven Einfluss auf ihre persönliche Produktivität erfahren. Die Integration von UC in die Geschäftsprozesse der Unternehmen verspricht weiteres Potential. Die Implementierung von Unified Communications kann also eine echte Differenzierung sein und die Unternehmen können einen Wettbewerbsvorteil realisieren, wenn Sie neben der technischen Integration auch die notwendigen Verhaltensänderungen der Nutzer erreichen. Die traditionellen Hersteller im Kommunikationsmarkt wie auch Cisco als einziger wesentlicher Marktneuling aus der VoIP-Welle, sind dabei sich für die Anforderungen von Unified Communications durch umfangreiche Veränderungsprozesse, Akquisitionen und Partnerschaften zu rüsten. Dennoch ist hier eine deutliche weitere Konsolidierung des Marktes zu erwarten, so dass neben Microsoft, IBM und Cisco wohl nur noch zwei bis drei der etablierten Hersteller eine wesentliche Rolle spielen werden.

Kapitel 3.1 gibt einen Überblick über den Stand des Innovationsmanagements und beschreibt die Theorie der auf technologische Umbrüche basierenden Konjunkturzyklen. Der verwendete Begriff der „Innovation im engeren Sinne" wird definiert und in der historischen Entwicklung von Adam Smith über Marx bis Schumpeter betrachtet. Die Verbreitung von Innovationen wird durch die Modelle der Diffusion, im Mooreschen Phasenmodell sowie über die Hypecycles von Gartner dargestellt. Christensen „Disruptive Innovations Theory" mit der Abgrenzung von „sustaining" oder bewahrenden und „disruptive" oder unterbrechenden Innovationen wird beschrieben. Das Konzept der Geschäftsmodelle und der Entwicklung von Innovationen vom Core- zum Context wird erklärt. Konjunkturzyklen durch technologische Entwicklung werden dargestellt. Hier kann man feststellen, dass es seit dem Beginn der Industrialisierung mehrfach wellenförmige massive Anpassungsprozesse gab, ausgelöst durch die Einführung und Ablösung von disruptiven Basistechnologien, die mit ca. 50 Jahren jeweils mehrere Generationen gedauert haben. Die Informationsverarbeitung und -übertragung trägt eine solche Welle, deren Anpassungsvorgänge nach dem Modell der langen Innovationswellen noch mehr als ein Jahrzehnt fortdauern können.

Kapitel 3.2 untersucht darauf aufbauend die Treiber des Umbruches zur Veränderungswelle der Informations- und Kommunikationstechnologien. Neben der Technologieentwicklung wird die gesellschaftliche Entwicklung und die Entwicklung der Geschäftsmodelle beleuchtet .

In der Technologieentwicklung kann man bei den drei die Leistungsfähigkeit der Digitalisierung charakterisierenden Größen Recheneinleistung, Speicherkapazität und Kapazität der Vernetzung über die vergangenen 40-50 Jahre eine Verdoppelung alle 18-24

Monate feststellen. Bei den zugehörigen Kosten ergibt sich eine Halbierung alle 18-20 Monate. Der gleiche Trend ist auch für die weitere Entwicklung absehbar. Auch in der Betrachtung der Entwicklung der Bandbreite des Internets über die letzten Jahre erkennt man das exponentielle Wachstum mit durchschnittlich 57 Prozent pro Jahr, entsprechend einer Verdoppelung alle 19-20 Monate. Dabei verdoppelt sich auch die Anzahl der Internetknoten im Durchschnitt alle 2 Jahre.

Bei der Betrachtung der gesellschaftlichen Entwicklung und der Entwicklung der Geschäftsmodelle kann man feststellen,dass gravierende Veränderung auch in den Unternehmen durch die neue Nutzung von Medien in der „Net-Generation" zu erwarten sind. Soziale Netzwerke, Web 2.0 und Digital Communities beinhalten Nutzung von Präsenz, Instant Messaging, Offenheit und aktive Partizipation. Gaming beinhaltet die Gewöhnung an „Virtual Reality" sowie die digitale Collaboration. Die in Kapitel 3.1 gezeigte These des Veränderungsprozesses durch das Internet als „Lange Welle" mit einem Anpassungsprozess über mehrere Generationen, wird durch die Betrachtung der gesellschaftlichen Entwicklung verstärkt: Neue Technologien ermöglichen neue Anwendungen die wiederum neue Technologien treiben. Die Auswirkungen auf die Wirtschaft werden mit der jetzt und zukünftig in die Arbeitswelt strömenden „Digital Native" Generation deutlich werden und durch die fortschreitende Innovation im Internet der Zukunft weiter getrieben.

Kennzeichnend für viele Geschäftsmodelle im Internet ist der Netzwerkeffekt. Die für Netzwerk Güter typische Nachfragekurve resultiert aus dem steigenden Wert des Netzwerkgutes mit wachsender Anzahl von Netzwerknutzern, der erst später mit dem üblichen Effekt der geringeren Zahlungsbereitschaft weitere Nutzer wieder sinkt. Damit werden geringe Einstiegskosten in neue Geschäftsmodelle praktisch erzwungen und kostenfrei Geschäftsmodelle für die User stark gefördert. Fazit ist, dass auch bei den neuen Geschäftsmodellen im Internet die Gesetze der Marktwirtschaft gelten, überlagert allerdings von monetär nicht direkt erfassbaren Größen: Aufmerksamkeit (Traffic) und Anerkennung (Anzahl Links, „Freundschaften", „Followers"), die in der „digitalen Generation" eine immer höhere Bedeutung erlangen. Damit muss man die wachsenden Bedeutung der nicht-monetären Komponenten feststellen, die sich in in Form der freien Mitarbeit im Web 2.0 und der zunehmenden freien Software „OpenSource" ausdrückt. Es zeigt sich ein hohe Bedeutung der OpenSource Software im Bereich der Internet-Backbone und Server-Applikationen mit vielfältigen Beispielen der erfolgreichen Integration von OpenSource in kommerzielle Unternehmen und mit erfolgreichen Geschäftsmodellen rund um die „Freie Software". Auch im Bereich der Microsoft Monopol-Domäne der PC- und Desktop-Applikationen zeigt sich ein wahrnehmbarer Fortschritt der freien Software mit deutlichen Auswirkungen auf die Marktpreise und damit das Geschäftsmodell des Monopolisten. Eine Erklärung für die wachsende Produktivität auf Basis von nicht monetären Motiven kann die Bedürfnistheorie von Maslow liefern. Nachdem wir bereits festgestellt haben, dass der Marktmechanismus der Preisfestsetzung durch Angebot und Nachfrage bei den Informations-Gütern mit der Eigenschaft „Nonexcludable" und „Nonrival" nicht mehr gilt, verhalten sich nun auch die Menschen in vielen Fällen nicht mehr entsprechend dem der Betriebswirtschaft zugrunde liegenden Rationalansatz. Hier stellt sich in der Tat die Frage nach der Anwendbarkeit der Betriebswirtschaftslehre. Eine Antwortversuch findet sich in der interdisziplinären Glücks- oder Zufriedenheitsforschung (original „Happiness Research"), die sowohl untersucht, wie Güter und Dienstleistungen von Menschen bewertet werden, als auch ihre sozialen Umstände und Bedingungen. Im „Lebenszufriedenheits-Ansatz" wird das subjektiv empfundene Wohlbefinden der Menschen untersucht, zu dessen empirischer Ermittlung inzwischen einige anerkannte Methoden existieren.

Kapitel 3.3 schließlich stellt die Auswirkungen der Veränderungsprozesse dar. Dabei wird zwischen den Branchen im Umfeld der digitalen und digitalisierbaren Güter, den Branchen der Informations- und Kommunikationstechnologie und den allgemeinen Branchen differenziert. Die Unternehmen sind durch Digitalisierung und Internet in unterschiedlichem Maße und in unterschiedlichen Zeiträumen betroffen. Betrachtet man einige der betroffenen Branchen in der gezeigten zeitlichen Reihenfolge, aufbauend auf dem in Kapitel 3.1 gezeigten 5. Konjunkturzyklus, so bestätigt sich die grundsätzliche These, dass die Veränderungen in den direkt betroffenen Branchen früher begonnen haben, während sie in anderen Branchen noch ganz am Anfang oder vor dem Anfang steht. In der Reihenfolge des steigenden Umsetzungsgrades werden die Musikindustrie, die Foto- und Filmindustrie sowie die Buchbranche beschrieben.

Die Musikindustrie ist mitten in einer tiefen Krise als natürliche Folge der Digitalisierung, die in der Musikindustrie zwei Phasen erkennen lässt. Zu Beginn sehen wir einen „Kurzzeiteffekt", der durch die Digitalisierung analoger Musiksammlungen sogar einen Boom auslösen kann. Die nachfolgende Phase wirkt mit den Langzeiteffekten durch die Änderung des Verhaltens der Nutzer, die sich in der vollen Ausprägung erst über ein bis zwei Generationen zeigen. Die damit verbundenen Zerstörung von Geschäftsmodellen führt zu gravierenden Änderungen, die in der Musikindustrie noch in vollem Gange sind und vor allem auf Kosten der Musikverlage als Mittler zwischen Künstlern und Konsument geht.

Die erste Phase der Digitalisierung in der Fotobranche ist, bei weitgehend gleichem Geschäftsmodell, nahezu abgeschlossen. Die Branche sieht sich „über den Berg", ein Zitat des deutschen Photoindustrie-Verbands sagt dazu: „Die Foto- und Imagingindustrie ist mit der Absatzentwicklung ihrer wichtigen Produktsegmente in 2009 – trotz Wirtschaftskrise – durchaus zufrieden und blickt optimistisch in das photokina-Jahr 2010" (Photo-industrieverband, 2009). Dabei sind aber meines Erachtens die langfristigen Folgen der Digitalisierung nicht berücksichtigt. Die Veränderungen des Nutzerverhaltens werden mittelfristig ein weiteres deutliches Absinken der „physikalischen" Photos bringen und die Integration der qualitativ immer besser werdenden Photofunktion in die allgegenwärtigen Handys und Smartphones wird die Branche langfristig deutlich treffen.

Die Filmindustrie schafft es über mehr als 10 Jahre der fortschreitenden Digitalisierung durch periodische Innovationen mit für den Nutzer spürbaren Qualitätssteigerungen verbunden mit Steigerung der Datenmengen, die Geschäftsmodelle des Kinos und des Filmverleihes und -verkaufs aufrecht zu halten. Durch die gerade aufkommenden Innovationen des hochauflösenden „HighDefiniton"- Films und der 3D-Technik setzt sich dieser Trend fort. Damit kann diese Branche voraussichtlich auch über das nächste Jahrzehnt weiter erfolgreich sein.

Für die Buchbranche wird gezeigt, dass in den neuen Modellen die Autoren, trotz deutlich geringerer Medienpreise, mehr verdienen als in den traditionellen Wertschöpfungsketten und den ersten Online-Geschäftsmodellen. Deutlich sinken dagegen die Einnahmen der Verlage, Großhändler tauchen naturgemäß gar nicht mehr in der Wertschöpfung auf. Interessant ist das neue Modell der Direktvermarktung, in dem jeder Autor seine Werke sogar ohne Verlag im Online-Shop vermarkten kann, und dabei sogar bei einem Medienpreis von vier Euro noch gute Erlöse erzielt. Verknüpft mit Social-Media Marketing als Ersatz der Marketingarbeit eines Verlages ist dieses Modell für einige Autoren eine Alternative und spürbar auf dem Vormarsch. Deutlich erkennt man aber auch die Veränderungen, die den Buchmarkt in der weiteren Entwicklung erwarten: Die Großhändler und die Buchhandlungen werden massiv unter Druck kommen, es wird zur Konzentration und deutlichen Verkleinerung kommen. Ebenso die Verlage, die eine neue Rolle als Dienstleister der Autoren finden müssen. Für die Autoren und für die Leser bietet die Veränderung dagegen große Chancen.

Getrieben vom rasanten Preisverfall bei gleichzeitiger Leistungsentwicklung der elektronischen Komponenten ist die Informationstechnologie mit den aufeinander aufbauenden Segmenten der Teile und Komponenten, der Netzinfrastruktur, der Rechner, der Telekommunikationsdienste und der Anwendungen von innovativer Entwicklung betroffen. Zur „Commoditization" der PCs und Notebooks kommt die Konvergenz der Mobilfunkendgeräte. Getrieben vom Trend der Mobilität werden zunehmend die in Kapitel 2.3 beschriebenen Möglichkeiten der mobilen Datenübertragung genutzt. Getriggert durch den Erfolg des Apple iPhone steigen auch Google mit Android und Windows mit Mobile7 in das Rennen um das konvergente mobile Internet-Endgerät ein, das immer mehr Anwendungen eines Personalcomputers bzw. Laptops integriert. Es lässt sich feststellen, dass die Zeit des hohen Umsatz- und Gewinnwachstums für die Softwarehersteller vorbei ist. Software as a Service (SaaS) mit einem hohen Anteil an OpenSource Software wird einen zunehmenden Anteil erobern. Steigender Preisdruck auf traditionelles Geschäftsmodell entsteht auch durch die direkte Konkurrenz mit der immer besser werdenden OpenSource Software und durch das neue Geschäftsmodell der Applikations-Download oder „Apps"-Portalen, mit Mikropreismodellen. Die Informations- und Kommunikationsbranche ist damit zusammenfassend geprägt von einer Konsolidierung nach einer Jahrzehnte dauernden Wachstumsphase. Die auftretenden Vereinfachungen der Architekturen mit einer „Commoditization" vieler ehemals hochwertiger und hochpreisiger Segment führen für die Anwender der Informations- und Kommunikationstechnik zu höherer Flexibilität und steigender Produktivität, oft auf Kosten traditioneller Geschäftsmodelle und damit auf Kosten von Herstellern, die sich nicht rechtzeitig selber erneuern können.

Als Fazit über alle „Allgemeinen Branchen" lässt sich feststellen, dass die heutigen und zukünftigen Veränderung sehr breit auftreten. Bereiche die nicht betroffen sind, finden sich kaum: am ehesten im immer kleiner werdenden primären Sektor und in manuellen, wenig wissensbasierten Produkten und Dienstleistungen, z.B. Lebensmitteln. Aber auch hier gibt es oft Einflüsse über hohe Markttransparenz und ggf Substituierung anderer Güter und Dienstleistungen. Ansonsten ist durch die demographische Entwicklung und durch

Ausweitung auf weitere Branchen/Sektoren auch hier die Ausweitung der Kunden-schnittstelle Internet zu erwarten, mit weiteren Veränderungen und Konsolidierungen:

- Druck auf alle Zwischenstufen in der Wertschöpfungskette bis hin zur Reduzierung von Zwischenstufen in der Wertschöpfungskette
- Intensivierung der Kundenschnittstelle durch das Internet – ergänzend und teilweise substituierend zur bisherigen Kundenschnittstelle der physikalischen Filialen.
- Preisdruck durch Transparenz und neue Geschäftsmodelle
- Die Innovation wird mit unverändertem Tempo fortschreiten und führt zu Veränderungen und „Kreativer Zerstörung". Es ist sinnlos und kontraproduktiv nur zu bewahren und durch langfristige Garantie und Subvention von Arbeitsplätzen die notwendigen Veränderung zu verzögern, sondern sinnvoll und notwendig hier die marktwirtschaftlichen Prozesse der Entstehung und des Vergehens von Unternehmen zu fördern.

Abschließend schließt die Diskussion der Auswirkungen auf die Anbieter der Kommunikations-lösungen den Kreis zum Kapitel 2.2 Aus Sicht der „Verbraucher" wird das Medium Telefon zum „Context", d.h. zur Infrastruktur. Im Rahmen der Gesamt IT-Infrastruktur liegt der Fokus der Kunden also auf Kostensparen und schlanken Prozessen, sogar ein Outsourcing der Infrastruktur wird häufig geprüft. Der Wert der Sprachkommunikation wird für die Kunden so gering, dass der „Share of Wallet" mit Hersteller der Sprachinfrastruktur unter die Grenze schrumpft, bis zu der man sich auf relevanten Ebenen mit seinen Partnern und Lieferanten unterhalten möchte. Dass traditionelle Geschäftsmodell wird damit unmöglich oder zumindest unwirtschaftlich, so dass sich dringend eine Entflechtung des gemischten Geschäftsmodelles entsprechend der in Kapitel 3.1 beschriebenen Systematik empfiehlt.

Drei Ansatzpunkte charakterisieren UC als eine erneute disruptive Erneuerung mit gravierende Auswirkungen auf den Markt der Hersteller der Kommunikationsanlagen: erstens die Erweiterung der Anbieter-Landschaft um IT-Anbieter wie HP, IBM und Microsoft . Zweitens die veränderte Wahrnehmung und Steuerung der Architektur der Unternehmenskommunikation und drittens die Änderung im Absatz-Kanal zum Consultative Selling über die gesamte Breite der IT. Zusammenfassend ist für die Branche der Hersteller von Kommunikationssystemen festzustellen, dass UC keine Innovation mit dem Potential eine neue Generation von Equipment zu vermarkten ist, sondern der Anfang vom Ende des jetzigen Geschäftsmodelles. Sie werden sich auf weiteres Schrumpfen und Veränderungen bis hin zur Vermarktung in Nischen oder dem Aufgehen in größere IT-Systemhäusern einstellen müssen, wenn es nicht gelingt neue tragfähige Geschäftsmodelle zu erschließen, z.B. durch die Fokussierung auf den wachsenden Servicebereich. Damit entspricht die zukünftige Entwicklung dieses Sektor nicht mehr der fortdauernden, regelmäßigen Erneuerung, wie sie in Kapitel 3.3.4 für die Filmindustrie beschrieben wird, sondern dem Schrumpfungsprozess der Fotoindustrie in Kapitel 3.3.3. Selbst der Marktführer dieser Branche Kodak konnte hier nur deutlich verändert und deutlich verkleinert aus der Transformation hervorgehen, andere große Marktteilnehmer verschwanden völlig. Eine ähnliche Entwicklung ist in den nächste fünf Jahren für die traditionellen Hersteller von Kommunikationssystemen zu erwarten.

Naturgemäß existieren **Begrenzung der Arbeit** die im Ausblick weitere Untersuchungen motivieren können. Zum einen ist der Zyklus der Verbreitung der Innovation Internet noch nicht abgeschlossen, daher ist die Betrachtung der weiteren Entwicklung mit Ihren Auswirkungen auf die Unternehmen offen. Zum anderen behandelt die Arbeit im Schwerpunkt das begrenzte Segment der Hersteller von Kommunikationslösungen und mit abnehmender Detaillierung angrenzende Segmente im Umfeld digitaler und digitalisierbarer Güter sowie der Informations- und Kommunikationsindustrie. Über die Auswirkungen auf die weiteren Branchen kann nur ein allgemeiner Überblick gegeben werden. Gerade hier sind im noch ausstehenden Teil des Innovationszyklus weitere Auswirkungen zu erwarten.

Im Ergebnis leistet diese Arbeit somit drei wichtige Beiträge zum Verständnis des Veränderungsprozesses in Unternehmen der durch die Entwicklung digitaler Medien getrieben wird. Erstens stellt sie die Bedeutung der Funktion der Telekommunikation in Unternehmen dar und betrachtet die Entwicklung des zugehörigen Marktes für Telekommunikationsinfrastruktur in der Veränderung durch den Technologieumbruch Voice over IP.

Zweitens analysiert sie die Innovation "Unified Communications" und ihre Auswirkungen sowohl auf die nutzenden Unternehmen als auch auf den Telekommunikationsmarkt. Nach einer Untersuchung und Einordnung von Unified Communications in die Unternehmensfunktionen vergleicht der Artikel konkrete Erfahrungen der nutzenden Unternehmen mit dem theoretischen Konzept und den Versprechen der Hersteller. Daraus wird eine konkrete Prognose zur weiteren Entwicklung des Marktes entwickelt.

Schließlich werden drittens und zusammenfassend, entsprechend dem Hauptziel der Arbeit, die Treiber der Veränderung herausgearbeitet und in den Zusammenhang der gesamten gesellschaftlichen und technologischen Entwicklung im Umfeld der digitalen Medien gestellt. Daraus abgeleitet werden Ansätze des Managements dieser Veränderung aufgezeigt. Über die Betrachtung der Veränderung weiterer Branchen werden Aussagen zu kommenden Umbrüchen in weiteren Branchen getroffen.

Damit wird ein Beitrag zum Verständnis und Management des Veränderungsprozesses geschaffen, der nicht nur für den Telekommunikationsmarkt, sondern auch für weitere Branchen gilt, die durch die gleichen Faktoren in ebenso grundlegende Veränderungen getrieben werden.

5. Literaturverzeichnis und Anlagen

5.1 Literatur- und Quellenverzeichnis

Abendblatt (2009): „Bilanz - Musikkonzern Warner macht Verlust mit CD-Verkauf - Wirtschaft - Hamburger Abendblatt". Abgerufen am 29.03.2010 von
http://www.abendblatt.de/wirtschaft/article1282734/Musikkonzern-Warner-macht-Verlust-mit-CD-Verkauf.html.

Acer Group (2009): „Financial Reports Acer Group". *Investor_Relations Acer Group.* Abgerufen am 8.05.2010 von http://www.acer-group.com/public/Investor_Relations/financial_reports.htm.

Alcatel-Lucent (2009): „Alcatel-Lucent unified communications solutions". Abgerufen am 7.08.2009 von http://enterprise.alcatel-lucent.com/?solution=UnifiedCommunications&page=Homepage.

Alexa (2009): „Alexa Help System • View topic - How are Alexa's traffic rankings determined?". Abgerufen am 15.12.2009 von
http://www.alexa.com/help/viewtopic.php?f=6&t=17&sid=da55b56f97f33c8ef67db2be229e309d.

Amazon.com (2010): „Amazon.com Investor Relations: Presentations". Abgerufen am 24.03.2010 von http://phx.corporate-ir.net/phoenix.zhtml?c=97664&p=irol-presentations.

Andersen, Birgitte; Frenz, Marion (2007): „Impact of Music Downloads - P2P File-Sharing on Music Purchases - Andersen - Frenz - 2007 – ELib.at". Abgerufen am 14.08.2009 von http://elib.at/index.php/Impact_of_Music_Downloads_-_P2P_File-Sharing_on_Music_Purchases_-_Andersen_-_Frenz_-_2007.

Anderson, Chris (2009): *Free: The Future of o Radical Price.* New York: Hyperion. — ISBN: 978-1-4013-1001-1

Anderson, Chris (2006): *The Long Tail.* New York: Hyperion. — ISBN: 978-1-4013-0966-4

Anthony, Scott; Johnson, Mark W.; Sinfield, Joseph V.; u. a. (2008): *The Innovators's Guide to Growth - Putting Disruptive Innovation to Work.* Boston: Harvard Business. — ISBN: 978-1-59139-846-2

Apache Software Foundation (2009): „About the Apache HTTP Server Project - The Apache HTTP Server Project". Abgerufen am 28.01.2010 von
http://httpd.apache.org/ABOUT_APACHE.html.

Arnold, John; Silvester, Joanne; Patterson, Fiona; u. a. (2005): *Work Psychology: Understanding Human Behaviour in the Workplace.* 4. Aufl. Harlow: Pearson Educations, Inc. — ISBN: 978-0-273-65544-2

Aspect (2009): „The Contact Center: The Logical Starting Point for Every Unified Communications Strategy". Abgerufen am 29.08.2009 von
http://www.aspect.com/viewpoint/Aspect_UnifiedCommunications_ViewPoint.pdf.

Avaya (2009): „Avaya White Paper Unified Communications". Abgerufen am 14.08.2009 von http://newsletter.avaya.de/ctm/issues/200902/lp/assets/dl/uc4103ge.pdf.

Baran, Paul (1964): „On Distributed Communications: I. Introduction to Distributed Communications Networks". Abgerufen am 17.01.2009 von http://www.rand.org/pubs/research_memoranda/RM3420/.

Becker, Jörg (1999): „Informationsmanagement". In: *Betriebswirtschaftslehre*. Oldenbourg, 3.Auflage, – ISBN: 3-486-25066-3.

Beer, David (2008): „Social network(ing) siteshelliprevisiting the story so far: A response to danah boyd & Nicole Ellison ". *Journal of Computer-Mediated Communications*. Abgerufen am 7.05.2010 von http://www3.interscience.wiley.com/journal/119414145/issue.

Berlecon Research (2009): „UC in der öffentlichen Verwaltung". Abgerufen am 14.08.2009 von http://www.berlecon.de/topics/?we_objectID=426.

Berlecon Research (2007): „Unified Communications für den Mittelstand". *Berlecon Research - Login*. Abgerufen am 21.01.2009 von http://www.berlecon.de/site/login.php.

Berners-Lee, Tim (1989): „Information Mangement: A Proposal". *http://info.cern.ch*. Abgerufen am 25.01.2009 von http://info.cern.ch/.

Berners-Lee, Tim (2000): *Weaving the Web*. HarperCollins. — ISBN: 0-06-251587-X

Besprosvan (2001): „Unified communications system - Google Patent Search". Abgerufen am 28.08.2009 von
http://www.google.de/patents?
hl=de&lr=&vid=USPATAPP9799847&id=jhqEAAAAEBAJ&oi=fnd&dq=unified+communications +besprosvan.

Bitkom (2009a): „24 Millionen Deutsche führen Bankkonto im Internet (2009) - BITKOM". Abgerufen am 9.04.2010 von http://www.bitkom.org/de/presse/62013_57847.aspx.

Bitkom (2009b): „Leitfaden für SaaS Anbieter (Software as a Service (ASP)) - BITKOM". Abgerufen am 21.04.2010 von http://www.bitkom.org/de/themen/40604_38619.aspx.

Bitkom (2007a): „Zukunft digitale Wirtschaft". *Studien und Grundsatzpapiere - BITKOM*. Abgerufen am 17.01.2009 von http://www.bitkom.de/de/publikationen/38338.aspx.

Bitkom (2007b): „Zahl der Mobilfunk-Anschlüsse steigt weiter in Deutschland (Mobiltelefone) - BITKOM". Abgerufen am 8.02.2009 von http://www.bitkom.org/46624_44673.aspx.

Bleich, Holger (2008): „Gezielte Panikmache - Wer mit dem Internet Kollaps droht und warum dieser wohl ausbleibt". In: *CT*. (20/2008), S. 88-92.

Bleicher, Kurt (1999): *Das Konzept Integriertes Management*. Campus. — ISBN: 3-593-36194-9

Blodget, Henry (2010): „Amazon Fires Missile At Book Industry, Launches 70% Kindle Royalty Option". *Businessinsider*. Abgerufen am 27.03.2010 von
http://www.businessinsider.com/henry-blodget-amazon-fires-torpedo-at-book-industry-launches-70-kindle-royalty-option-2010-1.

Boyd, Danah (2008): „Taken out of Context". *danah boyd :: Publications*. Abgerufen am 7.05.2010 von http://www.danah.org/papers/.

Bundesnetzagentur (2009): „Bundesnetzagentur Telekommunikationsdienstemarkt". Abgerufen am 11.04.2010 von
http://www.bundesnetzagentur.de/cln_1912/DE/Sachgebiete/Telekommunikation/Marktbeobachtung/ TKDiensteMarkt/TKDiensteMarkt_node.html.

Bundesverband der Musikindustrie (2010): „Bundesverband Musikindustrie: Weltweiter Umsatz mit digitaler Musik übersteigt die 25%-Grenze – Über 11 Millionen Titel auf knapp 400 legalen Musikservices erhältlich". Abgerufen am 4.03.2010 von
http://www.musikindustrie.de/politik_einzelansicht0/back/110/news/weltweiter-umsatz-mit-digitaler-musik-uebersteigt-die-25-grenze-ueber-11-millionen-titel-auf-knapp/.

Bundesverband deutscher Banken (2008): „Beschäftigte nach Bankgruppen". *Banken in Deutschland — Bundesverband deutscher Banken.* Abgerufen am 12.05.2010 von
http://www.bankenverband.de/service/statistik-service/banken/index_html/?searchterm=besch%C3%A4ftigte.

Burgelman, Robert A.; Christensen, Clayton M.; Wheelwright, Steven C. (2009): *Strategic Management fo Technology and Innovation.* Fifth International Edition. Boston: McGraw-Hill. — ISBN: 978-007-12632-0

Busch, Christioph (2009): „Geschichte und Definition des Begriffs Callcenter sowie dessen Organisationsformen". Abgerufen am 28.08.2009 von http://www.competence-site.de/call-center/Geschichte-Definition-Begriffs-Callcenter-sowie-dessen-Organisationsformen.

Bündnis 90/Die Grünen (2009): „Bundestagsfraktion Bündnis 90/Die Grünen – Eine Kulturflatrate ist machbar!". Abgerufen am 16.03.2010 von
http://www.gruene-bundestag.de/cms/netzpolitik/dok/278/278135.eine_kulturflatrate_ist_machbar.html.

BVV (2009): „BVV Medien - Bundesverband Audiovisuelle Medien". Abgerufen am 21.03.2010 von
http://www.bvv-medien.de/index.php?content_id=19.

Capgemini (2010): „Benchmark Measurement of European eGovernment services". Abgerufen am 23.08.2010 von
http://www.de.capgemini.com/insights/publikationen/Benchmark_Measurement_of_European_eGovernment_services/?f_site=www

Capgemini (2008): „CRM Barometer 2008 | Capgemini". Abgerufen am 28.08.2009 von http://www.ch.capgemini.com/de/presse/pressemitteilungen/crm_barometer_2008/.

Carr, Houston H.; Snyder, Charles a. (1997): *Management of Telecommunications.* Chicago: McGraw-Hill, – ISBN: 0-256-21961-3.

Christensen, Clayton (2000): *The Innovators Dilemma.* New York: HarperBusiness, – ISBN: 978-0-06-052199-8

Christensen, Clayton; Anthony, Scott; Roth, Erik (2004): *Seeing whats's next.* Boston: Harvard Business. – ISBN: 978-1-59139-185-2

Ciolek, Mathew (2008): „Global Networking Timeline". *Asia Pacific Research Online.* Abgerufen am 29.09.2009 von http://www.ciolek.com/PAPERS/milestones.html.

CIPA (2010): „CIPA:Digital Cameras". Abgerufen am 16.03.2010 von
http://www.cipa.jp/english/data/dizital.html.

Cisco (2009): „Cisco Unleashes the Power of Virtualization with Industry's First Unified Computing System -> Cisco News". *Cisco - Press Release.* Abgerufen am 6.09.2009 von
http://newsroom.cisco.com/dlls/2009/prod_031609.html.

Cisco (2007): „CISCO - Unified Communications - the CISCO definition - The Strategic Path: Free White Papers on Unified Communications, Collaboration, Business Data Management & IT". Abgerufen am 14.08.2009 von http://www.strategicpath.com.au/page/Sponsor_Articles/CISCO/CISCO_- _Unified_Communications__the_CISCO_definition/.

computerweekly (2009): „Computer Weekly polls organisations on Microsoft vs Open Source products | Open Source Schools". *Open Source Schools.* Abgerufen am 26.01.2010 von http://opensourceschools.org.uk/computer-weekly-polls-organisations-microsoft-vs-open-source-products.html.

Computerwoche (2010a): „Elektronischer Brief: "Wir wollen nicht noch einen E-Mail-Dienst anbieten" - computerwoche.de". *www.computerwoche.de.* Abgerufen am 13.04.2010 von http://www.computerwoche.de/software/office-collaboration/1930124/.

Computerwoche (2010b): „HP bleibt die Nummer eins: Billig-Notebooks treiben den PC-Markt - computerwoche.de". Abgerufen am 14.02.2010 von http://www.computerwoche.de/hardware/notebook-pc/1927445/.

Computerwoche (2005): „Steigender Bedarf an integrierten Arbeitsplatzsystemen lenkt Entscheider in Richtung PBX:: Digitale Nebenstellentechnik bringt Chefetage in Zugzwang - computerwoche.de - Archiv 1985 / 16". Abgerufen am 17.01.2009 von http://www.computerwoche.de/heftarchiv/1985/16/1168859/.

Computerwoche (2002): „Voice over IP/Die hohen Erwartungen werden (noch) nicht erfüllt: Der Markt für VoIP hinkt hinterher - 2002 / 17". *computerwoche.de - Archiv* . Abgerufen am 7.08.2010 von http://www.computerwoche.de/heftarchiv/2002/17/1061355/.

Computerwoche (1991): „Preisverfall zwingt Anbieter zu internationalem Geschäft: TK-Industrie: FuE-Kosten sind nur für die Großen finanzierbar - 1991 / 49". *computerwoche.de - Archiv*. Abgerufen am 7.08.2010 von http://www.computerwoche.de/heftarchiv/1991/49/1143235/.

Computerwoche (1990): „Ramtron und NMB entwickeln 4-MB-DRAM - computerwoche.de - Archiv 1990 / 13". Abgerufen am 26.09.2009 von http://www.computerwoche.de/heftarchiv/1990/13/1145099/.

Computerwoche (1985): „Steigender Bedarf an integrierten Arbeitsplatzsystemen lenkt Entscheider in Richtung PBX:: Digitale Nebenstellentechnik bringt Chefetage in Zugzwang - 1985 / 16". *computerwoche.de - Archiv Co.* Abgerufen am 7.08.2010 von http://www.computerwoche.de/heftarchiv/1985/16/1168859/.

Computerworld (2009): „The truth about Windows users". Abgerufen am 24.01.2010 von http://www.computerworld.com/s/article/9137738/The_truth_about_Windows_users?taxonomyId=0&pageNumber=1.

CT (2009a): „App Store feiert Geburtstag". In: *CT.* 16/2009, S. 41.

CT (2009b): „c't - 16.04.09 - PC-Markt bricht weniger stark ein als befürchtet". Abgerufen am 15.02.2010 von http://www.heise.de/ct/meldung/PC-Markt-bricht-weniger-stark-ein-als-befuerchtet-213422.html.

CT (2009c): „Das universelle Buch - Mobiles Lesen mit E-Books und E-Book-Readern". In: *CT 25/2009.* S. 134-137.

CT (2009d): „Download Rekord". In: *CT.* 24, 2009, S. 40.

CT (2008a): „Bürosoftware im Alltagstext - Vergleich von OpenOffice 3.0 mit Micorsoft Office 2007". In: *CT 22/2008*.

CT (2008b): „Digitales Rechtemanagement auf dem Rückzug". In: *CT 15/2008*.

CT (2008c): „Der Wert von Linux". In: CT 24,2008.

DELL (2010): „Fiscal Year 2009 in Review: Highlights | Dell". *Investor Relations DELL*. Abgerufen am 8.05.2010 von http://content.dell.com/us/en/corp/d/corp-comm/ir-fy09-in-review-charts.aspx.

Deloitte (2009): „Global Powers of Retailing 2008". Abgerufen am 22.02.2010 von http://www.deloitte.com/view/de_DE/de/branchen/consumerbusinessandtransportation/handel/article /9a5a90460910e110VgnVCM100000ba42f00aRCRD.htm.

DGB (2004): „Öffentliche Dienstleistungen –allgemein zugänglich und qualitativ hochwertig. Gewerkschaftliche Eckpunkte zur Gestaltung von eGovernment". Abgerufen am 8.09.2010 von http://www.dgb.de/search?search_text=egovernment&x=20&y=11.

Digium.Inc (2009): „About The Asterisk Project | Asterisk". Abgerufen am 28.05.2010 von http://www.asterisk.org/asterisk.

Digium.Inc (2010): „Company - Digium®, The Asterisk Company". Abgerufen am 28.05.2010 von http://www.digium.com/en/company/.

Donata, Ulrich (2008): „Das Internet und die Transformation der Musikindustrie - Rekonstruktion und Erklärung eines unkontrollierten sekoralen Wandels". Max-Planck-Institut für Gesellschaftsforschung Discussion Paper 08/07 Köln.

Dostalek, Libor; Kabelova, Alena (2006): *Understanding TCP/IP*. Birmingham: Packt Publishing Ltd. — ISBN: 1-904811-71-X

DSL-Magazin (2008): „Breitband Zugänge sind in Firmen weit verbreitet". Abgerufen am 25.01.2009 von http://www.dsl-magazin.de/news/20-prozent-aller-hiesigen-firmen-haben-noch-kein-dsl_23500.html.

E-Commerce-Center Handel (2008): „E-Commerce-Center Handel - Berichtsband "Kommunikation 2008 - Wo steht Ihr Unternehmen?"". Abgerufen am 3.02.2009 von http://www.ecc-handel.de/berichtsband_kommunikation_2008_-_wo_steht_ihr.php.

Ebay (2010): „eBay weltweit - Fast Facts". *eBay Deutschland - Presse Service Center*. Abgerufen am 1.04.2010 von http://presse.ebay.de/news.exe?content=FW.

ECIN (2009): „Online geht die Sonne auf - ECIN - Electronic Commerce Info Net". Abgerufen am 17.11.2009 von http://www.ecin.de/news/2009/07/08/13361/.

European Union (2009a): „EUROPA - Press Releases - Antitrust: Commission confirms sending a Statement of Objections to Microsoft on the tying of Internet Explorer to Windows". Abgerufen am 5.02.2010 von http://europa.eu/rapid/pressReleasesAction.do?reference=MEMO/09/15.

European Union (2009b): „Ministerial Declaration on eGovernment". Abgerufen am 23.08.2010 von http://www.egov2009.se/wp-content/uploads/Ministerial-Declaration-on-eGovernment.pdf

European Union (2007): „Ministerial Declaration – Meeting in Lisbon on the occasion of the Ministerial eGovernment Conference". Abgerufen am 23.08.2010 von http://www.egov2007.gov.pt/images/stories/ministerial_declaration_final_version_180907.pdf

Europäische Zentralbank (2009): „GDP and expenditure components - National accounts and output indicators - Prices, output, demand and labour market - ECB Statistical Data Warehouse". *Statisticla Data Warehouse*. Abgerufen am 5.09.2009 von http://sdw.ecb.europa.eu/browse.do?node=2120796.

Fernmeldemuseum Aachen (2009): „Telefonzeitleiste". Abgerufen am 17.01.2009 von http://www.fernmeldemuseum.de/html/zeitFon.html.

Fincancial Times Deutschland (2009): „Zum Erfolg verdammt. Der 7. Streich - mit hohem Aufwand bereitet Microsoft die Markteinführung von Windows 7 vor.". In: *FTD 19.10.2009*. S. 8.

Fisch, Jan Hendrik; Roß, Jan-Michael (2009): *Fallstudien zum Innovationsmanagement - Methodengestütze Lösung von Problemen aus der Unternehmenspraxis*. 1. Aufl. Wiesbaden: Gabler. — ISBN: 978-3-8349-1047-9

Focus Online (2004a): „IBM-Ausstieg: Chinesen rollen PC-Markt auf - Wirtschafts-News - FOCUS Online". Abgerufen am 6.12.2009 von http://www.focus.de/finanzen/news/ibm-ausstieg_aid_89251.html.

Focus Online (2004b): „IBM-Ausstieg: Chinesen rollen PC-Markt auf - Wirtschafts-News - FOCUS Online". Abgerufen am 14.02.2010 von http://www.focus.de/finanzen/news/ibm-ausstieg_aid_89251.html.

Forbes (2009): „Big Talk: the $116 billion business of selling cell phone calls in the U.S. faces a long, ugly decline.". In: *Forbes, 16.11.2009*.

Forrester Consulting (2007a): „The Total Economic Impact™ Of Microsoft Unified Communications Products and Services".

Forrester Consulting (2007b): „Unified Communications Delivers Global Benefits Study Indicates Major Savings For Organizations Across Three Key Industries". Abgerufen am 31.01.2009 von http://www.cisco.com/en/US/prod/collateral/voicesw/ps6882/ps6884/prod_white_paper0900aecd8073c9c3.pdf.

Fortune (2004): „How The Open-Source World Plans To Smack Down Microsoft, And Oracle, And... - February 23, 2004". Abgerufen am 2.02.2010 von http://money.cnn.com/magazines/fortune/fortune_archive/2004/02/23/362196/index.htm.

Frey, Bruno S.; Stutzer, Alois (2009): „Glück: Die ökonomische Analyse (Happiness: The Economic Analysis)". *Working Papers: Bruno Frey*. Abgerufen am 10.01.2010 von http://www.iew.uzh.ch/wp/index.en.php?action=query&author=frey.

Frey, Bruno S.; Stutzer, Alois; Benz, Matthias; u. a. (2008): *Happiness : A Revolution in Economics*. Cambridge, Massachusetts: MIT Press. — ISBN: 978-0-262-06277-0

Fritzsche, Gottfried (1987): *Theoretische Grundlagen der Nachrichtentechnik*. Berlin: VEB Verlag Technik. — ISBN: 3-341-003414-2

Frost&Sullivan (2006): „Enterprise Telephony: Market Update, Q1 2006". Abgerufen am 17.01.2009 von http://www.aastramatra.nl/am/nieuws/Enterprise%20Telephony-F&SQ12006.PDF.

FSF (2007): „GCC Development Mission Statement (1999-04-22) - GNU Project - Free Software Foundation (FSF)". Abgerufen am 6.02.2010 von http://gcc.gnu.org/gccmission.html.

160

FSF (2010): „Philosophy of the GNU Project - GNU Project - Free Software Foundation (FSF)". Abgerufen am 6.02.2010 von http://www.gnu.org/philosophy/.

FSF (2009): „The Free Software Definition - Free Software Foundation". Abgerufen am 27.01.2010 von http://www.fsf.org/licensing/essays/free-sw.html.

Gartner (2009a): „Hype Cycle - Research Methodologies". Abgerufen am 10.10.2009 von http://www.gartner.com/it/products/research/methodologies/research_hype.jsp#.

Gartner (2009b): „Magic Quadrant for CRM Customer Service Contact Centers". *Magic Quadrant for CRM.* Abgerufen am 24.08.2009 von http://mediaproducts.gartner.com/reprints/microsoft/vol9/article3/article3.html.

Gartner (2008): „Magic Quadrant for Unified Communications". Abgerufen am 14.08.2009 von http://mediaproducts.gartner.com/reprints/microsoft/vol6/article1/article1.html.

Gartner (2007): „Market Trends: Software as a Service, Worldwide, 2007-2012". Abgerufen am 6.09.2009 von http://www.gartner.com/DisplayDocument?id=757431.

Gates, Bill (1995): *Der Weg nach vorn : Die Zukunft der Informationsgesellschaft.* Rheda-Wiedenbrück: Bertelsmann. — ISBN: 030304

Genesys (2009): „Genesys UC Connect Solution". *Customer Service Resource Library - Contact Center Resources - Genesys.* Abgerufen am 29.08.2009 von http://www.genesyslab.com/resources/resource_library.asp.

Geoffrey A. Moore (2009): „Crossing the Chasm - and Beyond". In: *Strategic Management of Technology and Innovation.* 5. Aufl. New York: McGraw-Hill. — ISBN: 978-007-126329-0

Geoffrey A. Moore (2005): „Dealing with Darwin – How Great Companies Innovate at every Phase of their Evolution". New York: Penguin Books. — ISBN: 978-1-59184-214-9

Gerecke, Kurt (2008): „IBM System Storage Kompendium". IBM., Abgerufe am 05.09.2009 von www-03.ibm.com/systems/de/resources/ibm_storage_kompendium.pdf

Gerpott, Thorsten (1997): *Wettbewerbsstrategien im Telekommunikationsmarkt.* Stuttgart: Schäffer-Poeschel Verlag, 2. Aufl., – ISBN: 3-7910-1201-0.

Gerpott, Thorsten J. (2005): *Strategisches Technologie- und Innovatonsmanagement.* 2. Aufl. Stuttgart: Schäffer-Poeschel Verlag. — ISBN: 978-3-7910-9245-4

GfK (2009): „Die Bereitschaft, für Internetinhalte zu bezahlen, ist gering". Abgerufen am 4.02.2010 von http://www.gfk.com/group/press_information/press_releases/004996/index.de.html.

GfK (2010): „http://www.gfk.com/group/press_information/press_releases/005575/index.de.html". Abgerufen am 1.04.2010 von http://ow.ly/1pevK.

GfK (2008): „Trends im Photo- und Imagingmarkt". Abgerufen 05.09.2009 von photoindustrie-verband.de/pdf/Broschuere_Trends_DE.pdf

Glocker, Winfrid (2007): *Drucktechnik.* München: Deutsches Museum. — ISBN: 978-3-940396-00-6

Google (2010a): „Google: Unternehmensprofil, Unternehmensbezogene Informationen - ". Abgerufen am 20.01.2010 von http://www.google.de/intl/de/corporate/.

Google (2010b): „Webcasts and Events". *Google Investor Relations*. Abgerufen am 20.01.2010 von http://investor.google.com/webcast.html.

Gutenberg, Erich (1975): *Einführung in die Betriebswirtschaftslehre*. Wiesbaden: Gabler, – ISBN: 3-409-88012-7.

Gutenberg, Erich (1961): *Grundlagen der Betriebswirtschaftslehre - Erster Band Die Produktion*. 6. Aufl. Berlin: Springer. — ISBN: OHNE

Hannon, John (2008): „Breaking down online teaching: Innovation and resistance". *Proceedings ascilite Melbourne 2008*. Conference Proceedings Abgerufen am 15.04.2010 von http://www.ascilite.org.au/conferences/melbourne08/procs/.

Hansen, Hans Robert; Neumann, Gustaf (2009): *Wirtschaftsinformatik*. Stuttgart: Lucius&Lucius. — ISBN: 978-3-8282-0479-9

Hargadon, Andrew B. (1999): „Diffusion of Innovations". In: *The Technology Management Handbook*. 1. Aufl. Boca Raton: CRC Press. — ISBN: 0-8493-8577-6

Hartmann, Frank (2006): *Globale Medienkultur*. Wien: Facultas. — ISBN: 978-3-8252-2723-4

heise-online (2010a): „heise online - EU-Kommission gibt Oracle grünes Licht für Sun-Übernahme [Update]". Abgerufen am 2.02.2010 von http://www.heise.de/newsticker/meldung/EU-Kommission-gibt-Oracle-gruenes-Licht-fuer-Sun-Uebernahme-Update-909670.html.

heise-online (2010b): „heise online-Preisvergleich: Microsoft: Office XP Professional mit Publisher OEM/DSP/SB (PC) (M04-00262) Preisentwicklung / Deutschland". Abgerufen am 1.02.2010 von http://www.heise.de/preisvergleich/?phist=17897&age=2000.

heise-online (2008): „heise online - Server-Markt: Zuwachs bei Windows-Maschinen gering". Abgerufen am 1.02.2010 von http://www.heise.de/newsticker/meldung/Server-Markt-Zuwachs-bei-Windows-Maschinen-gering-200497.html.

heise-online (2004): „heise online - Microsofts Internet Explorer verliert gegenüber Mozilla/Firefox Anteile". Abgerufen am 4.02.2010 von http://www.heise.de/newsticker/meldung/Microsofts-Internet-Explorer-verliert-gegenueber-Mozilla-Firefox-Anteile-105259.html.

heise Online (2002): „heise online - IBM strukturiert um". Abgerufen am 6.12.2009 von http://www.heise.de/newsticker/meldung/IBM-strukturiert-um-64715.html.

Hippner, Hajo; Wilde, Klaus (2002): „CRM -. Ein Überblick". In: *Effektives Customer Relationship Management*. Wiesbaden: Gabler S. 3-38. — ISBN: 3-409-31767-8

Hugill, Peter (1999): *Global Communications since 1844*. Baltimore: The John Hopkins University Press. — ISBN: 0-8018-6039-3

Hugo, Victor (2001): *Der Glöckner von Notre-Dame*. 1. Aufl. Leipzig: Insel Verlag. — ISBN: 3-458-34510-8

IANA (2010): „IANA IPv4 Address Space Registry". Abgerufen am 18.01.2010 von http://www.iana.org/assignments/ipv4-address-space/.

IBM (2009a): „IBM Unified Communications". Abgerufen am 7.08.2009 von http://www-01.ibm.com/software/lotus/unified-communications/.

IBM (2009b): „Timeline der IBM Produkte". Abgerufen am 26.09.2009 von http://download.intel.com/museum/research/arc_collect/timeline/TimelineProductTypeSort7_05.pdf.

IBM (2008): „IBM - The changing face of communications: Social networking's growing influence on telecom providers". Abgerufen am 6.12.2009 von
http://www-935.ibm.com/services/us/gbs/bus/html/gbs-telcos-socialnetworking.html?cntxt=a1005266.

IBM (2006): „Contact Center Optimization - Inside CRM". Abgerufen am 15.08.2009 von http://www.insidecrm.com/whitepaper/Optimize-Call-Center/.

IBM (2005): „The Changing Face of Banking 2015". *www.ibm.com*. Abgerufen am 7.08.2010 von http://www.ibm.com/search/csass/search?sn=mh&q=banking%202015&lang=en&cc=us&en=utf.

IBM (1987): „IBM Archives: 1987". IBM Archiv Abgerufen am 8.05.2010 von http://www-03.ibm.com/ibm/history/history/year_1987.html.

IEC (2009): „IEC: Definition: Unified Communications". *IEC White Papers*. Abgerufen am 7.08.2009 von http://www.iec.org/online/tutorials/unified_comm/.

IETF (2009): „The Tao of IETF: A Novice's Guide to the Internet Engineering Task Force". Abgerufen am 28.01.2010 von http://www.ietf.org/tao.html.

Infonetics Research (2006): „Enterprise Telephony - Quarterly Worldwide Market Share and Forecasts for 4Q05". *Infonetics Research*. Abgerufen am 25.01.2009 von http://www.infonetics.com/research.asp.

Intel (2008): „60 YEARS OF THE TRANSISTOR". *Intel Technology*. Abgerufen am 26.09.2009 von http://www.intel.com/technology/timeline.pdf.

Intel (1993): „Defining Intel:25 Years / 25 Events". Abgerufen am 27.09.2009 von http://download.intel.com/museum/archives/brochures/pdfs/25yrs_web.pdf.

ISC (2008): „ISC Domain Survey | Internet Systems Consortium". Abgerufen am 5.01.2009 von https://www.isc.org/solutions/survey/.

IT Times (2008): „Gartner: Zahl der weltweit genutzten Computer durchbricht erstmals die Milliarden-Grenze : Technologie- und Unternehmensnachrichten: IT Telekommunikation Halbleiter Solar - IT-Times.de". Abgerufen am 25.01.2010 von
http://www.it-times.de/news/pressemitteilung/datum/2008/06/23/gartner-zahl-der-weltweit-genutzten-computer-durchbricht-erstmals-die-milliarden-grenze/.

ITU (2003): „[G.114] LC-Text: Recommendation G.114 - One-way Transmission Time". Abgerufen am 7.08.2010 von http://www.itu.int/itudoc/itu-t/aap/sg12aap/history/g.114/g114.html.

Johnson, Steven (1999): *Interface Culture*. Stuttgart: Klett-Cotta. — ISBN: 3-608-91980-5

Kersken, Sascha (2007): *Praktischer Einstieg in MySQL mit PHP*. 2. Aufl. Köln: O'Reilly Verlag. — ISBN: 978-3-89721-717-1

Knight, Fred (2010): „UC Continues to Shake Things Up". *No Jitter | blog*. Abgerufen am 21.05.2010 von http://www.nojitter.com/blog/archives/2010/05/uc_continues_to.html.

Kohne, Jens (2007): *Service-Orientierung und Portalsysteme -Grundlagen, Ziele, Implementierungen*. Saarbrücken: VDM Verlag Dr. Müller. — ISBN: 978-3-8364-0895-0

Kooths, Stefan; Langenfurth, Markus; Kalwey, Nadine (2003): „Open Source-Software : Eine volkswirtschaftliche Bewertung". *MICE Economic Research Studies*. Abgerufen am 3.02.2010 von http://www.kooths.de/mice/.

Kotler, Philiop; Keller, Kevin Lane (2009): *Marketing Management*. 13. Aufl. Upper Saddle River: Pearson Educations, Inc. — ISBN: 978-0-13-135797-6

Kölmel, Bernhard; Kühner, Andreas (2007): „CRM-Ansätze und -Ebenen: Funktionen des erfolgreichen CRM". In: *CRM - Erfolgsfaktor Kundenorientierung*. München: Rudolf Haufe Verlag. — ISBN: 978-3-448-08164-0

KPMG (2010): „KPMG - Trends im Handel 2010". Abgerufen am 6.08.2010 von http://www.kpmg.de/Themen/3603.htm.

Kreutzer, Ralf T. (2009): *Praxisorientiertes Dialog-Marketing*. 1. Aufl. Wiesbaden: Gabler. ISBN: 978-3-8349-0574-1

Krugman, Paul; Wells, Robin (2006): *Economics*. 3. Aufl. New York: Worth Publishers. ISBN: 978-1-57259-150-9

Kuri, Jürgen (2008): „Der ewige Thronfolger". In: *CT*. 13 (2008), S. 48-49.

Lange, Corinna (2007): „Web2.0 zum mitmachen - die beliebtesten Anwendungen". *oreilly.de*. Abgerufen am 15.12.2009 von http://www.oreilly.de/topics/web20_about.html.

Lehmann, Ralf (2010): „Herausforderungen des Technologie- und Innovationsmanagements". In: *Podium der Wirtschaft*. Band 20, Altendorf bei Nürnberg: Verlag Harald Kupfer. — ISBN: 978-3-930616-57-2

Lehmann, Ralf (2009a): „Kommunikationssysteme für Unternehmen in Deutschland - ein Markt im Umbruch". In: *Podium der Wirtschaft*. Band 14, Altendorf bei Nürnberg: Harald Kupfer (Wirtschaft, Recht&Solziales). ISBN: 978-3-930616-63-3

Lehmann, Ralf (2009b): „Unified Communications - Wettbewerbsvorteil für Unternehmen?". In: *Podium der Wirtschaft*. Band 15, Altendorf bei Nürnberg: Harald Kupfer (Wirtschaft, Recht&Soziales). ISBN: 978-3-930616-60-2

Licklider, J.C.R. (2003): „Man-Computer Symbiosis". In: *The New Media Reader*. Cambridge, Massachusetts: The MIT Press S. 73-82. — ISBN: 0-262-23227-8

Lieu, Tina (1997): „PC Market Share Results for 1996". Abgerufen am 16.02.2010 von http://www.japaninc.com/cpj/magazine/issues/1997/apr97/pcshare.html.

Longbottom, Roy (2008): „Whetstone Benchmark History and Results". Abgerufen am 25.09.2009 von http://www.roylongbottom.org.uk/whetstone.htm#anchorAcorn.

Lucke, Bernd (2002): „Die Real-Business-Cycle Theorie und ihre Relevanz für die Konjunkturanalyse". Abgerufen am 23.12.2009 von http://www.econstor.eu/handle/10419/19340.

Macharzina, Klaus (1999): *Unternehmensführung*. Wiesbaden: Gabler. ISBN: 3-409-43150-0

Mahlein, Leonard (1978): „Streik in der Druckindustrie: Erfolgreicher Widerstand". Abgerufen am 05.09.2009 von library.fes.de/gmh/main/pdf-files/gmh/1978/1978-05-a-261.pdf

Marks, Gerold (2010): „Cinemaxx rüstet auf - 4K und 3D für 5 Mio Euro". Abgerufen am 26.03.2010 von http://digitaleleinwand.wordpress.com/tag/auflosung/.

Marx, Karl (1872): *Das Kapital*. 2. Aufl. Köln: Anaconda Verlag GmbH. — ISBN: 978-3-86647-325-6

Maslow, Abraham H. (1943): „A Theory of Human Motivation". *Classics in the History of Psychology -- A. H. Maslow (1943)*. Abgerufen am 31.12.2009 von http://psychclassics.yorku.ca/Maslow/motivation.htm.

McKinsey; Co (1994): *Wachstum durch Verzicht*. Stuttgart: Schäffer-Poeschel Verlag.

Meyer, Anton; Mattmüller, Roland (1999): „Marketing". In: *Betriebswirtschaftslehre*. München: Oldenbourg S. 811-886. — ISBN: 3-486-25066-3

Michels, Dave (2009): „Searching for UC With Google". *NoJitter*. Abgerufen am 18.12.2009 von http://www.nojitter.com/showArticle.jhtml?articleID=222001106.

Microsoft (2008a): „ Simple to Save A Business case for Test". Microsoft Whitepaper. Abgerufen am 28.08.2009, www.microsoft.com/casestudies/ServeFileResource.aspx?4000001868

Microsoft (2008b): „Swisscom Connect Virtual Teams with Unified Communications to Boost Productivity". Abgerufen am 28.08.2009, www.microsoft.com/business/success/Stories.aspx?StoryID=111

Microsoft (2009): „MSFT Annual Report 2009". Abgerufen am 1.02.2010 von http://www.microsoft.com/msft/reports/ar09/10k_fr_not_21.html.Moore, Geoffrey (2005): *Dealing with Darwin*. Penguin.

Moore, Geoffrey A. (2009): „Crossing the Chasm - and Beyond". In: *Strategic Management of Technology and Innovation*. 5. Aufl. New York: McGraw-Hill S. 429-435. — ISBN: 978-007-126329-0

Moore, Gordon E. (1965): „Cramming more components onto integrated circuits". In: *Electronics*. 38 (8). Abgerufen am 05.09.2010, ftp://download.intel.com/research/silicon/moorespaper.pdf

Neff, Todd (2000): „The Multimedia Contact Center: Corporate Facade or Human Face?". Abgerufen am 28.08.2009 von http://citeseerx.ist.psu.edu/viewdoc/summary?doi=10.1.1.38.4751.

Nefiodow, Leo A. (2006): *Der sechste Kondratieff*. 6. Aufl. Sankt Augustin: Rhein-Sieg-Verlag. — ISBN: 3-9805144-5-5

Netcraft (2010): „January 2010 Web Server Survey". *www.netcraft.com*. Abgerufen am 22.01.2010 von http://news.netcraft.com/.

NetworkComputing (2007): „IBM verkauft Drucker-Sparte an Ricoh - Network Computing". Abgerufen am 6.12.2009 von http://www.networkcomputing.de/ibm-verkauft-drucker-sparte-an-ricoh/.

neue musikzeitung (2008): „EMI erzielt Milliardenverluste | nmz - neue musikzeitung". Abgerufen am 29.03.2010 von http://www.nmz.de/kiz/nachrichten/emi-erzielt-milliardenverluste.

New York Times (2008): „At Kodak, Some Old Things Are New Again - New York Times". Abgerufen am 1.03.2010 von http://www.nytimes.com/2008/05/02/technology/02kodak.html?_r=2&oref=slogin.

New York Times (2010): „In Europe, Challenges for Google". In: *NYT 02.02.2010*.

Nieschlag, Robert; Dichtl, Erwin; Hörschgen, Hans (1997): *Marketing.* 18. Aufl. Berlin: Duncker&Humblot. — ISBN: 3-428-08785-2

Nortel (2009a): „Nortel: News Releases: Nortel Commences Comprehensive Business and Financial Restructuring". Abgerufen am 17.01.2009 von http://www2.nortel.com/go/news_detail.jsp?cat_id=-8055&oid=100251345&locale=en-US.

Nortel (2009b): „Nortel: Solutions : Unified Communications: Overview". Abgerufen am 7.08.2009 von http://www2.nortel.com/go/solution_content.jsp? segId=0&catId=U&parId=0&prod_id=59040&locale=en-US.

O'Reilly, Tim (2005): „What is Web 2.0?". Abgerufen am 15.12.2009 von http://www.oreilly.de/artikel/web20.html.

O'Reilly, Tim; Batelle, John (2009): „Web Squared: Web 2.0 Five Years On - by Tim O'Reilly and John Battelle". Abgerufen am 11.12.2009 von http://www.web2summit.com/web2009/public/schedule/detail/10194.

Oklobdzija, Vojin (2002): *The computer engineering handbook.* Boca Raton: CRC Press. — ISBN: 0-8493-0885-2

Oliverwyman Consulting (2009): „Telekommunikation, Medien und Technologie (CMT): State of the Industry 2009". Abgerufen am 12.01.2010 von http://www.oliverwyman.com/de/5777.htm.

Open Source Initiative (2010): „Open Source Licenses by Category | Open Source Initiative". *Open Source Initiative.* Abgerufen am 26.01.2010 von http://www.opensource.org/licenses/category.

Osterwalder, Alexander; Pigneur, Yves (2010): *Business Model Generation.* Toronto: Self Published. — ISBN: 978-2-8399-0580-0

PCguide (2001): „Intel 8086". *The PC Guide.* Abgerufen am 25.09.2009 von http://www.pcguide.com/ref/cpu/fam/g1I8086-c.html.

Pfaff, Tobias (2009): „Pro Bhutan e.V. - Verein zur aktiven Hilfe im Himalaja Königreich Bhutan". *Pro Bhutan.* Abgerufen am 5.05.2010 von http://www.probhutan.com/d_html/bruttoSozialGlueck.htm.

Photoindustrieverband (2009): „Photoindustrie Verband e.V.". Abgerufen am 14.03.2010 von http://www.photoindustrie-verband.de/.

PHP project (2010): „PHP: License Information". Abgerufen am 26.01.2010 von http://www.php.net/license/.

Pleasant, Blair (2008): „Will the REAL Definition of Unified Communications Please Stand Up - Unified Communications Strategies Views - Unified Communications Strategies". Abgerufen am 14.08.2009 von http://www.ucstrategies.com/unified-communications-strategies-views/will-the-real-definition-of-unified-communications-please-stand-up.aspx.

Pleasant, Blair; Jamison, Nancy (2008): „UCStrategies End User Study". Abgerufen am 3.02.2009 von http://www.ucstrategies.com/uploadedFiles/UC_Research/UC_Analysis/UCStrategies%20End%20User%20Study%20FINAL.pdf.

Prahalad, C.K.; Krishnan, M.S. (2008): *The New Age of Innovation*. New York: McGraw-Hill. — ISBN: 978-0-07-159828-6

Ruckriegel, Karlheinz (2009): „Glücksforschung – eine stille Revolution ". *Unternehmer.de*. Abgerufen am 5.05.2010 von http://www.unternehmer.de/gluecksforschung-eine-stille-revolution-417.

Sabre (2008): „Sabre Travel Network - About". Abgerufen am 7.04.2010 von http://de.eu.sabretravelnetwork.com/home/about/.

Sandström, Christian (2008): „Disruptive Innovation, Kodak and digital imaging". Abgerufen am 21.03.2010 von http://www.slideshare.net/Christiansandstrom/kodak-destruction.

Schmalz, Gisela (2009): *No Economy*. Frankfurt: Eichborn. — ISBN: 978-8218-5707-7

Schröder, Hans-Horst (1999): „Technologie- und Innovationsplanung". In: *Betriebswirtschaftslehre*. Dritte. München: Oldenbourg S. 985-1115. — ISBN: 3-486-25066-3

Schumpeter, Joseph A. (1939): *Business Cycles*. New York: McGraw-Hill.

Schumpeter, Joseph A. (1942): *Capitalism, Socialism and Democracy*. New York: HarperCollins. — ISBN: 978-0-06-156161-0

Schumpeter, Joseph A. (2008): *Konjunkturzyklen*. Göttingen: Vandenhoeck & Ruprecht. — ISBN: 978-3-525-13237-1

Schumpeter, Joseph A. (1912): *Theorie der wirtschaftlichen Entwicklung*. 1. Aufl. Berlin: Duncker&Humblot. — ISBN: 3-428-11746-8

Schumpeter, Joseph A: (1931): „Schumpeter lectures in Japan". Abgerufen am 20.09.2009 von http://www.schumpeter.info/text2%7E1.htm.

Schurman, Joe (2009): *Microsoft Voice and Unified Communications*. Boston: Pearson Educations, Inc. — ISBN: 978-0-321-57997-9

SEN (2010): „Analyst & Consultant Relations | Siemens Enterprise Communications". Abgerufen am 4.05.2010 von http://www.siemens-enterprise.com/main/Info_Center/Analyst-and-Consultant-Relations.aspx.

SEN (2010a): „Siemens Enterprise Communications - Unternehmensprofil auf LinkedIn". Abgerufen am 4.05.2010 von http://www.linkedin.com/companies/siemens-enterprise-communications.

SEN (2010b): „Über uns | Siemens Enterprise Communications". Abgerufen am 4.05.2010 von http://www.siemens-enterprise.com/de/About%20Us.aspx.

SEN (2009): „SEN Open Communications". Abgerufen am 7.08.2009 von http://www.openscape.de/main/Info_Center/~/media/DD3117E401094DAD93C35F24F2D56B9A.ashx.

SEN (2007a): „Measuring the Pain: What is Fragmented Communication Costing Your Enterprise?". Abgerufen am 3.02.2009 von http://enterprise.siemens.com/open/de/openinformation/whitepapers/ucsurvey/Danke.aspx.

SEN (2007b): „Siemens HiPath 8000 und die sieben Prinzipien von Open Communications". Abgerufen am 14.08.2009 von http://www.enterprise-communications.siemens.com/Info%20Center/Downloads/~/media/DB3C0B709670464D9FE57C1271A7777C.ashx.

Shadbolt, Nigel; Berners-Lee, Tim; Hall, Wendy (2006): „The Semantic Web Revisited". *IEEE*. Abgerufen am 6.05.2010 von
http://www.computer.org/portal/web/csdl/doi/10.1109/MIS.2006.62.

Shannon, Claude (1948): „A Mathematical Theory of Communication". Abgerufen am 17.01.2009 von
http://cm.bell-labs.com/cm/ms/what/shannonday/paper.html.

Shapiro, Carl; Varian, Hal R. (1999): *Information Rules: A Strategic Guide to the Network Economy*. Boston: Harvard Business School Press. — ISBN: 978-0-87584-863-1

Siemens (2010): „Siemens Corporate Website - Geschäftsberichte". Abgerufen am 16.05.2010 von
http://www.siemens.com/investor/de/finanzpublikationen_events/geschaeftsberichte.htm.

sipgate (2010): „VoIP Telefonanlage - Die Telefonanlage im Web". sipgate.de. Abgerufen am 6.05.2010 von
http://www.live.sipgate.de/.

Smith, Adam (1776): „An Inquiry Into the Nature and Causes of The Wealth Of Nations., by Adam Smith". gutenberg.org. Abgerufen am 30.10.2009 von
http://www.gutenberg.org/files/3300/3300-h/3300-h.htm.

social futures observatory (2010): „Future-focused social research articles & papers | SFO". Abgerufen am 5.04.2010 von http://www.socialfuturesobservatory.co.uk/piece_3.htm.

sourceforge (2009): „About sourceforge". Abgerufen am 6.02.2010 von http://sourceforge.net/about.

SPIO (2010): „SPIO - Spitzenorganisation der deutschen Filmwirtschaft". Abgerufen am 21.03.2010 von
http://www.spio.de/index.asp?SeitID=381.

Stahlknecht, Peter (1995): Wirtschaftsinformatik. Berlin: Springer., 7. Auflage, – ISBN: 3-540-59101-X

Statistisches Bundesamet (2009a): „Internet Nutzung in privaten Haushalten in Deutschland". Abgerufen am 12.12.2009 von
www.destatis.de/.../Internet/.../WirtschaftStatistik/.../InternetnutzungHaushalte,property=file.pdf

Statistisches Bundesamt (2009b): „Statistisches Bundesamt Deutschland - GENESIS-Online: Tabellenaufbau". *Destatis*. Online-Datenbank Abgerufen am 5.09.2009 von https://www-genesis.destatis.de/genesis/online

Statistisches Bundesamt (2009c): „Volkswirtschaftliche Gesamtrechnung 2001 bis 2008". Abgerufen am 26.02.2010 von
http://www.destatis.de/jetspeed/portal/cms/Sites/destatis/SharedContent/Oeffentlich/AI/IC/Publikation en/Jahrbuch/VGR.psml.

Statistisches Bundesamt (2008a): „Ausgewählte Kommunikationsindikatoren". Abgerufen am 25.10.2009 von
http://www.destatis.de/jetspeed/portal/cms/Sites/destatis/Internet/DE/Content/Statistiken/International es/InternationaleStatistik/Thema/WissenschaftForschungTechnologie/TabJahrbuch0501.psml.

Statistisches Bundesamt (2008b): „Pressemitteilung - PC und Internet prägen zunehmend Berufs- und Privatleben". Abgerufen am 25.10.2009 von
http://www.destatis.de/jetspeed/portal/cms/Sites/destatis/Internet/DE/Presse/pm/2008/11/PD08__452_ _52911.psml.

Statistisches Bundesamt (2008c): „Statistisches Bundesamt Deutschland - Klassifikation der Wirtschaftszweige, Ausgabe 2008 (WZ 2008)". Abgerufen am 26.02.2010 von http://www.destatis.de/jetspeed/portal/cms/Sites/destatis/Internet/DE/Content/Klassifikationen/Guete rWirtschaftklassifikationen/Content75/KlassifikationWZ08,templateId=renderPrint.psml.

Stähler, Patrick (2009): „Growth by business model innovation, a lecture at Leuphana University". Abgerufen am 30.04.2010 von http://www.slideshare.net/pstaehler/growth-by-business-model-innovation-a-lecture-at-leuphana-university?src=related_normal&rel=234882.

Strebel, Heinz (2003): Innovations- und Technologiemanagement. Wien: Universitätsverlag. — ISBN: 3-8252-2455-4

Stroeer (2009): „Netto-Werbeeinnahmen national - Außenwerbung national - Ströer Out-of-Home-Media". Abgerufen am 17.11.2009 von http://www.stroeer.de/Netto-Werbeeinnahmen-national.netto-werbeeinnahmen-national0.0.html.

Sürig, Carsten; Tietz, Dirk (2006): „Individualreisen zu Tagespreisen: In der Touristik ist Flexibilität Trumpf". In: Branchen von morgen - Wie sich die wichtigsten Industrien neu erfinden. Heidelberg: Redline Wirtschaft (Mc Kinsey Perspektiven). — ISBN: 978-3-636-03056-6

SZ (2008): „Computer-Markt - Keine Ladenhüter - Computer - sueddeutsche.de". Abgerufen am 16.02.2010 von http://www.sueddeutsche.de/computer/461/430213/text/.

SZ (2009a): „Man soll nie nie sagen - Nokiavorstand schließt Trennung von Telefonsparte langfristig nicht aus". In: Süddeutsche Zeitung 30.11.2009.

SZ (2009b): „Die unheimliche Macht. Umbruch in der Werbebranche: die Umsätze sinken, Google drängt in den Markt". In: (11.11.2009).

SZ (2009c): „Fett weg – Agenturen in der Krise: Unternehmen kürzen ihre Budgets, die Preise sind auf Talfahrt". In: Süddeutsche Zeitung 11.11.2009.

SZ (2009d): „Kunden entscheiden selbst – der Werber Amir Kassaei fordert neue Geschäftsmodelle. In: Süddeutsche Zeitung 11.11.2009.

SZ (2009e): „Tanz mit dem Teufel - In der PC-Industrie werden weitere große Namen aufgeben müssen". In: Süddeutsche Zeitung . 15.09.2009

SZ (2010a): „Du bist die Fabrik - Die Welt steht wieder vor einer industriellen Revolution: Mit 3D-Druckern kann jeder zum Produzenten werden.". In: Süddeutsche Zeitung 10.04.2010.

SZ (2010b): „Google verkauft E-Books - Bald gibt es Bücher vom Webkonzern - zu Lasten von Amazon". In: Süddeutsche Zeitung 06.05.2010.

SZ (2010c): „Kunst der Kommunikation - Viele Werbeagenturen müssen sich von alten Denkmustern lösen". In: Süddeutsche Zeitung 15.01.2010.

SZ (2010d): „Wer macht das große Geschäft - Der Streit zwischen Apple, Amazon und den Buchverlagen über die Preise im Geschäft mit iPads und E-Books". In: Süddeutsche Zeitung 27.03.2010.

SZ (2010e): „Das Virtuelle Regal - Kampf um den elektronischen Buchmarkt: Mit dem iPad eröffnet Apple auch einen iBookstore". In: Süddeutsche Zeitung 30.01.2010.

SZ (2010f): „Krach im Plattenladen – EMI-Eigentümer Guy Hands wechselt Top-Management aus". In: Süddeutsche Zeitung 11.03.2010.

Tapscott, Don (2009): grown up digital. New York: McGraw-Hill. — ISBN: 978-0-07-150863-6

Tapscott, Don; Williams, Anthony (2008): Wikinomics. München: Carl Hanser Verlag. — ISBN: 978-3-423-34564-4

TBIResearch (2010a): „Bad News For Book Publishers: More Authors Selling E-Books Direct". Abgerufen am 27.03.2010 von http://www.tbiresearch.com/bad-news-for-publishers-more-authors-going-direct-2010-1.

TBIResearch (2010b): „Here's Why Amazon Will Win The eBook War: Kindle Already Has 90% eBook Market Share". Abgerufen am 26.03.2010 von http://www.tbiresearch.com/amazon-selling-90-of-all-e-books-2010-1.

Telegeography (2002): „Free Resources: TeleGeography Research". Abgerufen am 2.10.2009 von http://www.telegeography.com/ee/free_resources/figures/tarrif_map-01.php.

Telegeography (2009): „TeleGeography: Publications: Global Internet Map". Abgerufen am 23.12.2009 von http://www.telegeography.com/product-info/map_internet/index.php.

telegeography (2009): „telegeography-global-internet.pdf (application/pdf-Objekt)". Abgerufen am 25.09.2009 von http://www.telegeography.com/products/gig/download/telegeography-global-internet.pdf.

Telegeography Research (2008): „Overview: Global Internet Geography: Internet Research Products: TeleGeography Research". Abgerufen am 6.01.2009 von http://www.telegeography.com/products/gig/.

The Book Depositor Ltd (2010): „Help at The Book Depository". Abgerufen am 24.03.2010 von http://www.bookdepository.co.uk/aboutus#helpContent.

Toppo, Greg (2009): „Web, cellphone users not isolated from reality". In: USA TODAY, 05.11.2009.

Tschmuck, Peter (2009): „Die Rezession in der Musikindustrie – eine Ursachenanalyse « Musikwirtschaftsforschung". Abgerufen am 9.03.2010 von http://musikwirtschaftsforschung.wordpress.com/2009/06/25/die-rezession-in-der-musikindustrie-eine-ursachenanalyse/.

Tslelentis, Georgios (2009): „Towards the Future Internet - A Europeoan Research Perspective". IOS Press Books Online, Untitled Page. Abgerufen am 20.12.2009 von http://www.booksonline.iospress.nl/Content/View.aspx?piid=12007.

TU-Darmstadt (2008): „Die Software-Industrie: Ein geheimnisvoller Gigant". Abgerufen am 6.02.2010 von http://www.uni-protokolle.de/nachrichten/id/150303/.

Tuomi, Ilkka (2002): Networks of Innovation. New York: Oxford University Press. — ISBN: 978-0-19-925698-3

uni-rostock (2008): „Übertragungsraten". Abgerufen am 25.09.2009 von http://www.physik.uni-rostock.de/optik/de/dm_referenzen.html.

US Government (1999): „U.S. v. Microsoft: Court's Findings of Fact". Abgerufen am 4.02.2010 von http://www.justice.gov/atr/cases/f3800/msjudgex.htm.

Usher, Alex (2009): „Ten Years Back and Ten Years Forward: Development and Trends in Higher Education in Europe Region". Higher Education Strategy Associates - Publications. Abgerufen am 15.04.2010 von http://www.higheredstrategy.com/publications.aspx.

Varian, Hal R.; Farrel, Joseph; Shapiro, Carl (2004): The Economics of Information Technology: An Introduction. 4. Aufl. New York: Cambridge University Press. — ISBN: 978-0-521-60521-2

Verdi (2009): „ver.di: Daten und Fakten". Abgerufen am 12.05.2010 von http://banken.verdi.de/daten_und_fakten/#aktuelle-branchendaten-aus-der-kreditwirtschaft.

v-i-r (2010): „Verband Internet Reisevertrieb e.V.: VIR Daten & Fakten zum Online-Reisemarkt". Abgerufen am 7.08.2010 von http://www.v-i-r.de/1/marktforschung/daten-fakten/daten-fakten-broschre-2010.html.

wainhouse research (2009): „A Framework for Deploying Unified Communications _2008". Abgerufen am 7.08.2009 von http://www.avaya.com/usa/resource/assets/whitepapers/A%20Framework%20for %20Deploying%20Unified%20Communications%20_2008.pdf.

Wall Street Journal (2009): „Fujitsu Targets 10% Share of Market for Servers - WSJ.com". Abgerufen am 14.02.2010 von http://online.wsj.com/article/SB123840998356269349.html.

Wall Street Online (2010): „: Comeback: Ganz neu belichtet | wallstreet:online". Abgerufen am 28.03.2010 von http://www.wallstreet-online.de/nachrichten/nachricht/2906027.html.

Wardrip-Fruin (2003): The NLS demo by Doug Engelbart. Film footage of the first demonstration of hypertext, the mouse and videoconferencing Cambridge, Massachusetts: The MIT Press (The New Media Reader). — ISBN: 0-262-23227-8

Warner Music Group (2010): „Warner Music Group - Investor Relations - About WMG". WMG - Investor relations. Abgerufen am 7.05.2010 von http://investors.wmg.com/phoenix.zhtml?c=182480&p=irol-irhome.

Welt ONLINE (2009): „Marktkapitalisierung: Das sind die 50 teuersten Unternehmen der Welt - Nachrichten Finanzen - WELT ONLINE". Abgerufen am 17.01.2010 von http://www.welt.de/finanzen/article3998006/Das-sind-die-50-teuersten-Unternehmen-der-Welt.html.

Wieder, Gerald; Hammer, Christoph (2002): *Geschäftsmodelle mit Rendite - Internetbasierte Businesspläne professionell prüfen und bewerten.* 1. Aufl. Galileo Press. — ISBN: 978-3-898-42232-1

Wikipedia (2009): „Kondratjew-Zyklus – Wikipedia". Abgerufen am 28.10.2009 von http://de.wikipedia.org/wiki/Kondratjew-Zyklus.

Wöhe, Günter; Döring, Ulrich (2008): Einführung in die Allgemeine Betriebswirtschaftslehre. 23. Aufl. Vahlen. — ISBN: 978-3-8006-3524-5

WTTC (2010): „World Travel & Tourism Council". Abgerufen am 7.04.2010 von http://www.wttc.org/eng/About_WTTC/.

5.2 Anlage 1: Online-Befragung einer Pilotgruppe von Unified Communications Nutzern im Vertrieb im August 2009

	Voice Client	Web Client	Mobile Client
Haben Sie den DeskTop Client installiert	86		
Haben Sie den Web Client installiert		59	
Haben Sie den Mobile Client installiert (Mobile 5/6, Nokia, Blackberry, iPhone)			48
Nutzen Sie den DeskTop Client für Ihre tägliche Nutzen Sie den Web Client für Ihre tägliche Arbeit			
Nutzen Sie den Mobile Client für Ihre tägliche Arbeit			
Nutzen Sie den Voice Client für Ihre tägliche Arbeit			
Welche Funktion nutzen Sie	Voice Client	Web Client	Mobile Client
Presence Management	86	59	48
Device Management	86	58	48
Call Management	73	46	26
Call Journal	67	43	18
Directory Access	58	36	nv
Contacts	83	48	36
Notification	16	9	nv
Conferencing	57	35	15
Instant Messaging	59	30	nv
Collaboration	9	35	nv
DeskTop Integration	56	nv	nv
VoIP Voice (Phone)	56	nv	nv
IP Video	29	nv	nv
Portal Integration	nv	7	nv
Nutzen Sie die Clients paralell (welche)			
Welchen Client nutzen Sie am liebsten			

5.3 Anlage 2: Top 50 Websites in Deutschland

Quelle: www.alexa.com, ergänzt um eigene Einschätzung von Kategorie, Unterkategorie, Web 2.0

	Name	Link	Rank world	Global reach	Kategorie	Unterkategori	Web2.0
1	Google	google.de	15	3,67	Portal	Suchen	Ja
2	Google	google.com	1	42,62	Portal	Suchen	Ja
3	YouTube	youtube.com	4	23,52	Content	Video	Ja
4	Ebay	ebay.de	66	0,93	Shop		Ja
5	Facebook	facebook.com	2	28,82	Networking		Ja
6	Wikipedia	wikipedia.org	6	12,52	Information	Lexikon	Ja
7	Amazon	amazon.de	107	0,81	Shop		Ja
8	Yahoo!	yahoo.com	3	27,92	Portal		Ja
9	Spiegel Online	spiegel.de	135	0,62	Informationen	Nachrichten	Nein
10	Web.de	web.de	185	0,48	Portal		Nein
11	GMX	gmx.net	181	0,5	Portal		Nein
12	Studiverzeichnis	studiverzeichnis.con	195	0,32	Networking		Ja
13	Bild.de	bild.de	222	0,44	Informationen	Nachrichten	Nein
14	Twitter	twitter.com	14	4,61	Networking		Ja
15	Blogger.com	blogger.com	7	8,3	Networking	Blogs	Nein
16	T-Online	t-online.de	347	0,34	Portal	Universal	Nein
17	XING	xing.com	269	0,36	Networking		Ja
18	LEO	leo.org	265	0,36	Information	Übersetzung	Ja
19	Windows Live	live.com	5	17,49	Portal	Suchen	Ja
20	Chip	chip.de	331	0,34	Information	Computer	Nein
21	Wer-kennt-wen.de	wer-kennt-wen.de	325	0,21	Networking		Ja
22	Meinvz.net	meinvz.net	365	0,19	Networking		Ja
23	Myspace	myspace.com	11	4,04	Networking		Ja
24	Uimserv.net	uimserv.net	598	0,42	??? not avail.		
25	Schuelervz.net	schuelervz.net	394	0,15	Networking		Ja
26	Youporn	youporn.com	55	1,35	Content	Porno	Ja
27	WordPress.com	wordpress.com	19	4,69	Networking	Blogs	Ja
28	MSN	msn.com	8	13,06	Portal	Universal	Nein
29	1&1 Internet AG	1und1.de	559	0,16	Portal	Unternehmen	Nein
30	ImmobilienScout2	immobilienscout24.c	554	131	Shop	Immobilien	Nein
31	RapidShare	rapidshare.com	24	3,22	Content	Filesharing	Ja
32	Gutefrage.net	gutefrage.net	623	0,19	Information	Ratgeber	Ja
33	Microsoft Corpora	microsoft.com	17	4,78	Portal	Unernehmen	Nein
34	Mpnrs.com	mpnrs.com	617	0,26	????		
35	Flickr	flickr.com	33	6,5	Content	Bilder	Ja
36	Heise Online	heise.de	565	0,14	Portal	Unternehmen	Nein
37	1e100.net	1e100.net	75	2,36	??? not avail.		
38	LivePrivates.com	livejasmin.com	37	3,08	Content	Porno	
39	StayFriends Deut:	stayfriends.de	994	0,13	Networking		Ja
40	Süddeutsche Zeiti	sueddeutsche.de	721	1,39	Information	Zeitung	Nein
41	Bing	bing.com	20	4,07	Portal	Suchen	Ja
42	DB Deutsche Bah	bahn.de	755	0,12	Portal	Unternehmen	Nein
43	Kicker-online	kicker.de	750	0,13	Information	Fussball	Nein
44	kino.to	kino.to	704	0,15	Content	Video	
45	Apple Computer	apple.com	54	1,82	Portal	Unternehmen	Ja
46	Die Welt	welt.de	745	0,16	Information	Zeitung	Nein
47	Mobile.de	mobile.de	511	0,13	Shop	Autos	Nein
48	Comdirect bank A	comdirect.de	1208	0,14	Shop	Bank	Nein
49	Jappy	jappy.de	1001	0,07	Networking		Ja
50	Focus Online	focus.de	901	0,14	Information	Zeitung	Nein

5.4 Anlage 3: Absatz Tonträger von 1973 bis 2008

Quellen: (Tschmuck, 2009),(Donata, 2008)

Jahr	LP	analog	CD	digitale Alben	Summe Tonträger
1973	617	802		0	802
1974	655	864		0	864
1975	674	910		0	910
1976	743	1032		0	1032
1977	898	1272		0	1272
1978	942	1370		0	1370
1979	896	1366		0	1366
1980	878	1352		0	1352
1981	1140	1650		0	1650
1982	900	1470		0	1470
1983	850	1510	6	6	1516
1984	800	1600	20	20	1620
1985	730	1680	61	61	1741
1986	690	1660	140	140	1800
1987	590	1740	260	260	2000
1988	510	1900	400	400	2300
1989	450	1990	600	600	2590
1990	339	1786	777	777	2563
1991	292	1785	998	998	2783
1992	175	1651	1185	1185	2836
1993	109	1491	1419	1419	2910
1994	49	1403	1784	1784	3187
1995	33	1233	1983	1983	3216
1996	21	1209	2162	2162	3371
1997	17	1051	2232	2232	3283
1998	23	920	2374	2374	3294
1999	14	861	2411	2411	3272
2000	12	748	2454	2454	3202
2001	10	669	2310	2310	2979
2002	8	542	2190	2190	2732
2003	6	498	2043	2043	2541
2004	7	375	2065	2071	2446
2005	4	190	1938	1956	2146
2006	3	117	1760	1799	1916
2007	6	88	1545	1609	1697
2008	9	62	1329	1442	1504

Tabelle 21: Absatz Tonträger nach Art